U0891885

国 家 精 品 课 程 配 套 用 教 材
国家示范性高等职业院校重点建设专业教材

公路工程地质

Gonglu Gongcheng Dizhi

主　编　罗　筠
副主编　吴　畏
主　审　喻　红

人民交通出版社

内 容 提 要

本书是国家示范性高等职业院校重点建设专业教材，以实际工作任务为引领，以公路建设中处理地质问题能力为主线，将公路工程地质项目分解为：公路工程地质基础知识、地质在公路建设中的应用、公路工程地质病害的防治。

本书可用作为高等职业院校道路桥梁工程技术专业学生教材，也可作为相关专业学生的学习参考用书。

本教材配套多媒体课件，可通过加入职教路桥教学研讨群（QQ561416324）索取。

图书在版编目(CIP)数据

公路工程地质／罗筠主编. —北京：人民交通出版社，2010.4

ISBN 978-7-114-08308-2

I.①公… II.①罗… III.①道路工程－工程地质－高等学校：技术学校—教材 IV.①U412.22

中国版本图书馆 CIP 数据核字(2010)第 053790 号

国家精品课程配套用教材

书　　名：国家示范性高等职业院校重点建设专业教材

公路工程地质

著 作 者：罗　筠

责任编辑：戴慧莉　张　悦

出版发行：人民交通出版社

地　　址：(100011)北京市朝阳区安定门外外馆斜街 3 号

网　　址：http://www.ccpress.com.cn

销售电话：(010)59757973，59757969

总 经 销：人民交通出版社发行部

经　　销：各地新华书店

印　　刷：北京鑫正大印刷有限公司

开　　本：787×1092　1/16

印　　张：12.25

字　　数：296 千

版　　次：2010 年 4 月　第 1 版

印　　次：2018 年 6 月　第 7 次印刷

书　　号：ISBN 978-7-114-08308-2

定　　价：29.00 元

（有印刷、装订质量问题的图书由本社负责调换）

贵州交通职业技术学院教材编写委员会

主　　任　唐　好

副主任　李　皖　卢正平　王永福

顾　　问　张润虎

委　　员　刘　焰　罗　筠　刘　志　陈文均　王　毅　张玉杰　王端祥　王爱红　周　青　邵世敏　李　毅　杨树枫　韦生根　张　平　周　华　许慧芳　曹云刚　蒋直泉　刘正发　周　勇　田兴强　杨明筑　肖志红　袁宗齐　吴　薇　安　军　李晓南（贵州汽车修理公司总经理）　庞　涛（贵阳市汽车维修管理处高级工程师）　罗洪波（贵州省公路公司设备管理公司总经理）　王万海（贵阳万通环保防水有限公司）　刘永强（贵州省建设工程质量监督总站）　林永明（贵州省公路勘察设计院院长）　喻　红（广东省工程勘察院高级工程师）

序

《教育部关于全面提高高等职业教育教学质量的若干意见》(教高[2006]16号)明确指出:"高等职业教育作为高等教育发展中的一个类型,肩负着培养面向生产、建设、服务和管理第一线需要的高技能人才的使命"。探索类型发展道路、构建高技能人才培养模式、开发特色教学资源,是高职院校的历史责任。

2007年,贵州交通职业技术学院被列为国家示范性高等职业院校建设单位。国家示范性院校建设的核心是专业建设,而课程和教材又是专业建设的重要内容之一。如何通过课程的建构来推动人才培养模式的改革和创新?教材编写工作又如何与学校人才培养模式和课程体系改革相结合?如何实现课程内容适合高素质技能型人才的培养?这均是学院示范性建设中的重要命题。

令人欣慰的是学院教师历经3年的不断探索和实践,为学院示范建设作出了功不可没的成绩。其中教材建设就是部分成果的体现,也是全体专业教师、一线工程技术人员共同的智慧结晶和劳动成果。在这些教材中,既有工学结合的核心课程教材,也有专业基础课程教材。无论是哪种类型的教材,在编写中,学院都强调对教材内容的改革与创新,强调示范性院校专业建设成果在教材中的固化,强调教材为高素质技能型人才培养服务,强调教材的职业适应性。因为新教材的使用,必须根植于教学改革的成果之上,反过来又促进教学改革目标的实现,推进高职教育人才培养模式改革。

本教材与传统教材相比有如下三个方面的特点:

第一,该教材由原来传统知识体系的章节结构形式,改为工作过程的项目、模块结构形式;教材中的项目来源于岗位工作任务分析确定的工作项目所设计的教学项目,教材中的模块来源于完成工作项目的工作过程。

第二,教材的内容不再依据相关学科的理论知识体系,而来源于相应岗位的工作内容。教学内容的选取依据完成岗位工作任务对知识和技能的要求,建立在行业专家对相应岗位工作任务分析结果和专业教师深入行业进行岗位调研结果的基础上。注重学生实践训练、培养学生完成工作的能力。

第三,教材不再停留在对课程内容的直接描述,而是十分注重对教学过程的设计,注重学生对教学过程的参与。在教材的各个项目之前,一般都提出了该项目应该完成的工作任务,该任务可能是学习性的工作任务,也可能是真实的工作任务。

在这些教材的编写过程中，也倾注了相关企业有关专家的大量心血和辛勤劳动，在此谨向他们表示衷心的感谢！由于开发时间短，教学检验尚不充分，错误和不当之处难免，敬请专家、同行指教。

贵州交通职业技术学院教材编写委员会

2009.11.20

前　言

工程地质是介绍调查和解决与各类工程建筑物的勘测、设计、施工和使用等有关的地质问题的方法。工程地质涉及面很广，如：公路工程、铁路工程、土木工程、地下工程、水利工程等，课程是按工作过程进行系统化设计。但一本教材不能讲解所有类别的工程地质，不同的专业可按同样的过程讲解相关的地质内容。本教材与专业结合，主要针对公路工程，因此定名为《公路工程地质》。

由于公路是一种线形建筑，它穿越很多地貌单元，故涉及的地质知识更多，处理方法更复杂。通过对本教材的学习，掌握了公路工程活动调查和解决地质问题的方法，铁路工程、土木工程、地下工程、水利工程等的地质问题就迎刃而解了，从而达到举一反三、触类旁通的目的。

对《公路工程地质》课程的设计，是以实际工作任务为引领，以公路建设中处理地质问题能力为主线，贯穿课程的始终。将公路工程地质项目分解为：公路工程地质基础知识、地质在公路建设中的应用、公程工程地质病害的防治、公路工程地质野外综合实习四个学习情境进行教学，每一个学习情境都有地质知识，但不是简单的重复，而是不断上升，让学生掌握每一阶段地质知识的应用过程。

为加强实践教学，强化学生的实际动手能力，专门将第四个学习情境——公路工程地质野外综合实习单独编写指导教程，通过对地质现象进行综合认识实习，把理论知识同实际结合起来，让学生在毕业后就能从事公路工程地质方面的工作。

本教材由贵州交通职业技术学院罗筠担任主编，吴畏担任副主编，全书由广东省工程勘察院高级工程师喻红主审。学习情境一的单元学习 1、单元学习 2、单元学习 3、单元学习 4、单元学习 5 和学习情境二的单元学习 3 由罗筠编写；学习情境二的单元学习 1、单元学习 2 由李晶编写；学习情境三的单元学习 1、单元学习 2 由熊文林编写。吴畏参与学习情境二的单元学习 1 的编写，并负责统稿；王锋参与学习情境三的单元学习 1 的编写。

在本书编写过程中，参考和引用了大量有关文献资料，在此对原作者顺致谢意。

由于时间仓促，水平有限，书中内容难免存在缺点和错误，恳请使用本书的教师和学生对书中的不妥和误漏之处予以批评指正。

编　者

2010 年 3 月

目　录

引言……1
学习情境一　公路工程地质基础知识……3
　单元学习1　矿物与岩石……3
　单元学习2　地质构造……34
　单元学习3　地貌……47
　单元学习4　第四纪地质及土……58
　单元学习5　工程地质的勘察……68
学习情境二　地质在公路建设中的应用……80
　单元学习1　土的物理性质和水理性质……80
　单元学习2　识读工程地质图……104
　单元学习3　道路工程地质勘察报告书和图表……115
学习情境三　公路工程地质病害的防治……128
　单元学习1　公路工程地质病害的防治……128
　单元学习2　主要特殊性土的处治……174
参考文献……185

引　言

（一）公路工程地质的具体任务

序号	具体任务
1	评价工程地质条件，选择适宜的公路穿越方案，保证设计、施工、使用顺利进行
2	从地质条件与公路工程建筑相互作用的角度出发，论证和预测有关公路工程地质问题发生的可能性、发生的规模和发展趋势
3	提出改善、防治或利用有关公路工程地质条件的措施、加固岩土体和防治地下水的方案
4	研究人类工程活动与地质环境之间的相互作用与影响

（二）工程地质条件

工程地质条件：指工程建筑物所在地区地质环境各项因素的综合		
1	地层岩土的工程性质	包括成因、时代、岩性、产状、成岩作用特点、变质程度、风化特征、软弱夹层和接触带以及物理力学性质等
2	地质构造	包括褶皱、断层、节理构造的分布和特征
3	水文地质条件	包括地下水的成因、埋藏、分布、动态变化和化学成分等
4	地表地质作用	主要包括滑坡、崩塌、岩溶、泥石流、河流冲刷与沉积和风化等
5	地形地貌	地形是指地表高低起伏状况、山坡陡缓程度与沟谷宽窄及形态特征等，地貌则说明地形形成的原因、过程和时代。这些因素都直接影响建筑场地和线路的选择
6	天然建筑材料	建筑材料的分布、类型、品质、开采条件、储量及运输条件等

（三）工程地质问题

工程地质问题：已有的工程地质条件在工程建筑建设过程和建成运行期间会产生一些新的变化和发展，从而影响工程建筑安全		
1	地基稳定性问题	包括强度和变形两个方面
2	斜坡稳定性问题	人类工程活动尤其是公路工程需开挖和填筑人工边坡（路堑、路堤、堤坝、基坑等），斜坡稳定对防止发生地质灾害及保证地基稳定十分重要。斜坡地层岩性、地质构造特征是影响其稳定性的物质基础，风化作用、地震、地下水和地表水等对斜坡软弱结构面的作用破坏斜坡稳定，而地形地貌和气候条件是影响斜坡稳定的重要因素
3	洞室围岩稳定性问题	地下洞室被包围于岩土体介质（围岩）中，在洞室开挖和建设过程中破坏了地下岩体原始平衡条件，便会出现一系列不稳定现象，常遇到围岩塌方、地下水涌水等

(四)公路工程地质的学习内容、学习任务及学习后所具备的能力

1. 道路桥梁工程技术专业学生学习本课程的主要内容

(1)矿物岩石

(2)地质构造

(3)地下水

(4)地貌及第四纪

(5)工程地质图识读

(6)公路工程地质勘察

(7)公路工程地质设计

(8)公路工程地质病害治理

2. 道路桥梁工程技术专业学生学习本课程的任务

学 习 情 境	单 元 学 习
公路工程地质基础知识 核心技能: 能认识工程地质现象,会勘察、记录	单元学习1　矿物与岩石
	单元学习2　地质构造
	单元学习3　地貌
	单元学习4　第四纪地质
	单元学习5　工程地质勘察
地质在公路建设中的应用 核心技能: 能完成工程地质勘察报告书和图表编制	单元学习1　土的物理性质和水理性质
	单元学习2　识读工程地质图
	单元学习3　工程地质勘察报告和图表编制
公路工程地质病害的防治 核心技能: 能处理公路地质病害和特殊土	单元学习1　公路工程地质病害防治
	单元学习2　特殊性岩土的处治
公路工程地质野外综合实习	核心技能:综合操作、实践动手

3. 道路桥梁工程技术专业学生学习本课程后应具备的能力

- 在公路建设的不同阶段学习工程地质基础知识和应用;
- 能阅读工程地质图件和查阅一般地质资料;
- 根据地质资料在野外能辨认出常见的岩石和松散沉积物,知道其主要的工程性质;
- 能辨认基本的地质构造类型及较明显的地质灾害现象以及对公路工程建筑的影响;
- 可依据公路工程地质勘察成果进行公路工程地质问题分析和采取处理措施;
- 能进行公路工程地质勘察和野外记录;
- 能运用野外勘察的数据和资料进行公路工程地质设计。

学习情境一

公路工程地质基础知识

核心技能：

1. 会勘察和记录各种地质现象；
2. 能认识各种地质现象。

单元学习1　矿物与岩石

学习目标

1. 地壳的物质组成、地质作用与风化作用；
2. 矿物的物理性质；
3. 岩浆岩、沉积岩、变质岩的特征。

任务描述

利用实物标本、模型及相关多媒体资源，通过学习和教师的讲解，同学们能认识常见的矿物与岩石。

学习引导

工程地质的主要任务就是研究建筑地区的工程地质条件，分析存在的工程地质问题，选择地质条件较为优越的建筑场地；对选择的场地作出工程地质评价；预测工程兴建后对周围地质环境可能造成的影响，作出环境质量评价；改造地质环境，进行工程地质处理，提高岩土体稳定性，保护环境质量。

要完成这项任务，工程地质工作人员必须到工作区现场进行调查、观察，把工作区的地质情况记录下来，以便作出评价和处理，因此工程地质人员首先要学会对各种地质现象的认识。

本学习任务沿着以下脉络进行学习。

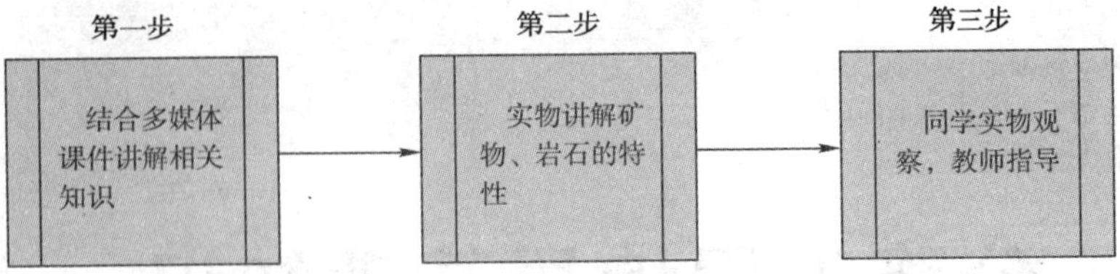

一、地球的物质组成

(一)地球的形状和大小

从卫星上看,地球是一个蓝色的球体(见图 1-1),形状为"梨状体",其南极内凹、北极外凸。

地球的赤道半径 $R=6378.16\text{km}$;极半径 $R=6356.755\text{km}$;扁平率为 1/298.251;表面积为 $51\times10^{8}\text{km}^{2}$;体积为 $1.0820\times10^{12}\text{km}^{3}$;质量约为 $5.98\times10^{21}\text{t}$。

(二)地球中的元素

组成地球的物质,按质量计算,各元素的含量为:34.6%是铁,29.5%是氧,15.2%为硅,12.7%为镁,2.4%为镍,1.9%为硫,2.2%为钙和铝,其他所有元素共占1.5%(见图1-2)。

图 1-1　地球表面

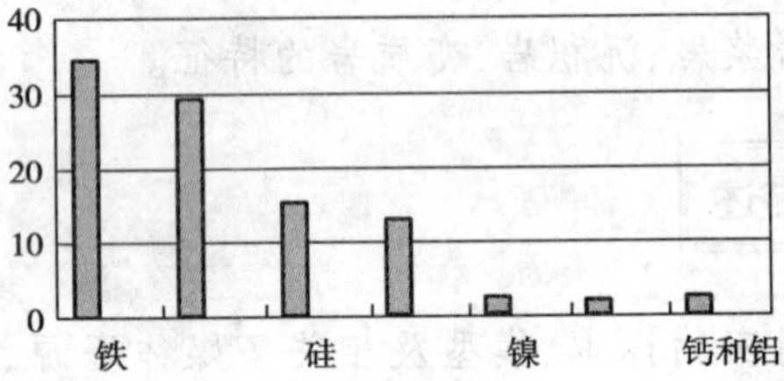

图 1-2　地球中各元素的含量

地球中的铁和镍大部分以金属状态存在于地核中。组成地壳和地幔的物质,大部分是氧和硅,还有铝、铁、镁。在地球的水圈中,以氧和氢为主。生物圈则主要为碳、氢、氧和氮。大气圈、水圈和生物圈中的所有元素的质量和地球的总质量相比,不及千分之一。

地球中的元素,大部分组成化合物或以单质的形式——矿物,聚集在岩石中。当元素或化合物相对集中到能够具有经济价值并可被人类所利用时,这些物质就被称为矿产。

(三)自然界中的矿物

在地球科学中,把天然产出的、具有一定化学成分和物理特征的元素或化合物称为矿物(见图1-3),而把矿物的集合体称为岩石(见图1-4)。但在实际生活中,不是一眼就能区别两者的,特别是有些岩石中的矿物颗粒极其细微,肉眼难以辨认。矿物与岩石的根本区别不在它们的外表,而在于矿物有确定的化学成分和一定形态的内部结构。可以说岩石是各种矿物的混合物。

图 1-3　石英(矿物)

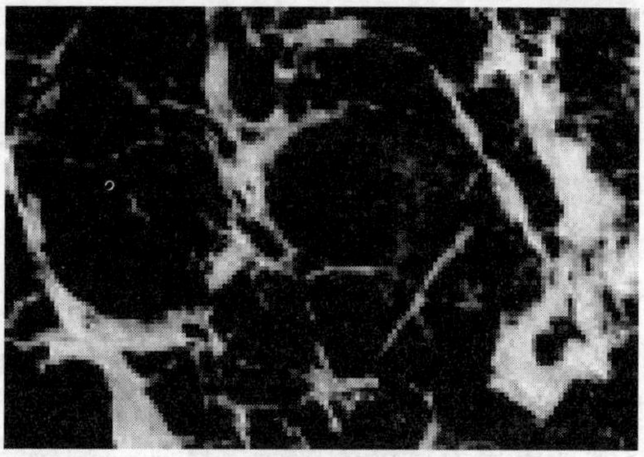

图 1-4　花岗岩(岩石)

二、地球的圈层构造

按组成地球物质的形态不同,可将地球划分为外圈层和内圈层。

外圈层{大气圈、水圈、生物圈}　内圈层{地壳、地幔、地核}

(一)地球内圈层(见图 1-5)

1. 地壳

地壳是地球内层圈中的最外层,是地球内圈层最外部的一层薄壳,约占地球体积的0.5%。地壳由坚硬的岩层和岩层风化后所形成的上层组成。组成地壳的物质主要是地球中比较轻的硅镁和硅铝等物质。地壳的下表面是莫霍面,地壳最薄处约 1.6km(在海底海沟沟底处)、海底部分厚约 6 ~ 10km。

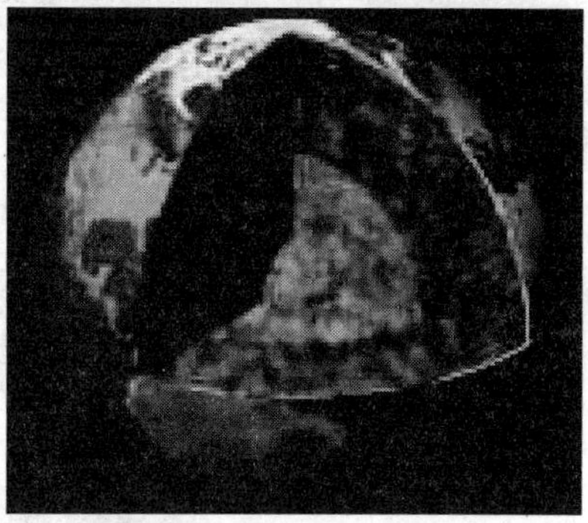

图 1-5　地球内部构造示意图

2. 地幔

自莫霍面以下至深度约 2900km 的范围是地幔,约占地球体积的 83.3%,其上层主要由橄榄质超基性岩石组成,是高温熔融的岩浆发源地,也称软流层。

3. 地核

地幔以下为地核,被分为外地核、过渡层和内地核三层。地表以下 2900 ~ 4642km 的范围为外地核,主要由熔融状态的铁、镍混合物及少量 Si、S 等轻元素组成。内地核厚约 1216km,成分是铁、镍等重金属,物质呈固体状态。位于外、内核之间的过渡层厚约 515km,物质状态从液态过渡到固态。地核的总质量约占整个地球质量的 31.5%,体积占 16.2%。

(二)地球外圈层(见图 1-6)

1. 大气圈

大气圈总质量约为 5000 亿吨,其中氮气约占空气总容积的 78%,氧气约占 21%。地球的大气圈按距离地球表面由近至远被依次划分为对流层(厚约 16 ~ 18km)、平流层(约 50km 高空)、中间层(约85km高丰空)、热层(约500～800km高空)和散逸层。风霜雨雪、云雾冰雹等变化多端的大气现象都发生在对流层内。

2. 水圈

地球的水是由地球诞生初期弥漫在大气层中的水蒸气慢慢凝结形成的,总水量约 $1.4\times10^9km^3$。水圈主要由海洋构成,海洋的面积约占地球表面积的71%,海洋水约占地球总水量的97.3%。陆地水以冰川水为主,分布在高山和两极地区,其余的陆地水分布在湖泊、江河、沼泽和地壳岩石体的空隙中。陆地面积约占地球表面积29%。

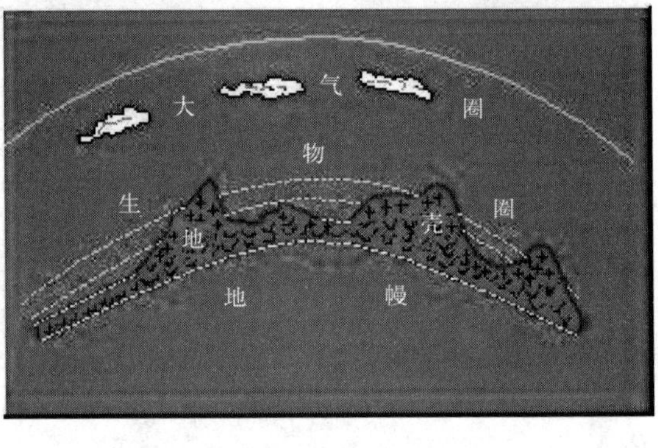

图1-6　地球外部构造示意图

3. 生物圈

地球上动物、植物和微生物所存在和活动的中间称为生物圈。

三、地质作用

(一)地质作用

地质作用是导致地壳物质成分及地表形状、岩层结构、构造发生变化的一切自然作用。

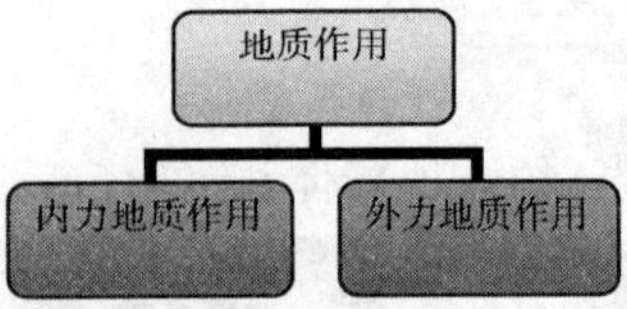

图1-7　地质作用分类

地壳只是地球内圈层最外面的一层极薄的薄壳。在地球形成至今的漫长地质演变历史中,随着地球的转动和内、外圈层物质的运动、地表的形态、地壳的物质以及地层的形态都在不断发生变化、这种变化一直发生,永不静止。由地质作用引起的现象,称为地质现象。地质作用可划分为内力地质作用和外力地质作用(见图1-7)。

1. 内力地质作用(见表1-1)

表1-1

<table>
<tr><td colspan="4">内力地质作用:由地球的旋转能和地球中的放射性物质在其衰减过程中释放出的热能所引起的地质作用称为内力地质作用。大多数的地震以及岩浆活动、地壳运动和变质作用等都属内力地质作用现象。其总趋势是形成地壳表层的基本构造形态和地壳表面大型的高低起伏

岩浆活动

天山山脉</td></tr>
<tr><td colspan="4">内力地质作用:是由地球内动力所引起的地壳岩石发生变形、变位(如弯曲、错断等)的机械运动,分地壳运动、岩浆作用、变质作用、地震</td></tr>
<tr><td>1. 地壳运动</td><td>水平运动</td><td>指地壳或岩石圈块体沿水平方向移动,它使岩层产生褶皱、断裂,如我国的横断山脉、喜马拉雅山、天山、祁连山等均为褶皱山系</td><td></td></tr>
</table>

续上表

1. 地壳运动	垂直运动	指地壳或岩石圈相邻块体或同一块体的不同部分作差异性上升或下降运动，使某些地区上升形成山岳、高原；另一些地区下降，形成湖、海、盆地。如：喜马拉雅山上大量新生代早期的海洋生物化石的存在，说明了五六千万年前，此处曾为汪洋大海，大约2500万年前才开始从海底升起	
2. 岩浆作用	地壳内部的岩浆，在地壳运动的影响下，向外部压力减小的方向移动，上升侵入地壳或喷出地面，冷却凝固成为岩石的全过程		
3. 变质作用	由于地壳运动、岩浆作用等引起物理和化学条件发生变化，促使岩石在固体状态下改变其成分、结构和构造的作用		
4. 地震	是由于地壳运动引起地球内部能量的长期积累，达到一定的限度而突然释放时，导致地壳一定范围的快速颤动		

2. 外力地质作用(见表1-2)

表1-2

外力地质作用：由太阳的辐射能和地球的重力位能(包括其他星体的引力作用)所引起的地质作用。常见的外力作用现象有气温的变化、雨、雪、风、地面汇流、河流、湖泊、海洋作用、生物作用以及重力作用等。外力作用主要是破坏内力作用形成的地形或产物，总趋势是削高补低形成新的沉积物，并进一步塑造了地表形态  地面汇流作用  雪作用		
外力地质作用分：风化作用、剥蚀作用、搬运作用、沉积作用、成岩作用		
1. 风化作用	在温度变化、气体、水及生物等因素的综合影响下，促使组成地壳表层岩石发生破碎、分解的一种破坏作用	
2. 剥蚀作用	将岩石风化破坏的产物从原地剥离下来的作用。它包括除风化作用以外所有的破坏作用，诸如河流、大气降水、地下水、海洋、湖泊以及风等的破坏	
3. 搬运作用	岩石经风化、剥蚀破坏后的产物，被流水、风、冰川等介质搬运到其他地方的作用	
4. 沉积作用	被搬运的物质，由于搬运介质的搬运能力减弱，搬运介质的物理化学条件发生变化，或由于生物的作用，从搬运介质中分离出来，形成沉积物的过程，称为沉积作用	
5. 成岩作用	沉积下来的各种松散堆积物，在一定条件下，由于压力增大、温度升高以及受到某些化学溶液的影响，发生压密、胶结及重结晶等物理化学过程，使之固结成为坚硬岩石的作用	

（二）地质循环

将内力地质作用和外力地质作用现象划分为：风化剥蚀、搬运沉积、变质作用以及构造运动四种类型。这四种类型的地质作用在地壳上构成了一个巧妙的循环过程，见图1-8。

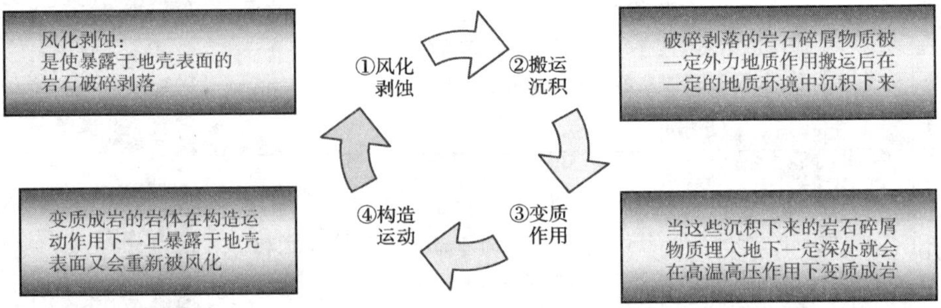

图1-8　地质循环示意图

四、风化作用及其松散堆积层

（一）风化作用

地壳表层的岩石，在太阳辐射、大气、水和生物等风化营力的作用下，发生物理和化学的变化，使岩石崩解破碎以至逐渐分解的作用即风化作用。风化作用在地表最显著，随着深度的增加，其影响就逐渐减弱以致消失。

（二）风化作用的实质与工程活动的关系

1. 风化作用的实质

风化是矿物、岩石在地表附近新的物理化学条件下所产生的演化过程。风化促使岩石的状态或性质发生了改变，并形成了一种与原来岩石的形态、构造、物质成分等完全不同的新物质。

岩石遭受风化作用的时间愈长，被破坏得就愈严重。风化作用使坚硬致密的岩石松散，改变了岩石原有的矿物组成和化学成分，使岩石的强度和稳定性大为降低，对工程建筑条件起着不良的影响。如滑坡崩塌、碎落、岩堆及泥石流等不良地质现象，大部分都是在风化作用的基础上逐渐形成和发展起来的。

不同岩石的风化速度不同，有的岩石风化过程进行得很缓慢，其风化特征只有经过长期暴露地表以后才能显示出来；有的岩石则相反，如泥岩、页岩及某些片岩等，当基坑开挖后不久，很快就风化破碎，所以不同岩石具有不同的风化速度，我们称其为差异风化，见图1-9。

图1-9　岩石的差异风化现象

2. 风化作用与工程活动的关系

自然界中所有岩石都具有风化作用，所以工程活动应注意以下几个问题。

（1）不宜将建筑物设置在风化严重的岩层上，如果不能完全避开风化岩层时，应注意加强工程防护。如隧道穿过易风化的岩层，在隧道施工开挖后，要及时作支护，防止岩石继续风化失稳增加山体压力，否则会引起坍塌。

(2)风化岩层中的路堑边坡不宜太陡，同时还要采取防护措施。

(3)风化的岩石不宜作建筑材料。

因此，根据工程建筑特点，注意岩石的风化特性、分布规律，这将对选择建筑物的合理位置(如隧道的进出口位置、路堑边坡坡度、隧道的支护方法及衬砌厚度)、大型建筑物的地基承载力和开挖深度以及施工方法等有着重要的意义。

(三)岩石风化成土的过程

土的形成经历了漫长的地质历史过程。裸露于地表的岩石在温度和湿度不断发生变化的过程中反复产生不均匀的膨胀和收缩，并在此过程中产生了大量的裂隙。裂隙的产生为大气水和植物根系进入岩体内部提供了可能。进入岩体裂隙的大气水或凝结水在气温进一步下降时结冰膨胀，加之植物根系的生长、发育，劈裂作用使裂隙进一步扩展，并最终使原来完整的岩石崩解、碎裂。风、霜、雨、雪的侵蚀和重力作用使已经变得十分破碎的表面岩石剥离，上述作用进一步向内部岩体中发展。被剥离的岩石碎块、岩屑等在雨、雪、水流、风力等的夹带下向别处搬运，并在地壳相对下降的地方堆积起来。在搬运过程中，土颗粒进一步破碎分散，并使其中较大的颗粒变得浑圆光滑。与此同时，空气中的一氧化碳、氧气、二氧化硫及地表水和地下水还会在与岩石及岩石颗粒的直接接触过程中发生一系列的化学反应，从而生成新的矿物。上述作用会使已经破碎的岩石颗粒变得更加细小甚至非常细小。这就是岩石风化成土的过程，见图1-10。

图1-10　岩石风化成土的过程

岩石表面在适宜的日照和湿度条件下滋生出苔藓类生物，它们依靠雨水中溶解的微量岩石矿物质得以生长，同时产生大量分泌物对岩石进行化学、生物风化；随着苔藓类的大量繁殖，生物与岩石之间的相互作用日益加强，岩石表面慢慢地形成了土壤；此后，一些高等植物在年幼的土壤上逐渐发展起来，形成土体的明显分化。

土壤是一个经历着不断变化的自然实体，并且它的形成过程是相当缓慢的。在酷热、严寒、干旱和洪涝等极端环境中，在坚硬岩石残积母质，可能需要数千年的时间才能形成土壤发生层，例如在沙丘土中，典型灰壤的发育需要1000~1500年。但在变化比较缓和的环境条件中，以及利于成土过程进行的疏松成土母质上，土壤剖面的发育要快得多。

土壤的实质是气候、生物、地形、母质和时间等成土因素综合作用的结果。

土壤是一种独立的自然体，它是在各种成土因素非常复杂的相互作用下形成的；对于土壤的形成来说，各种成土因素具有同等重要性和相互不可替代性，其中生物起着主导作用。土壤是一定时期内，在一定的气候条件和地形条件下，活的有机体作用于成土母质而形成的。

（四）风化作用的类型

根据岩石风化的自然因素，将风化作用分为物理风化（机械风化）、化学风化、生物风化。

1. 物理风化（机械风化）作用

只改变岩石的完整性或改变已碎裂的岩石颗粒大小和形状，而未能产生新矿物的风化作用，即物理风化，见表1-3。

表1-3

物理风化作用类型	说明及图例
胀缩作用	主要是基岩在反复的胀缩循环中发生碎裂的产物 
冰劈作用	岩石中存在的细微裂隙，当水分进入后在低温时形成冰楔体沿裂缝两侧挤压岩石，或与岩石中的物质反应形成结晶膨胀体挤压岩石，使岩石中原有的裂缝加宽、增长，为更多水分进入岩体内部创造了条件，逐步使岩石风化崩解 
膨胀崩解	上覆岩石不断被风化剥蚀，原来处于地层深处的岩体距地表面愈来愈近，上覆重力愈来愈小，在重力卸荷作用下，岩体会产生明显上弹（膨胀）。严重时就会产生卸荷裂隙 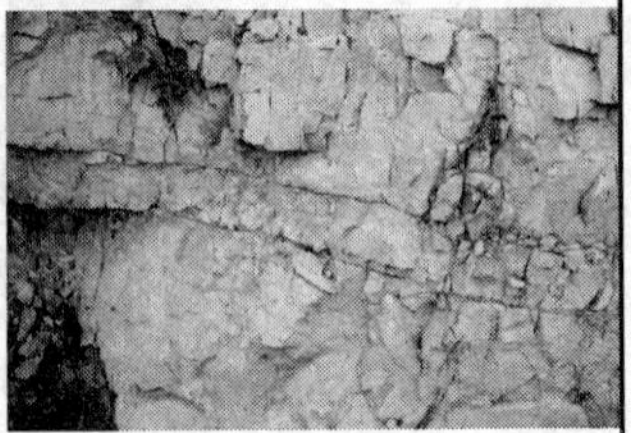

2. 化学风化作用

一切改变岩石中原有矿物成分的风化作用即化学风化作用。生物生长过程中的新陈代谢、生物腐蚀和水引起的矿物溶解、再结晶、水化、水解以及大气引起的氧化、碳酸化、硫酸化等，均会使原有的岩石矿物成分发生改变，并产生新矿物，这类风化作用都属于化学风化作用，见表1-4。

表 1-4

化学风化作用类型	说　　明
氧化作用	空气和水中的游离氧使地表及其附近的矿物氧化，改变其化学成分，并形成新的矿物。 (1)硫化物的氧化：$2FeS_2 + 2H_2O + 7O_2 = 2FeSO_4 + 2H_2SO_4$ (2)磁铁矿氧化成赤铁矿：$4Fe_3O_4 + O_2 = 6Fe_2O_3$
溶解作用	自然界中的 O_2、CO_2 和一些酸、碱物质具有较强的溶解能力，能溶解大多数矿物 (1)含碱质水的作用：$FeSO_4 + K_2CO_3 = FeCO_3 + K_2SO_4$ (2)含硫酸的水的作用：$CaCO_3 + H_2SO_4 = CaSO_4 + CO_2 + H_2O$ (3)石灰岩和白云岩与 CO_2、水的作用：$CaCO_3 + CO_2 + H_2O = Ca(HCO_3)_2$（碳酸钙）
水解作用	(1)水解作用：弱酸强碱盐或强酸弱碱盐遇水解离或带不同电荷的离子。这些离子与水中的 H^+ 和 OH^- 发生反应形成含 OH^- 的新矿物，矿物和岩石便遭到破坏。如：$4KAlSi_3O_8$（钠长石）$+ 6H_2O = Al_4Si_4O_{10}(OH)_4$（高岭石）$+ 8SiO_2$（石英）$+ 4KOH$ (2)水化作用：有些矿物质能吸收一定量的水参加到矿物晶格中，形成含水分子的矿物。如：$CaSO_4$（硬石膏）$+ 2H_2O \rightarrow CaSO_4 \cdot 2H_2O$（石膏）

3. 生物风化作用

生物活动对岩石造成的物理或化学破坏作用，即生物风化作用，见表 1-5。

表 1-5

生物风化作用类型	说 明 及 图 例
生物物理风化作用	根劈作用：岩石的裂缝中除含有一定的水分外，还会充填入一定量的尘土，树木就可在其中生存。随着树木的成长，其根系也不断壮大，并挤压岩石裂缝，使其扩大、增密，导致岩石产生风化，为风化向岩石内部发展创造了条件。生长在岩石裂隙中的植物根系的膨大对岩石的劈裂作用，是生物的机械作用，属物理风化的范畴 
生物化学风化作用	生物的新陈代谢作用：生物生长过程中的新陈代谢物、腐蚀物、分泌物对岩石的破坏作用及微生物对岩石的风化作用，属于化学风化作用的范畴

（五）影响风化作用的因素

1. 岩石的矿物成分

岩石风化的本质是岩石中各种矿物成分的变质。岩石抗风化能力的强弱与它所含矿物成分和数量有密切的关系。按风化的难易程度，可将矿物分为稳定性矿物、较稳定性矿物和不稳定性矿物。

稳定性矿物，如白云母、石英、石榴石等；较稳定性矿物，如辉石、角闪石、黑云母、正长石等；不稳定性矿物，如斜长石、橄榄石等。

岩石中的不稳定性矿物含量越高，抗风化能力越低。相对而言，岩石成分均一的较难风化，成分复杂、矿物种类多的较容易风化。

2. 岩性

岩性包括岩石的结构与构造、矿物颗粒大小与形状、孔隙率、吸水率、坚固性等物理力学性质。致密程度、坚硬程度越高，岩层厚度越大，越难风化（等粒结构、块状结构），疏松多孔容易风化。

3. 地质构造与岩体的结构性

地质构造对岩体的结构性有很大的影响，岩体的结构面愈发育、裂隙愈大、充填情况愈差、渗透性愈好就愈易风化。

4. 气候状况

我国南方地区气温高、雨量充足、湿度大、植物生长茂盛，以化学风化为主；我国北方地区温差大、雨量少、干燥、植被差、风力作用强烈，则以物理风化为主。

5. 地貌与地下水

地貌对岩石风化的影响和水、风、温差、地势以及基岩埋藏条件等多重因素有关。

①地势起伏高度：高山区，以物理风化为主；低山丘陵以及平原区，以化学风化为主。

②山坡朝向：朝阳面，以化学风化为主；背阳面，以物理风化为主。

6. 其他因素

人类活动形成的环境污染等也会成为影响化学风化的重要因素。

五、矿物

（一）矿物

矿物都是天然的，它们是具有一定的化学成分，原子的排列也有一定规则的晶体，它是自然界中的化学元素在一定的物理化学条件下形成的单质和化合物。

矿物是组成岩石的基本单位，世界上约有3000多种矿石，其中构成岩石的矿物有30余种，这30余种矿物被称为造岩矿物。一种岩石中会含有几种矿物，如果将岩石砸碎，便可从中分离出不同的矿物；但矿物砸得再碎，它们也还是同样的一种东西，这就是矿物与岩石的根本区别。

地壳中的矿物是通过各种地质作用形成的。它们除少数呈液态（如水银、水）和气态（如CO_2和H_2S等）外，绝大多数都呈固态。一般来说，那些具有玻璃样光泽的矿物，我们称之为某某石，如金刚石、方解石；具有金属光泽或能从中提炼出金属的矿物，则称之为某某矿，如黄铁矿、方铅矿；把玉石类矿物称之为某某玉，如刚玉、硬玉；把硫酸盐矿物称为某某矾，如胆矾、铅矾；把地表上松散的矿物称为某某华，如砷华、钨华。虽然叫法不一样，但都是矿物。

形成了的矿物在不同环境中还会受到破坏或变成新的矿物。如阳光、风、水以及地质变化使矿物受到高温高压等，都可以使某些矿物分解，分解后的物质又可能在另外的环境中与其他物质再次形成新矿物。因此，自然界中的矿物按其成因可分为三大类型。

（1）原生矿物：岩浆融体经冷凝结晶所形成的矿物，如石英、长石等。

（2）次生矿物：原生矿物遭受化学风化而形成的新矿物，如正长石经水解后形成高岭石。

（3）变质矿物：在变质过程中形成的矿物，如变质结晶片岩中的蓝晶石和十字石等。

（二）矿物的物理性质

1. 颜色

颜色是由于矿物吸收可见光后而产生的。根据产生的原因可分为自色、他色和假色三种。

（1）自色：自色是矿物自身所固有的颜色，见图1-11。

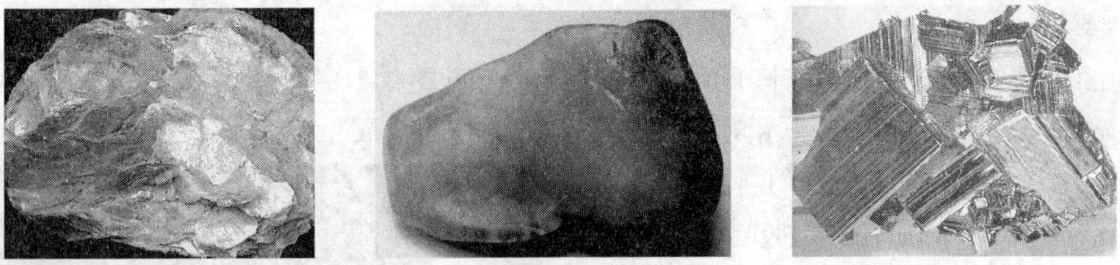

白云母的白色　　　　绿玉髓的绿色　　　　黄铁矿的铜黄色

图 1-11　矿物的颜色

(2)他色。他色是矿物中混入了少量杂质所引起的。

如石英是无色透明的,含碳时呈烟灰色,见图 1-12;含锰时呈紫色,含铁时呈玫瑰色,见图 1-13。

(3)假色。假色是矿物内部的裂隙或表面的氧化膜对光的折射、散射造成的。如:黄铜矿表面因氧化薄膜所引起的错色(蓝、紫混杂的斑驳色彩);冰洲石内部的裂隙所引起的错色(红、蓝、绿、黄混杂的斑驳色彩),见图 1-14。

图 1-12　烟灰色石英

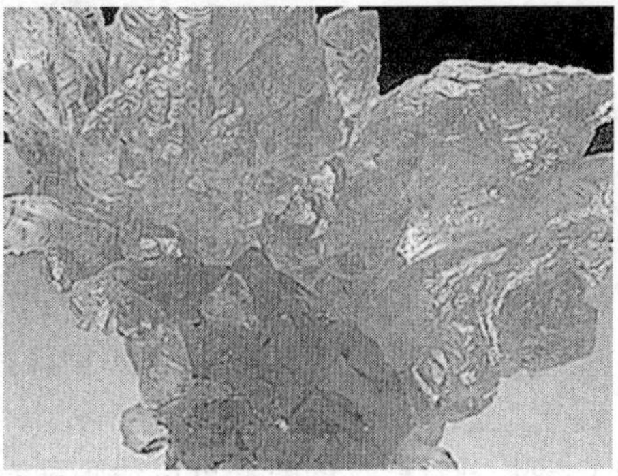

图 1-13　玫瑰色石英

2. 条痕(粉末)色

条痕(粉末)色是矿物在条痕板(白瓷板)上擦划后留下的痕迹(实际是矿物的粉末)的颜色。由于它消除了假色,减低了他色,因而比矿物颗粒的颜色更为固定,故可用来鉴定矿物。

如黄铜矿与黄铁矿,外表颜色近似,但黄铜矿的条痕颜色为带绿的黑色,而黄铁矿的条痕为黑色,据此可以区别它们。另外,同种矿物,有时可出现不同的颜色,如块状赤铁矿,有的为黑色,有的为红色,但它们的条痕都是蟹红色(或鲜猪肝色),见图 1-15。

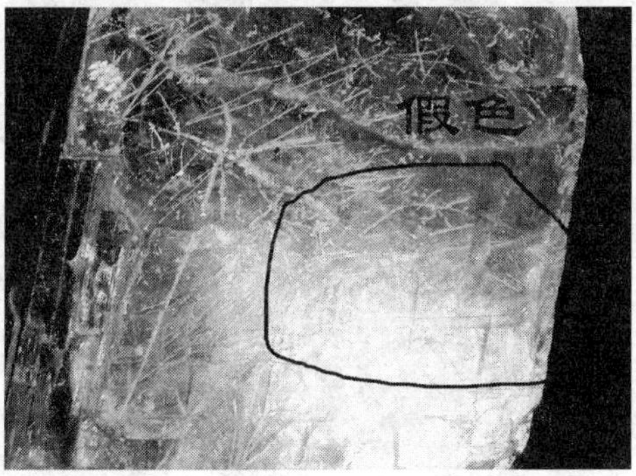

图 1-14　冰洲石内部的裂隙所引起的错色

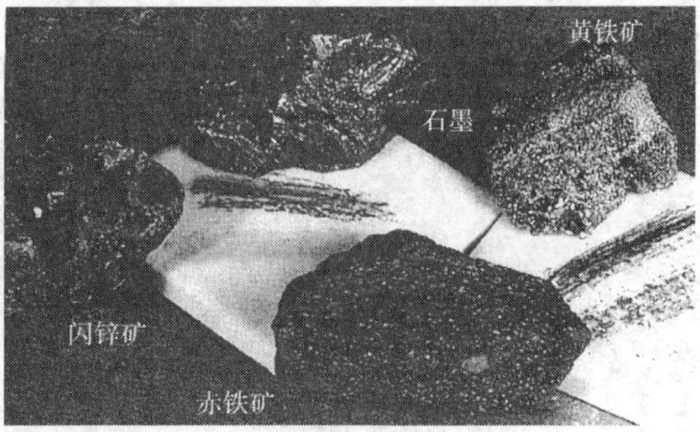

图 1-15　矿物的条痕

3. 光泽

矿物的光泽是指矿物表面对可见光的反射能力，见图1-16。

(1)金属光泽：如黄铁矿、方铅矿的光泽，犹如一般的金属磨光面那样的光泽。

(2)半金属光泽：如磁铁矿的光泽，如同一般未经磨光的金属表面的那种光泽。

(3)金刚光泽：如金刚石、闪锌矿的光泽，像钻石金刚石所呈现的那种光泽。

(4)玻璃光泽：如石英、方解石的光泽，像普通平板玻璃所呈现的那种光泽。

(5)油脂光泽：如同油脂面上见到的那种光泽。如石英晶面为玻璃光泽，断口为油脂光泽。

(6)树脂光泽：在它们的不平坦面上，可以见到像松香等树脂平面所呈现的那样的光泽。

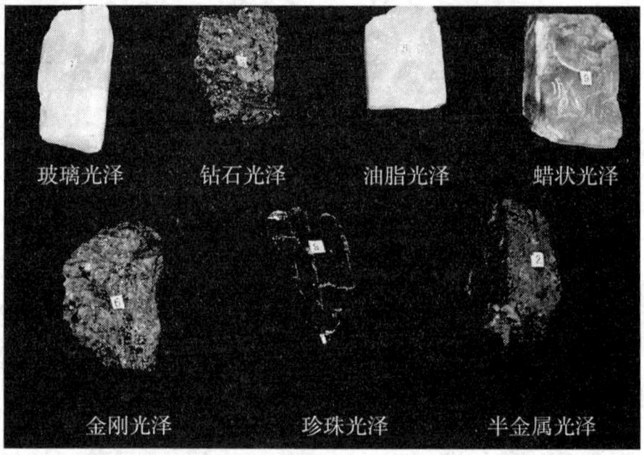

图1-16　矿物的光泽

(7)丝绢光泽：如石棉、纤维石膏等，具有像蚕丝或丝织品那样的光泽。

(8)珍珠光泽：如白云母、滑石等，在解理面上看到那种像贝壳凹面上呈现的柔和而多彩的光泽。

4. 透明度

矿物允许可见光透过的程度，称为矿物的透明度。

以0.03mm厚度为标准，通常在矿物碎片边缘观察，根据所见物体的清晰程度，可将矿物的透明度分为透明、半透明和不透明三种。

(1)透明：隔着矿物的薄片可以清晰地看到另一侧物体的轮廓细节，如石英、方解石等。

(2)半透明：隔着矿物的薄片能够看到另一侧物体存在，但分辨不清轮廓，如辰砂、雄黄等。

(3)不透明：矿物基本上不允许可见光透过，这样的矿物为不透明矿物，如磁铁矿、石墨等。

5. 解理和断口

(1)解理：矿物晶体在外力作用下，沿着一定的结晶方向破裂成一系列光滑平面的性质，叫做解理。由于同种矿物的解理方向和完好程度总是相同的，性质很固定，因此，解理是宝石矿物的重要鉴定特征。

①极完全解理：解理非常平滑，易裂开，如云母、石墨，见图1-17。

②完全解理：解理光滑，易裂成薄层状，如方解石、长石，见图1-18。

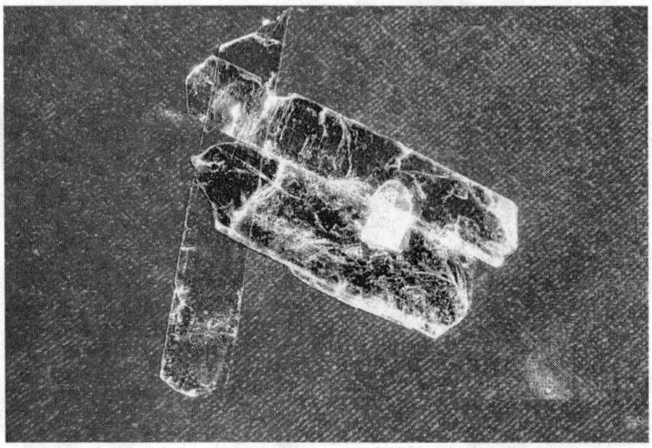

图1-17　云母

图1-18　方解石

(2)断口:具极不完全解理的矿物,它们受外力打击后,都会发生无一定方向的破裂。断口的发育程度与解理的完善程度呈互为消长的关系,解理完全者往往无断口,断口发育者常常无解理或具极不完全解理。

①贝壳状断口:呈椭圆形的光滑曲面,和贝壳相似,如石英。

②锯齿状断口:呈尖锐锯齿状,如自然铜的断口。

③纤维状断口:呈纤维丝状,如石棉的断口。

④参差状断口:呈参差不平的形状,如磷灰石的断口。大多数矿物具此种断口。

6. 硬度

矿物的硬度是指矿物抵抗刻划、压入或研磨能力的大小。

国际摩氏硬度计用10种矿物来衡量世界上最硬的和最软的物体,见表1-6。

摩氏硬度计　　表1-6

硬度	1°	2°	3°	4°	5°	6°	7°	8°	9°	10°
矿物名称	滑石	石膏	方解石	萤石	磷灰石	长石	石英	黄玉	刚玉	金刚石

利用摩氏硬度计测定矿物硬度的方法很简单,即将预测矿物与摩氏硬度计中的标准矿物互相刻划,相比较来确定。如某一矿物能划动方解石,说明其硬度大于方解石,但又能被萤石所划动,说明其硬度小于萤石,则该矿物的硬度为3~4之间,可写成3~4;再如黄铁矿能轻微刻伤正长石,但不能刻伤石英,而本身却能被石英所刻伤,因此,黄铁矿的摩氏硬度为6~6.5。

在野外用指甲(2~2.5)、小刀(5~5.5)、瓷器碎片(6~6.5)、石英(7)等进行粗略测定。在测矿物硬度时,必须在纯净、新鲜的单个矿物晶体(晶粒)上进行。因为风化、裂隙、杂质以及集合体方式等因素会影响矿物的硬度。风化后的矿物硬度一般会降低。有裂隙及杂质的存在,会影响矿物内部连接能力,也会使硬度降低。集合体如呈细粒状、土状、粉末状或纤维状,则很难精确确定单体的硬度。因此测试矿物硬度要尽量在颗粒大的单体新鲜面上进行。

(三)常见矿物的主要特征

1. 石英(SiO_2)

石英的种类很多,如水晶、玛瑙、燧石(过去人们用燧石打火)、碧玉等都属于石英。南京盛产的雨花石其实也是石英的一种。

石英常常为粒状、块状或一簇簇的(叫晶簇)。纯净的石英无色透明,像玻璃一样有光泽,但很多情况下石英中加杂了其他物质,透明度降低并且有了颜色。像水晶,有无色的,有紫色的,有黄色的等,见图1-19。石英无解理,断口有油脂光泽,硬度7,透明度较好,玻璃光泽。化学性质稳定,抗风化能力强,含石英越多的岩石,岩性越坚硬。

图1-19　各种颜色、形状的石英

石英在现代有着广泛的用途,它们不仅是重要的光学材料,也常被用于电子技术领域,比如我们熟悉的光纤、电子石英钟等。石英更是制作玻璃的重要原料,不太纯的石英则用于建筑。石英还被人们用来制作多种高级器皿、工艺美术品和宝石等。

石英是在地下热液中结晶出来的，有一种玛瑙叫水胆玛瑙。水胆玛瑙外表看不出它有什么，就像一块石头，但是摇动它可听见里面有水的声音。如果把它剖开来，里面果真会有水流出。原来里面是空心的，除了水以外，还生长着一簇簇的石英晶体。

2. 正长石（$KAlSi_3O_8$）

正长石呈短柱状或厚板状，颜色为肉红色或黄褐色或近于白色，玻璃光泽，硬度6中等解理，易于风化，完全风化后形成高岭石、绢云母、铝土矿等次生矿物。长石是制作陶瓷和玻璃的原料，色泽美丽的长石还被人们当做宝石，见图1-20。

3. 云母

白云母〔$KAl_2(Si_3AlO_{10})(OH)_2$〕呈片状、鳞片状，薄片无色透明，珍珠光泽，硬度2~3，薄片有弹性，一组极完全解理，具有高的电绝缘性，抗风化能力较强，主要分布在变质岩中，见图1-21。

图1-20　正长石

图1-21　白云母

黑云母{$K(Mg、Fe)_3[AlSi_3O_{10}](OH、H)_2$}，颜色深黑，其他性质与白云母相似。易风化，风化后可变成蛭石，薄片失去弹性，当岩石中含云母较多时，强度会降低，见图1-22。

4. 橄榄石{$(Mg、Fe)_2[SiO_4]$}

橄榄绿至黄绿色，无条痕，玻璃光泽，硬度6.5~7，无解理，断口贝壳状。普通橄榄石能耐1500℃的高温，可以用作耐火砖。完全蛇纹石化的橄榄石通常用作装饰石料，见图1-23。

图1-22　黑云母

图1-23　橄榄石

5. 方解石（$CaCO_3$）

方解石呈菱面体或六方柱，无色或乳白色，玻璃光泽，硬度3，三组完全解理，与稀盐酸有起泡反应。方解石是组成石灰岩的主要成分，用于制造水泥和石灰等建筑材料，见图1-24。

方解石的色彩因其中含有的杂质不同而变化，如含铁锰时为浅黄、浅红、褐黑等。但一般多为白色或无色。

方解石是石灰岩和大理岩的主要矿物，在生产生活中有很多用途。石灰岩可以形成溶洞，洞中的钟乳石、石笋、汉白玉等就是方解石构成的。无色透明的方解石也叫冰洲石，如图1-25所示。这样的方解石有一个奇妙的特点，就是透过它可以看到物体呈双重影像，因此，冰洲石是重要的光学材料。

图1-24　方解石

图1-25　冰洲石

6. 辉石[$Ca(Mg,Fe,Al)(Si,Al)_2O_6$]

辉石有20个品种，其中最为熟悉的叫硬玉，俗称翡翠，是最名贵的宝石。硬玉的晶体细小而且紧密地结合在一起，因此非常坚硬，硬玉也是组成玉石的主要成分，缅甸、西藏、云南等地是硬玉的世界著名产地。

辉石都具有玻璃光泽，颜色也并不一样，从白色到灰色，从浅绿到黑绿（见图1-26），甚至褐色至黑色，这主要是由于含铁量的不同。含铁量越高，颜色越深，而含镁多的辉石则呈古铜色。含铁量高的辉石，其硬度也高。

7. 白云石[$CaMg(CO_3)_2$]

白云石呈菱面体，集合体呈块状，灰白色，硬度为3.5~4，遇稀盐酸时微弱起泡，见图1-27。

图1-26　辉石

图1-27　白云石

8. 石膏[$CaSO_4 \cdot 2H_2O$]

石膏的集合体呈致密块状或纤维状，一般为白色，硬度为2，玻璃光泽，一组完全解理，广泛用于建筑、医学等方面，见图1-28。

纤维状集合体并具丝绢光泽的称为纤维石膏

质纯无色透明的晶体称为透石膏

雪白色、不透明的细粒块状称为雪花石膏

图1-28　各种石膏

9. 滑石[$Mg_3(Si_4O_{10})(OH)_2$]

滑石的集合体呈致密块状，白色、淡黄色、淡绿色，珍珠光泽，硬度1，富有滑腻感，是工业上常用原料。为富镁质超基性岩、白云岩等变质后形成的主要变质矿物，见图1-29。

10. 黄铁矿(FeS_2)

黄铁矿呈立方体，颜色为浅黄铜色，金属光泽，不规则断口，硬度为6，易风化，风化后生成硫酸和褐铁矿，常见于岩浆岩和沉积岩的砂岩和石灰岩中，见图1-30。

图1-29　滑石

图1-30　黄铁矿

11. 萤石(CaF_2)

萤石呈立方体，通常是黄、绿、蓝、紫等色，无色者少，玻璃光泽，硬度为4，四组完全解理，加热时或在紫外线照射下显荧光。萤石又称"氟石"，是制取氢氟酸的唯一矿物原料，见图1-31。

12. 高岭石[$Al_4(Si_4O_{10})(OH)_8$]

高岭石呈致密块状、土状，白色、土状光泽，断口平坦状，潮湿后具可塑性，但无膨胀性；干燥时粘舌，易捏成粉末，可用作陶瓷原料、耐火材料和造纸工业等。优质高岭土可制金属陶瓷，用于导弹、火箭工业，因首先发现于我国景德镇的高岭而得名，见图1-32。

图1-31　萤石

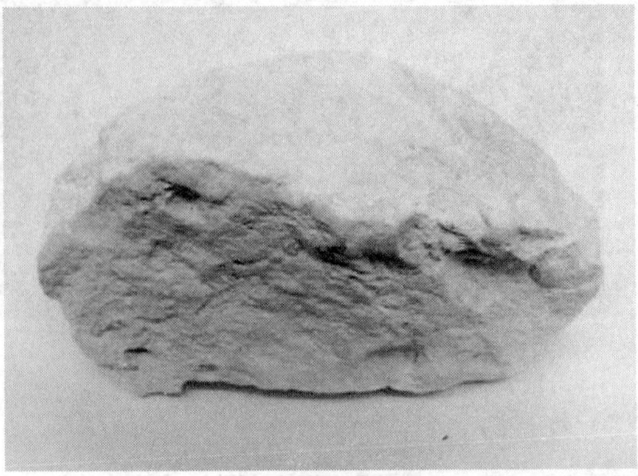

图1-32　高岭石

12. 角闪石{$NaCa_2(Mg、Fe、Al)_5[(Si、Al)_4O_{11}]_2(OH)_2$}

角闪石呈长柱状、针状、粒状或放射状，颜色暗绿、绿色至黑色，条痕淡绿，玻璃光泽，硬度5.5～6，中等解理，两组解理面夹角124°与56°，相对密度3.11～3.42，见图1-33。

六、岩石

（一）岩石

1. 岩石

岩石是天然产出的具稳定外型的矿物或玻璃集合体，按照一定的方式结合而成。在绝大多数情况下，岩石都是由几种矿物组成的集合体。但是，由于岩石类型不同，在很多岩石中，除了矿物之外，还有一些其他物质。比如矿物颗粒之间的胶结物；遗留在岩石中的植物和动物遗迹（也称化石）；还有由于岩石形成温度高，冷却快、来不及结晶而形成的火山玻璃，这些物质也都是构成岩石集合体的成分。

2. 岩石分类

岩石分成三大类，一类是火成岩，是地下炽热的岩浆，有些喷出地面冷却，有些则在地下就凝固后形成岩石，如常见的花岗岩、不常见的玄武岩等；一类是沉积岩（见图1-34），是由一些物质沉积到一起而形成的，如沙子、淤泥、火山灰等，这些东西堆积到一起，年长日久会产生石化作用而变成岩石；如页岩、砂岩、石灰岩等；一类是变质岩，它原先就是岩石，后来由于温度、压力变高，内部的成分和结构发生了变化，形成了另一类岩石，这样的岩石如片岩、大理岩、糜棱岩等。

图1-33　角闪石

图1-34　沉积岩

3. 分布

岩石是构成地壳和上地幔的物质基础。地球上三大类岩石并不同样多，分布的位置也不同。沉积岩主要分布在陆地的表面，约占整个大陆面积的75%，洋底几乎全部为沉积物所覆盖。从地表面往下，越深则越少，而火成岩和变质岩则越来越多。地壳深处和上地幔主要是火成岩和变质岩。火成岩占整个地壳体积的64.7%，变质岩占27.4%，沉积岩占7.9%。

许多岩石本身也是重要的工业原料，如北京的汉白玉（一种白色大理岩）是闻名中外建筑装饰材料；南京的雨花石、福建的寿山石、浙江的青田石是良好的工艺美术石材，即使那些不被人注意的河沙和卵石也是非常有用的建筑材料；岩石还是构成旅游资源的重要因素，世界上的名山、大川、奇峰异洞都与岩石有关；我们祖先从石器时代起就开始利用岩石，在科学技术高度发展的今天，人们的衣、食、住、行、游、医……无一能离开岩石。

4. 分类

岩石按成因分为岩浆岩、沉积岩和变质岩。

(二)岩浆石

由岩浆冷凝固结而成的岩石称为岩浆岩。它是来自地球内部的熔融物质,在不同地质条件下冷凝固结而成的岩石。当熔浆由火山通道喷溢出地表凝固形成的岩石,称喷出岩或称火山岩(见图1-35)。常见的火山岩有玄武岩、安山岩和流纹岩等。当熔岩上升未达地表而在地壳一定深度凝结而形成的岩石称侵入岩,按其侵入部位不同又分为深成岩和浅成岩。花岗岩、辉长岩、闪长岩是典型的深成岩,花岗斑岩、辉长玢岩和闪长玢岩是常见的浅成岩。

图1-35　火山岩

1. 岩浆岩的物质成分

(1)化学成分。岩浆岩的主要元素是O、Si、Al、Fe、Mg、Cu、Na、K、Ti,其含量占岩浆岩的99.25%。

(2)矿物成分。根据其化学成分特点,岩浆分成硅铝矿物和铁镁矿物两大类(见表1-7)。

表1-7

硅铝矿物(又称浅色矿物),SiO_2 和 Al_2O_3 含量高,不含Fe、Mg,如石英、长石	
铁镁矿物(又称暗色矿物),FeO、MgO较多,SiO_2 和 Al_2O_3 较少,如橄榄石、辉石类及黑云母类矿物	
绝大多数的岩浆岩是由浅色矿物和暗色矿物组成	

根据矿物的含量可将矿物分成主要矿物、次要矿物及副矿物。主要矿物是在岩石中含量较多,例如花岗岩类的主要矿物是石英和钾长石;次要矿物是在岩石中含量较少;副矿物是含量最少,通常不到1%,个别情况下可达5%。

2. 岩浆岩的形成

地球内部产生的部分或全部呈液态的高温熔体称为岩浆，岩浆的温度一般在 7000 ~ 12000℃，一般发生于地下数千米到数十千米，在岩石的强大压力下，喷发到地表(见图 1-36)。岩浆具有较大黏性。岩浆黏性的大小决定火山喷发的猛烈程度。

3. 结构构造

在地球上，无数千姿百态的自然景观都是岩石在长期的地质历史中不断变化、雕琢形成的。一般来讲，岩石的面貌主要受岩石的结构、构造和产状控制。因为每种不同成因的岩石类型都有它们独特的结构和构造特征，所以在自然界中形成的形态也有很大差异。

图 1-36　岩浆喷发示意图

(1)结构。

岩石的结构是指组成岩石的矿物本身的形态、外貌特征以及矿物之间的相互关系。岩石的结构、构造是地质学家作为岩石鉴定和分类命名的依据，也是研究岩石成因和演化的不可缺少的内容。

(2)构造。

构造是指岩石中不同矿物集合体之间的排列方式及充填方式。岩石的结构、构造是地质学家作为岩石鉴定和分类命名的依据，也是研究岩石成因和演化的不可缺少的内容。

岩浆岩的主要构造类型有以下几种：块状构造、条带状构造、气孔构造、杏仁构造、流纹构造等(见表 1-8)。

岩浆岩的主要构造类型　　表 1-8

块状构造：组成岩石的矿物在整个岩石中分布均匀，其排列无向，是岩浆岩中最常见的构造	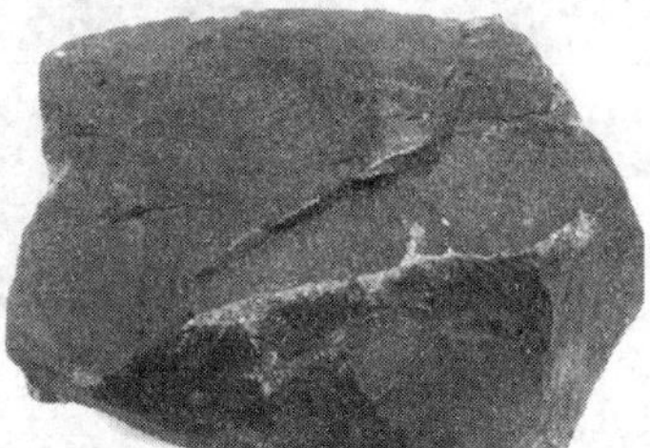	杏仁构造：当岩石中的气孔被岩浆期后矿物所充填时，其充填物宛如杏仁，称为杏仁构造。杏仁构造在玄武岩中最常见	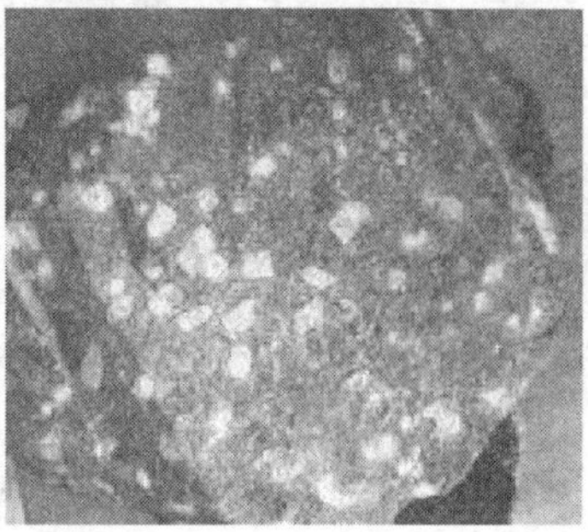
气孔构造：当岩浆喷溢到地面时，围压降低，由于岩浆迅速冷却凝固而保留在岩石中形成空洞，这就是气孔构造	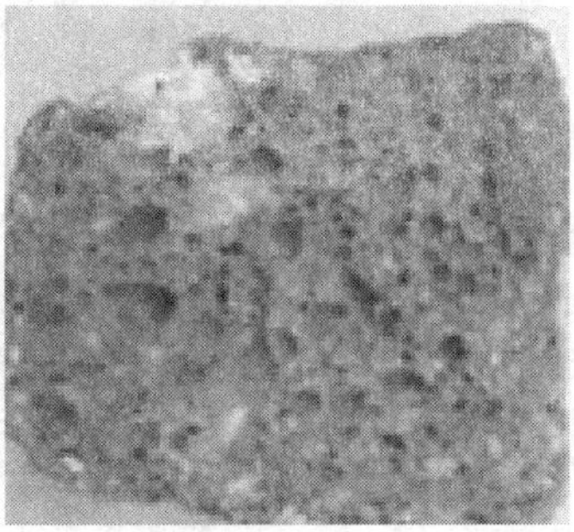	流纹构造：是酸性熔岩中最常见的构造。它是由不同颜色的条纹和拉长的气孔等表现出来的一种流动构造	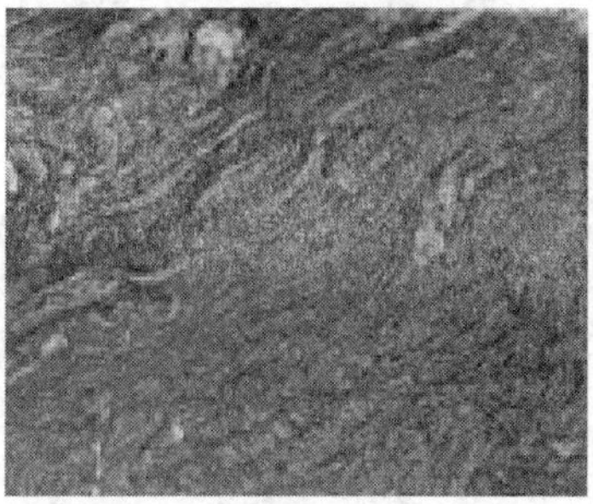

4. 常见岩浆岩的特征(见表1-9)

表1-9

(1)花岗岩是大陆地壳中的主要岩石之一,大多分布在地壳的上层。花岗岩中含量最多的是长石和石英,一般要超过80%。因为它里面的晶体都很大,看上去就是由无数颗粒组成的,所以说它是粒状岩石。花岗岩大多为肉红色、灰白色、白色,等粒结构或似斑状结构,块状构造。主要矿物为石英、钾长石、斜长石,次要矿物为黑云母、角闪石。其暗色物质主要是黑云母	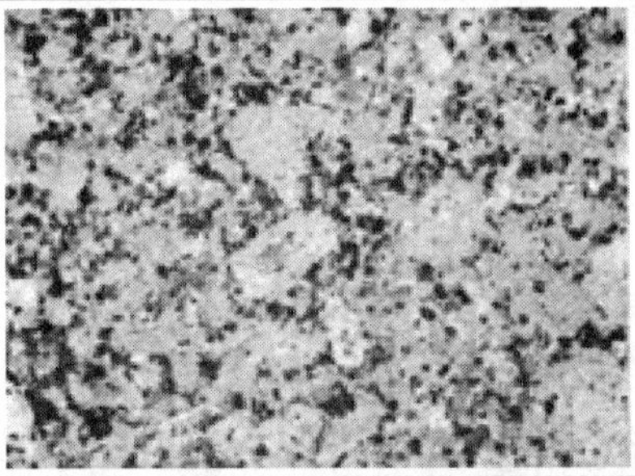
(2)辉长岩是基性深成侵入岩,呈黑色、灰色或深灰色,粒状结构、块状构造。主要矿物为斜长石、辉石,次要矿物为橄榄石、角闪石、黑云母等	
(3)橄榄岩是超基性深成侵入岩,多呈绿色、暗绿色、黑色等,粒状结构、块状构造。主要由橄榄石、辉石组成。新鲜者少见,大多发生次生蚀变	
(4)流纹岩属于火山喷出岩。岩浆喷出后的凝固期间,因为流动而产生一些纹路痕迹而得名。与流纹岩相关的金属矿产有铅、锌、银、金和铀等,非金属矿常见的有沸石、蒙脱石、高岭石、叶蜡石、明矾石和萤石等。流纹岩主要为灰白色、粉红色,斑状结构、隐晶质结构,常具流纹构造或拉长的气孔状构造	
(5)玄武岩是一种富含铁和镁的火山岩,它们都是由陆地火山或海底火山喷流出来而形成的。许多玄武岩都是非常细粒且致密的,这些细粒结晶物质有橄榄石、普通辉石或长石。一般为深灰,黑色,成分同辉长岩,斑状结构、隐晶质结构,气孔杏仁构造发育。玄武岩是修理公路、铁路、机场跑道所用石料中最好的材料,具有耐磨、吃水量少、导电性能差、抗压性强、压碎值低、抗腐蚀性强、沥青黏附性等优点,并被国际认可,是发展铁路运输及公路运输最好的基石	

续上表

(6)闪长岩是中性深成侵入岩,多为灰白色、灰绿色、肉红色,常为中粒等粒结构,块状构造。主要矿物为斜长石、角闪石,次要矿物为辉石、黑云母、石英、钾长石	
(7)安山岩是中性喷出岩,红褐色、浅褐色或灰绿色,斑状结构,块状或气孔状、杏仁状构造。主要矿物为斜长石、辉石角闪石、黑云母	

(三)沉积岩

沉积岩是在地表或近地表不太深的地方形成的一种岩石类型。

1. 认识沉积岩

沉积岩是由风化产物、火山物质、有机物质等碎屑物质在常温常压下经过搬运、沉积和石化作用,最后形成的岩石(见图1-37)。沉积岩占地壳体积的7.9%,但在地壳表层分布甚广,约占陆地面积的75%,而海底几乎全部为沉积物所覆盖。沉积岩可简单地分为2类:一类是陆源碎屑岩,主要由陆地岩石风化、剥蚀产生的各种碎屑物组成。按它们颗粒粗细不同又分为砾岩、砂岩、粉砂岩和泥质岩。另一类是内积岩,主要指在盆地内沉积的。内积岩中有一种是我们所熟悉的,叫可燃有机岩(如煤、油页岩)。

图1-37 沉积岩

沉积岩有两个突出特征:

(1)许多沉积岩中有"石质化"的古代生物的遗体或生存、活动的痕迹——化石。

化石是判定地质年龄和研究古地理环境的珍贵资料,被称作是记录地球历史的"书页"和"文字"。

(2)具有层次,称为层理构造。

层与层的界面叫层面,通常下面的岩层比上面的岩层年龄古老。一个层可包含一个或若干个层系。层按厚度可划分为:块状层、厚层、中层、薄层、微细层或页状层(见表1-10)。

表1-10

层的类型	单层厚度(m)	层的类型	单层厚度(m)
块状层	>2	中层	0.1~0.5
厚层	0.5~2	薄层	0.01~0.1
微细层或页状层	<0.01		

2. 沉积岩的物质

物质来源主要有几个渠道，风化作用是一个主要渠道，它包括机械风化、化学风化和生物风化。机械风化是以崩解的方式把已经形成的岩石破碎成大小不同的碎屑；化学风化是由于水、氧气、二氧化碳引起的化学作用使岩石分解形成碎屑；细菌、真菌、藻类等生物风化作用也能分解岩石。此外，火山爆发喷射出大量的火山物质也是沉积物质的来源之一；植物和动物有机质在沉积岩中也占有一定比例。不论哪种方式形成的碎屑物质都要经历搬运过程，然后在合适的环境中沉积下来，经过漫长的压实作用，石化成坚硬的沉积岩。

组成沉积岩的常见矿物有石英、白云母、黏土矿物、钾长石、钠长石、方解石、白云石、石膏、硬石膏、赤铁矿、褐铁矿、玉髓、蛋白石等。其中方解石、白云石、黏土矿物、石膏、硬石膏等是沉积岩的特有矿物。

按成因沉积岩可分为碎屑岩、黏土岩和化学岩（包括生物化学岩）。

3. 沉积岩的形成过程（见图 1-38）

（1）风化作用：地表和接近地表的岩石，在温度变化、水、空气及生物的作用和影响下发生破坏后，形成风化产物。

（2）风化产物：母岩经风化后，虽然发生了分解破坏，但组成母岩的物质成分并没有被消灭分配和组合，以其他形式存在。母岩风化后形成的产物按其性质可分为三类。

①碎屑物质：这是母岩机械破碎的产物，包括各种岩石碎屑和石英、云母、长石等矿物碎屑。

②不溶残余物质：这是母岩在分解过程中新生成的矿物。

③溶解物质：在化学风化过程中，母岩中活泼性较大的金属元素（如 K、Na、Ca、Mg 等）分解出来溶于水中，呈离子状态，组成真溶液；溶解度低的 Al、Fe、Si 等的氧化物和 Fe、Al 的氢氧化物则多成为胶体溶液。

（3）风化产物的搬运和沉积：母岩的风化产物（沉积物）由水、风、冰等介质搬运到沉积盆地中去接受沉积作用。

（4）成岩作用：沉积物堆积下来之后，接着为后继的沉积物所覆盖，由此开始转变成为沉积岩，直至岩石遭受变质作用或风化作用之前。在这一阶段内，沉积物和沉积岩的物质成分和结构构造均发生一系列的变化，引起沉积物和沉积岩发生变化的作用统称为成岩作用。

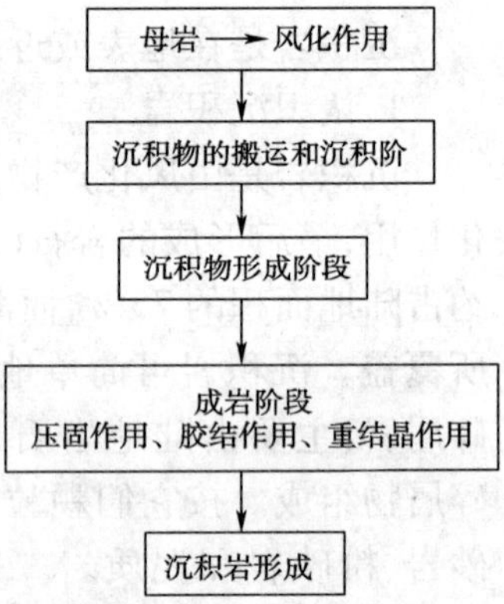

图 1-38　沉积岩的形成过程

沉积物在成岩作用过程中所发生的变化是多种多样的，复杂的。其中主要的有：固压作用、胶结作用、重结晶作用和成岩矿物的形成等。

①压固作用：由于上覆沉积物的静水压力而使松散沉积物的体积缩小、含水量减少、密度增加的作用称为压固作用。

②胶结作用：松散的沉积颗粒由化学沉淀物质或其他物质黏结而变成坚固岩石的作用称为胶结作用。

③重结晶作用：矿物成分借溶解、局部溶解及固体扩散等作用而重新排列组合的现象称为重结晶作用。

4. 沉积岩的一般特征

（1）成分特征。

①陆源碎屑矿物：指从母岩中继承下来的一部分矿物，呈碎屑状态出现，是母岩物理风化

的产物，如石英、长石、云母等。

②自生矿物：是沉积岩形成过程中，母岩分解出的化学物质沉积形成的矿物，如方解石、白云石、石膏、铁锰的氧化物及氢氧化物等。

③次生矿物：是沉积岩遭受风化作用而形成的矿物，如碎屑长石风化而成的高岭石以及伊利石、蒙脱石等。

④有机质及生物残骸：由生物残骸或有机化学变化而成的物质。

石化了的各种古生物遗骸和遗迹称化石，其形成分四个阶段（见表1-11）。

化石的形成过程图 表1-11

第一阶段　海洋动植物的尸体沉到海底或湖底，其软组织常常被吃掉或消解掉	
第二阶段　砂石等沉积物在残留尸体腐烂前堆积在上面，并使其沉积到适宜位置	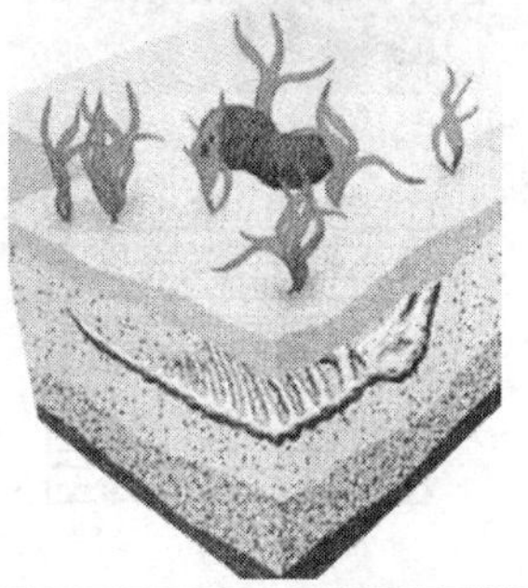
第三阶段　富含矿物质的水过滤岩石，填充有机物细胞之间的空隙，矿物质便取代生物的骨骼或外壳	
第四阶段　数百万年后，岩石隆起，由于气候的侵蚀作用使化石展现出来	

⑤胶结物：是指充填于沉积颗粒之间，并使之胶结成块的某些矿物质。胶结物主要来自粒间溶液和沉积物的溶解产物，通过粒间沉淀和粒间反应等方式形成。胶结物含量的多少与碎

屑颗粒之间的胶结形式,对岩石的强度有极大的影响。

常见的胶结物有:

硅质胶结(SiO_2):胶结物质主要为石英、玉髓及蛋白石等,其形成的岩石最坚硬。

铁质胶结(Fe_2O_3、FeO):胶结物质主要为赤铁矿、褐铁矿等,颜色常为铁红色,形成岩石的强度仅次于硅质胶结。

钙质胶结($CaCO_3$):胶结物质主要为方解石、白云石等,遇酸性水,极易溶解。

泥质胶结(黏土矿物):极易软化。

(2)构造特征。

①层理构造:它是成分、结构、颜色等在垂向上(垂直于沉积物表面的方向)的变化面显示的一种层状构造。将层理分为以下类型:水平层理、斜层理、交错层理(见表1-12)。

层理构造类型 表1-12

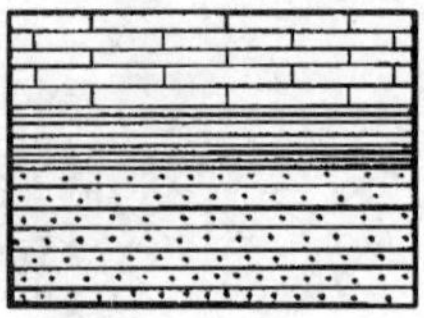 水平层理	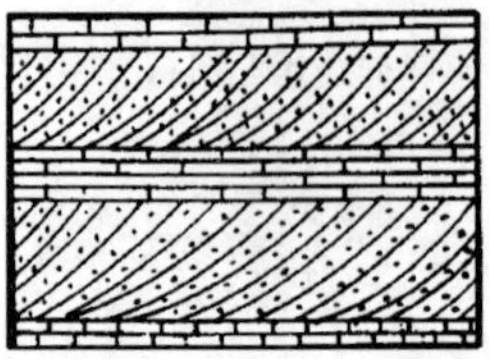 斜层理	 交错层理

②层面构造:指未固结的沉积物,由于搬运介质的机械原因或自然条件的变化及生物活动,在层面上留下痕迹并被保存下来,如波痕、泥裂、雨痕和雹痕、流痕、缝合线、结核、虫迹(见表1-13)

层 面 构 造 表1-13

泥裂:是未固结的沉积物露出水面干涸时,经脱水收缩干裂而形成的裂缝。	
波痕:在尚未固结的沉积层面上,由于流水、风或波浪的作用形成的波状起伏的表面,经成岩作用后被保存下来。	

续上表

流痕:指沉积层表面存在的一种树枝状水流痕迹。在其上覆岩层的底面上,常保留有流痕印模。	
结核:指在成分、颜色、结构等方面与周围沉积岩具有明显区别的矿物集合体,有球形、椭球形、透明状以及不规则状等。	
雨痕和雹痕:雨痕是由雨滴落于松软的泥质沉积物表面上之后,在沉积物表面上所形成的圆形或椭圆形凹穴;雹痕与雨痕相似,但较之大且深,边缘略微高起、粗糙,形状不规则。	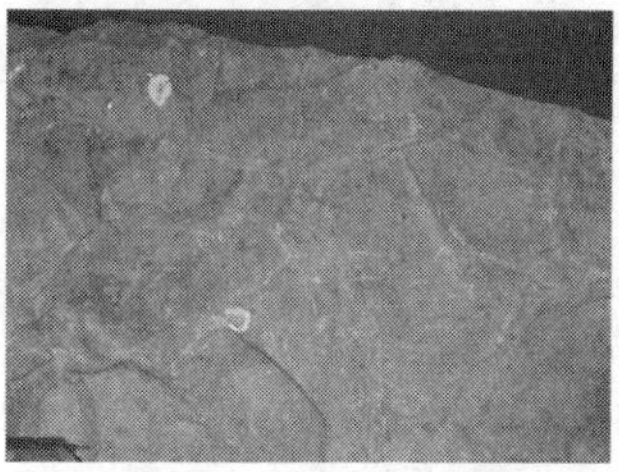
缝合线:是碳酸盐岩中极为常见的构造。缝合线是指在垂直碳酸盐岩等岩石层理的切面中出现的呈头盖骨接合缝式的锯齿状缝隙。	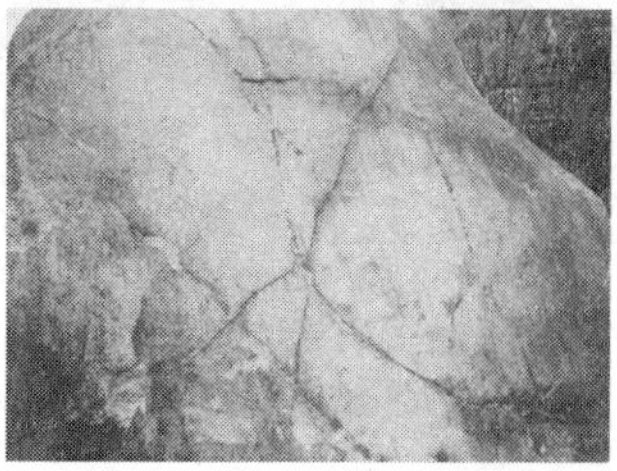
虫迹:是生物在未固结的沉积层表面留下的活动痕迹,是一种层面构造。	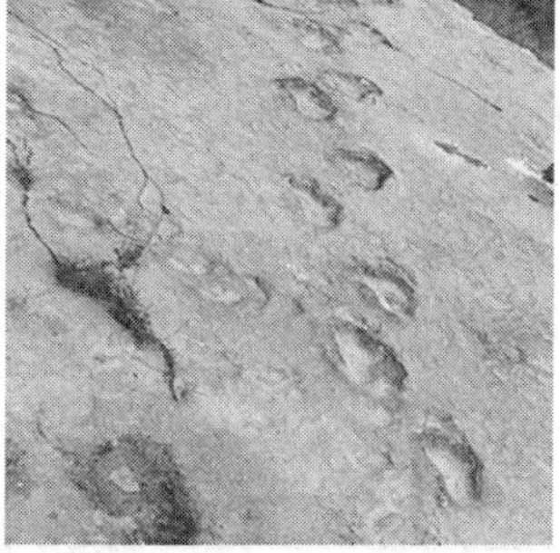

③化石:化石是岩层中保存着的,经石化了的各种古生物遗骸和遗迹,见图1-39。

5.常见沉积岩的特征(见表1-14)

沉积岩中由碳酸盐组成的岩石,以石灰岩和白云岩分布最为广泛,石灰岩在常温下遇稀盐酸剧烈起泡;泥灰岩遇稀盐酸起泡后留有泥点;白云岩在常温下遇稀盐酸不起泡,但加热或研成粉末后则起泡。多数岩石结构致密,性质坚硬,强度较高。但是它们具有可溶性,在水流的作用下易形成溶蚀裂隙、洞穴、地下河等。

图1-39　贝壳化石

表1-14

(1)石灰岩主要由方解石组成,次要矿物有白云石、黏土矿物等。化学结晶结构,生物结构,块状构造。石灰岩致密、性脆,一般抗压强度较差,是烧制石灰和水泥的重要原材料,也是用途很广的建筑石材。但由于石灰岩属微溶于水的岩石,易形成裂隙和溶洞,对基础工程影响很大	
(2)白云岩主要由白云石和方解石组成,颜色灰白,略带淡黄、淡红色。化学结晶结构,块状构造,可作高级耐火材料和建筑石料	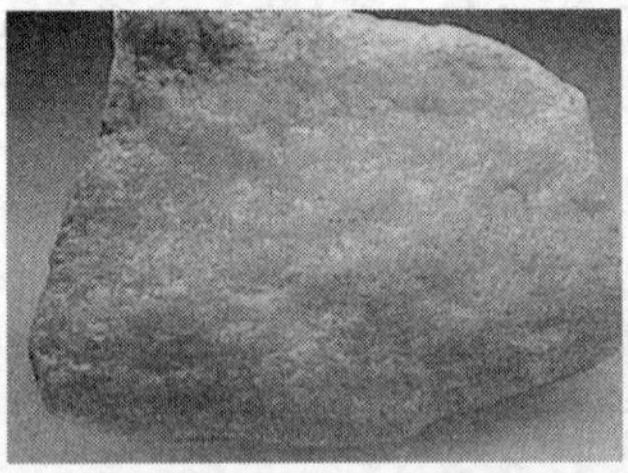
(3)泥灰岩主要由方解石和黏土矿物(含量在25%~50%)组成,化学结晶结构,块状构造,滴稀盐酸剧烈起泡,留下土状斑痕。抗压强度低,遇水易软化,可做水泥的原料	
(4)砂岩。砂粒主要成分为石英、长石及岩屑等,砂状结构,层理构造。砂岩为多孔岩石,孔隙愈多,透水性和蓄水性愈好。砂岩强度主要取决于砂粒成分和胶结物的成分、胶结类型等,其抗压强度差异较大。由于多数砂岩岩性坚硬而脆,在地质构造作用下张裂隙发育,所以,常具有较强的透水性,是石油、天然气和地下水的聚集所。许多砂岩都可以用来做磨料、玻璃原料和建筑材料等	

续上表

(5)粉砂岩由50%以上粒径在0.002～0.074mm的粉砂粒胶结而成的,成分主要是石英,其次是白云母、长石和黏土矿物等,胶结物多为泥质。因颗粒细小,肉眼难于区分其成分及胶结物。粉砂质结构,层理构造,结构疏松,强度和稳定性不高	
(6)砾岩及角砾岩,50%以上粒径大于2mm的砾或角砾胶结而成,砾状结构,块状构造。硅质胶结的石英砾岩,非常坚硬,开采加工较困难,泥质胶结的则相反	
(7)泥岩主要由黏土矿物经脱水固结而形成,具黏土结构,层理不明显,呈块状构造,固结不紧密、不牢固。强度较低,一般干试样的抗压强度约在5～30MPa之间,遇水易软化,强度明显降低,饱水试样的抗压强度可降低50%左右	
(8)页岩是泥质岩的一种。由一些非常细小的颗粒组成,超过一半以上都是直径小于0.0039mm的,一方面又含有大量黏土,所以也称它为黏土岩。事实上,它们在没有变成岩石或疏松时,就是黏土。页岩是分布最为广泛的一种沉积岩,约占大陆沉积物的69%。主要由黏土矿物经脱水固结而形成,黏土结构,页理构造,富含化石。一般情况下,页岩岩性松软,易于风化呈碎片状,强度低,遇水易软化而丧失其稳定性	

(四)变质岩

原有岩石经变质作用而形成的岩石即变质岩。

1.认识变质岩

由地球内力作用促使岩石发生矿构成分及结构构造变化的作用称为变质作用。变质岩的质变可能是重结晶、纹理改变或颜色改变(见图1-40)。

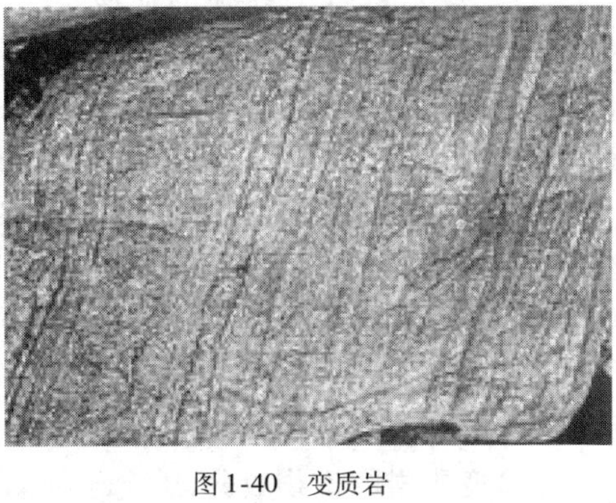

图1-40　变质岩

地球上已形成的岩石(岩浆岩、沉积岩、变质岩),随着地壳的不断演化,其所处的地质环境也在不断改变,为了适应新的地质环境和物理—化学条件的变化,它们的矿构成分、结构、构造就会发生一系列改变。其固态的岩石在地球内部的压力和温度作用下,发生物质成分的迁移和重结晶,形成新的矿物组合。如普通石灰石由于重结晶变成大理石。

变质岩是组成地壳的主要成分，占地壳体积的27.4%。一般变质岩是在地下深处的高温（要大于150℃）高压下产生的，后来由于地壳运动而出露地表。其特征最主要的有两点：一是岩石重结晶明显，二是岩石具有一定的结构和构造，特别是在一定压力下矿物重结晶形成的片理构造。

变质岩与沉积岩和岩浆岩区别在以下两方面。首先，变质作用形成于地壳一定的深度，也就是发生于一定的温度和压力范围，既不是沉积岩的地表或近地表常温常压条件，也不同于岩浆岩形成时的高温高压条件；另外一点就是变质作用中的矿物转变是在固态情况下完成的，而不是岩浆岩那种从液态的岩浆中结晶形成的。

2. 变质岩的分类

（1）变质岩分两大类（见图1-41）。

变质作用作用于岩浆岩（火成岩），形成的变质岩称为正变质岩；

变质作用作用于沉积岩，生成的变质岩称为副变质岩。

（2）局部性变质岩分类（见图1-42）

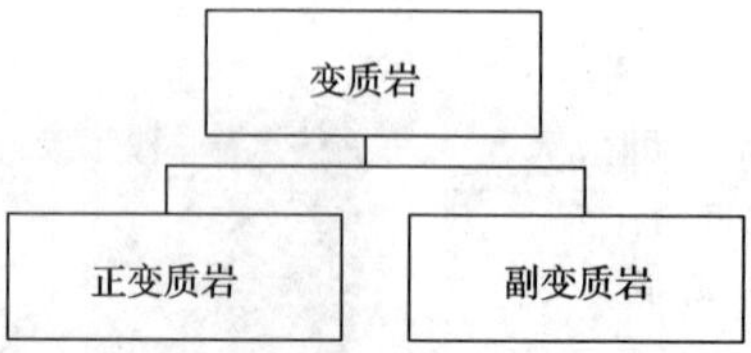

图1-41 变质岩分类

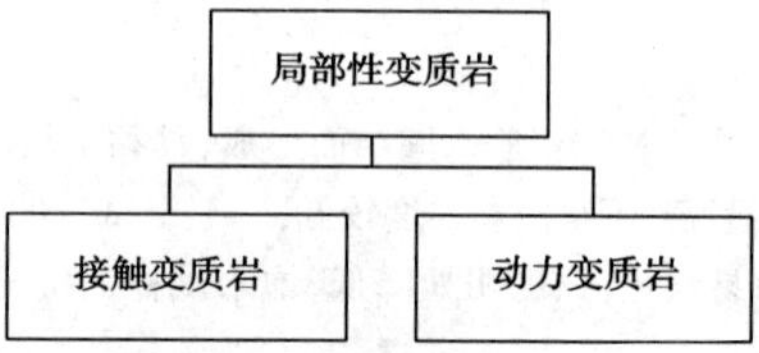

图1-42 局部性变质岩分类

局部性是因为岩浆涌出造成周围岩石的变质称为接触变质岩；

局部性是因为地壳构造错动造成的岩石变质称为动力变质岩。

（3）原岩受变质作用的程度不同，变质情况也不同，一般分为低级变质、中级变质和高级变质（见图1-43）。变质级别越高，变质程度越深。如沉积岩黏土质岩石在低级作用下，形成板岩；在中级变质时形成云母片岩；在高级变质作用下形成片麻岩（见图1-44）。

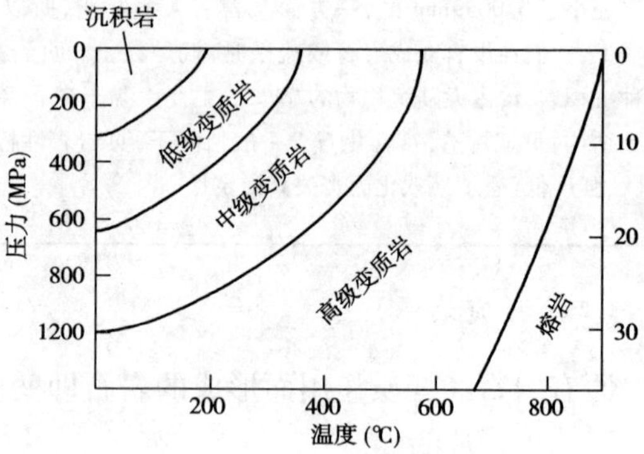

图1-43 变质作用示意图

3. 变质岩的矿物成分

（1）组成变质岩的矿物可以分成两类：

①三大类岩石中共存的矿物——贯通矿石，它是指在较大范围的温度、压力条件下形成和存在的矿物，当这类矿物单独出现时，一般不具有指示变质条件的意义。如石英、长石、云母、角闪石、辉石、磷灰石等。

②变质岩中特有的矿物——变质矿物，变质作用中产生的新矿物，是指稳定范围较窄，反映变质条件比较灵敏的矿物。如绢云母、绿泥石、蛇纹石、浊沸石、绿纤石等，常为低级变质矿物；蓝晶石、十字石（中压）、红柱石、堇青石（低压），常为中级变质矿物；紫苏辉石、夕线石，常为高级变质矿物；蓝闪石、硬柱石、硬玉、文石，常为高压低温矿物等变质矿物是鉴别变质岩的重要标志。

（2）变质岩的矿物成分，决定于原岩成分和变质条件。原岩成分决定变质岩中可能出现什么矿物或矿物组合。如原岩为硅质石灰岩（成分为 $CaCO_3$ 和 SiO_2），经变质作用可能出现的矿物是：石英、硅灰石、甲型硅灰石、灰硅钙石等。

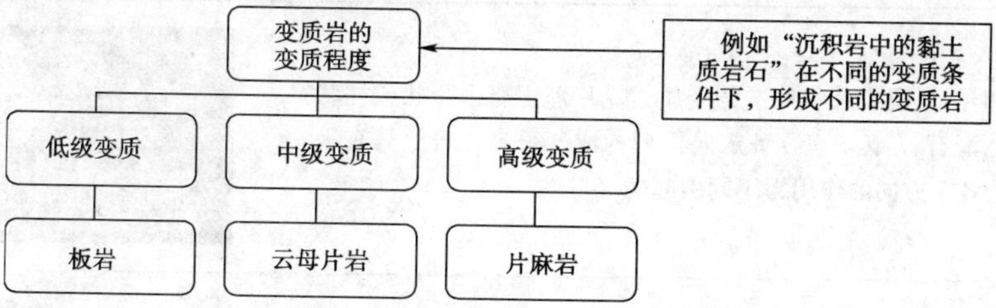

图 1-44

（3）变质条件则决定一定的原岩经变质作用后，具体出现什么矿物或矿物组合，如原岩为硅质石灰岩，在热接触变质作用中，如压力为 10Pa 时，温度低于 470℃，形成石英和方解石；当温度大于 470℃时，则形成方解石和硅灰石或石英和硅灰石。

4. 变质岩的结构和构造

变质岩的结构和构造可以具有继承性，即可保留原岩的部分结构、构造，也可以在不同变质作用下形成新的结构、构造。

常见变质岩的构造：变余构造、千枚状构造、片麻状构造、条带状构造、块状构造（见表 1-15）。

变质岩的构造　　表 1-15

变余构造：岩石经变质后仍保留有原岩部分的构造特征，这种构造称为变余构造，是恢复原岩的重要依据。 	千枚状构造：岩石中各组分已基本重结晶，而且矿物已初步有定向排列，在岩石的自然破裂面上见有强烈的丝绢光泽。 
片麻状构造：岩石具显晶质变晶结构，以粒状矿物为主，片状或粒状矿物定向排列，但因数量不多而使得彼此不连接，被粒状矿物（长石、石英）所隔开。 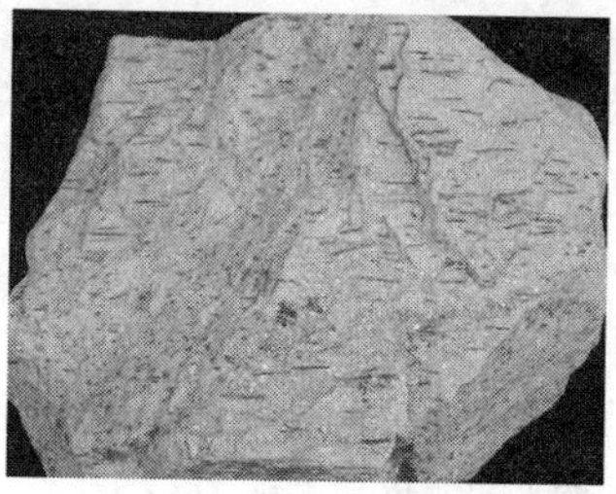	条带状构造：岩石中成分、颜色或粒度不同的矿物分别集中，形成平行相间的条带即为条带状构造。 
块状构造：岩石中的矿物均匀分布、结构均一、无定向排列，这种构造称为块状构造。  	

5. 常见变质岩的特征(见表1-16)

表1-16

(1)片岩是完全重结晶、具有片状构造的变质岩。片理主要由片状或柱状矿物(云母、绿泥石、滑石、角闪石等)呈定向排列构成。很多片岩都具有平行的皱纹,这是因为各个方向的作用力不同引起的。

(2)片麻岩主要由长石、石英组成,片麻状或条带状构造的变质岩。片麻岩可做建筑石材和铺路原料。片麻岩上的条状是由岩石中不同比例的矿物分布形成的,比如深色条带中含镁铁质矿物,浅色条带中含长石、石英物质多。另外,颗粒大小也可产生条带状。

(3)板岩是岩性致密、板状劈理发育、能裂开成薄板的低级变质岩。组成板岩的矿物颗粒很细,难以用肉眼鉴别。由于原岩成分没有明显的重结晶现象,新生矿物很少,以隐晶质为主,常有变余结构和构造。板岩原岩为黏土岩、粉砂岩或中酸性凝灰岩。板岩裂开的方向与原岩层理无关,而与它们受应力作用的方向有关。板岩可根据颜色或所含杂质进一步划分,如碳质板岩、钙质板岩、黑色板岩等。

(4)千枚岩是显微变晶片理发育面上呈绢丝光泽的低级变质岩。典型的矿物组合为绢云母、绿泥石和石英,可含少量长石及碳质、铁质等物质。有时还有少量方解石、雏晶黑云母、黑硬绿泥石或锰铝榴石等变斑晶。

原岩为黏土岩、粉砂岩或中酸性凝灰岩,是低级区域变质作用的产物。因原岩类型不同,矿物组合也有所不同,从而形成不同类型的千枚岩。

如黏土岩可形成硬绿泥石千枚岩;粉砂岩可形成石英千枚岩;酸性凝灰岩可形成绢云母千枚岩;中基性凝灰岩可形成绿泥石千枚岩等。

千枚岩可按颜色、特征矿物、杂质组分及主要鳞片状矿物进一步划分为银灰色绢云母千枚岩、灰黑色碳质千枚岩及灰绿色硬绿泥石千枚岩等。

(5)大理岩是主要由方解石、白云石等碳酸盐类矿物组成的变质岩,它里面的方解石和白云石含量在50%以上。因云南大理盛产此岩石而得名。大理岩具有各种美丽的颜色和花纹,常见的颜色有浅灰、浅红、浅黄、蓝色、褐色、黑色等,产生不同颜色和花纹的主要原因是大理岩中含有少量的有色矿物和杂质。由于大理岩是由石灰岩变质而成,主要成分为碳酸钙,因此也是制造水泥的原料。纯白的大理石——汉白玉。

蓝色大理岩

黄色大理岩(含有锰和铁)

续上表

(6)石英岩是主要由石英组成的变质岩,是石英砂岩及硅质岩经变质作用形成,常为粒状变晶结构,块状构造。主要用途是作冶炼有色金属的溶剂、制造酸性耐火砖(硅砖)和冶炼硅铁合金等。纯质的石英岩可制石英玻璃,提炼结晶硅。	

(五)三大类岩石的互相转化

沉积岩、岩浆岩和变质岩是地球上组成岩石圈的三大类岩石,它们都是各种地质作用的产物。然而,当原先形成的岩石,一旦改变其所处的环境,岩石将随之发生改变,转化为其他类型的岩石(见图 1-45)。出露到地表面的岩浆岩、变质岩与沉积岩,在大气圈、水圈与生物圈的共同作用下,可以经过风化、剥蚀、搬运作用而变成沉积物。沉积物埋藏到地下浅处就硬结成岩——重新形成沉积岩。埋到地下深处的沉积岩或岩浆岩,在温度不太高的条件下,可以在基本保持固态的情况下发生变质,变成变质岩。无论什么岩石,一旦进入高温(高于 700℃ ~ 800℃)状态,岩石都将逐渐熔融成岩浆,岩浆在上升过程中温度降低,成分复杂化,或在地下浅处冷凝成侵入岩,或喷出地表而形成火山岩。在岩石圈内形成的岩石,由于地壳上升,上覆岩石遭受剥蚀,它们又有机会变成出露地表的岩石(见图 1-46)。

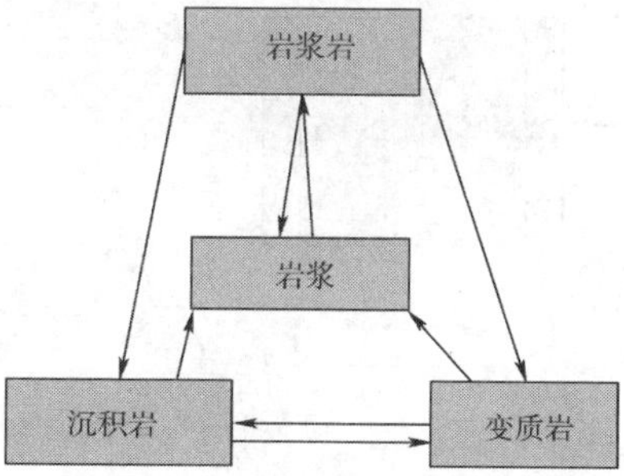

图 1-45　三大类岩石的互相转化示意图

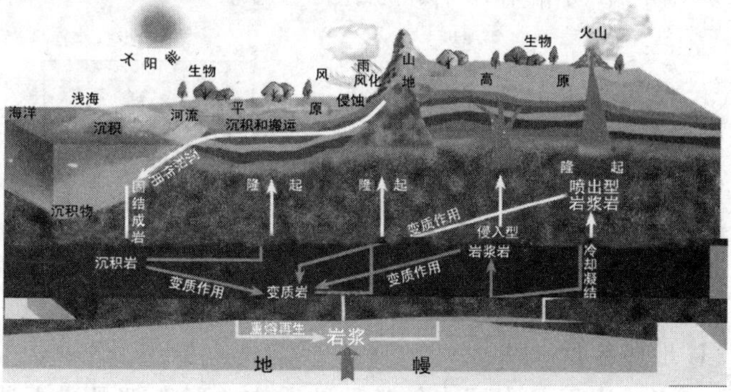

图 1-46　地壳物质循环示意图

综上所述,岩石圈内的三类岩石是完全可以互相转化的,它们之所以不断地运动、变化,完全是岩石圈自身动力作用以及岩石圈与大气圈、水圈、生物圈、地幔等圈层相互作用的缘故。在这个不断运动、变化的岩石圈内,三大类岩石的转化,使岩石呈现出复杂多样的变化。尽管在短时间内和在某一种环境中,岩石表现出相对的稳定性,但是从长时间来看,岩石圈里的岩石都是在不断地变化着的。如大理岩变质于石灰岩、板岩变质于页岩、石英岩变质于砂岩等。

思　考　题

1. 什么是风化作用?什么是物理和化学风化作用?
2. 区分水化作用和水解作用的概念。
3. 简述岩石的风化过程。
4. 物理和化学风化作用的类型各有哪些?
5. 影响风化作用的因素有哪些?

单元学习2 地质构造

学习目标

1. 确定地质年代；
2. 岩层产状测定；
3. 各种地质构造现象以及与公路的关系。

任务描述

利用模型、图片、相关多媒体资源，通过学习和教师的讲解，同学们知道地质年代、岩层产状的测定和认识地质构造。

学习引导

本学习任务沿着以下脉络进行学习。

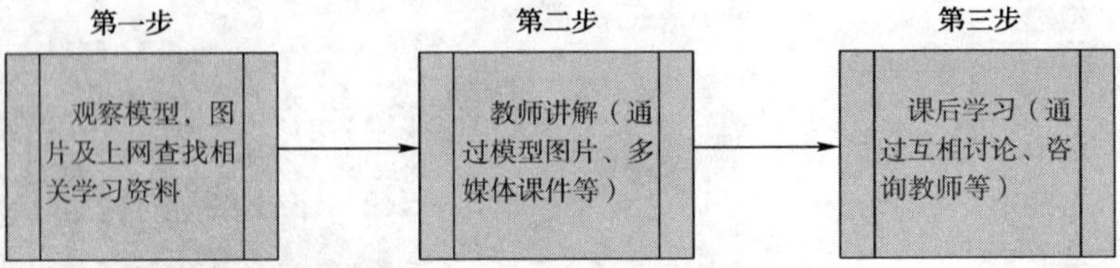

一、地质年代及地质年代表

1. 地质年代

地表的岩石及岩层中的各种地质构造形态都是过去地质历史时期内演变发展的结果。在漫长的地质历史中，查明各种地质作用的发生、发展过程，首先必须建立统一的，便于不同地区对比的时间系统，即确立地质年代。

地质年代就是从最老的地层到最新的地层所代表的整个时代。各地层的新、老关系在判别褶曲、断层等地层构造形态中，有着非常重要的作用。地质学家在研究地壳历史时，仿用了人类历史研究中划分社会发展阶段的方法，把地史划分为5个代，代以下再分纪、世等；与地质时代单位相应的地层单位称界、系、统等。地壳上不同时期的岩石和地层（时间表述单位：宙、代、纪、世、期、阶；地层表述单位：宇、界、系、统、组、段）。地质年代可分为相对年代和绝对年龄（或同位素年龄）两种。

绝对年龄是根据测出岩石中某种放射性元素及其蜕变产物的含量而计算出岩石生成后距今的实际年数。越是老的岩石，地层距今的年数越长。每个地质年代单位应为开始于距今多少年前，结束于距今多少年前，这样便可计算出共延续多少年。例如，中生代始于距今2.3亿年前，止于6700万年前，延续1.2亿年。

利用放射性同位素所获得的地球上最大的岩石年龄为45亿年，月岩年龄46亿~47亿年，陨石年龄在46亿~47亿年之间。因此，地球的年龄应在46亿年以上。

相对地质年代是指岩石和地层之间的相对新老关系和它们的时代顺序，是由该岩石地层单位与相邻已知岩石地层单位的相对层位的关系来决定（见图1-47）。

图1-47　相对地质年代的确定

地质学家和古生物学家根据地层自然形成的先后顺序，将地层分为5代12纪，即早期的太古代和元古代（元古代在中国含有1个震旦纪），以后的古生代、中生代和新生代。古生代分为寒武纪、奥陶纪、志留纪、泥盆纪、石炭纪和二叠纪，共6个纪；中生代分为三叠纪、侏罗纪和白垩纪，共3个纪；新生代只有第三纪、第四纪2个纪。在各个不同时期的地层里，大都保存有古代动、植物的标准化石，如寒武纪的三叶虫、奥陶纪的珠角石、志留纪的笔石、泥盆纪的石燕、二叠纪的大羽羊齿、侏罗纪的恐龙等（见图1-48）。

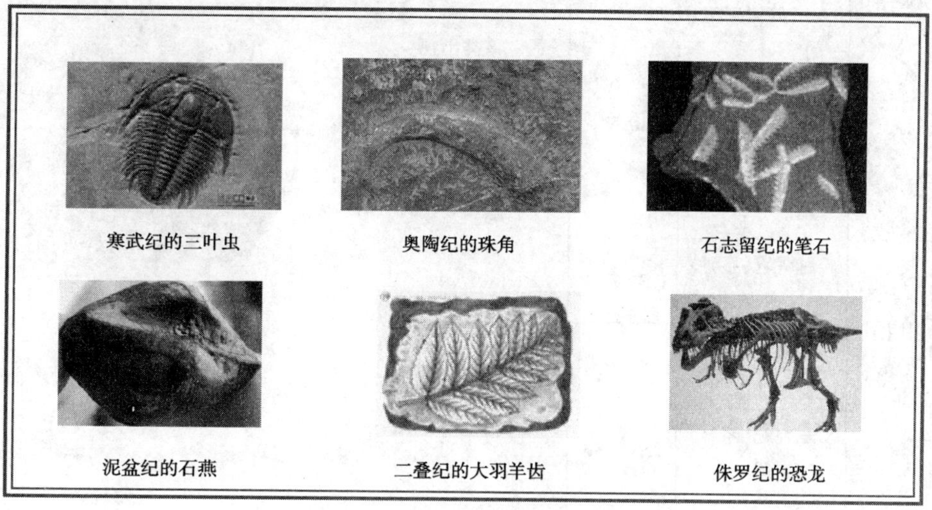

图1-48　标准化石图谱

各类动、植物化石出现的早晚是有一定顺序的，越是低等的，出现得越早，越是高等的，出现得越晚。

2. 地质年代表

年代地层单位包括宇、界、系、统、组、时间带；地质年代单位包括宙、代、纪、世、期、时。

宇（宙）：宇是最大的年代地层单位，是宙的时期内形成的地层。整个地质时代包括三个宙：太古宙、元古宙和显生宙（过去将太古宙和元古宙合称为隐生宙）；相应的三个最大年代地层单位：太古宇、元古宇和显生宇。

界（代）：界是小于宇、大于系的年代地层单位；形成界全部地层的时间间隔称代。按生物界（主要是动物）演化的巨大阶段，显生宇（宙）再划分为古生界（代）、中生界（代）和新生界（代）。系（纪）：系是界的一部分，级别小于界，大于统，如寒武系（纪）、泥盆系（纪）、侏罗系（纪）、第三系（纪）等。

统（世）：统是级别小于系的单位。一个系（纪）分成两个或更多的统（世）。比如寒武系（纪）分三个统（世）：下统（早世）、中统（中世）和上统（晚世），二叠系（纪）分两个统（世）：下统(早世)和上统(晚世)。

组(期):组比统低一级,组(期)是统的再分时间带(时),时间带是年代地层单位中级别最低的单位。

目前通用的是国际地质年代表(见表1-17)。寒武纪前划分为太古代和元古代,后划分为三个代,古生代、中生代、新生代,古生代再划分为六个纪、中生代再划分为三个纪、新生代再划分为二个纪。

地 质 年 代 表

表1-17

宙(宇)	代(界)	纪(系)	距今年数	主要特征(生物开始出现时间)
显生宙	新生代(界)K_Z	第四纪(系) Q	1～200万年	人类时代 现代动物 现代植物 
		第三纪系 R：晚第三纪(系) N	600～6500万年	鸟类出现 
		第三纪系 R：晚第三纪(系) E		被子植物出现 兽类出现 
	中生代(界)M_Z	白垩纪(系) K	1.37亿年	
		侏罗纪(系) J	1.95亿年	蜥龙 鱼龙出现 爬行动物时代 
		三叠纪(系) T	2.3亿年	
	古生代(界)P_Z	晚古生代界：二叠纪(系)P	2.85亿年	裸子植物出现 两栖类动物出现 
		晚古生代界：石炭纪(系)C	3.5亿年	
		晚古生代界：泥盆纪(系)D	4.05亿年	鱼类出现 节蕨 石松 真蕨 植物出现 
		早古生代界：志留纪(系)S	4.4亿年	
		早古生代界：奥陶纪(系)O	5亿年	硬壳(无脊椎) 动物出现 裸蕨植物出现 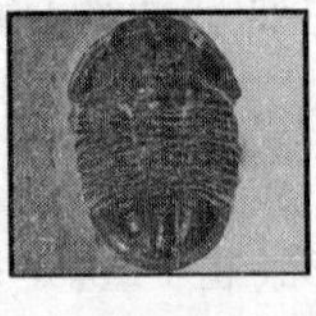
		早古生代界：寒武纪(系)	6亿年	

续上表

宙（宇）	代（界）	纪（系）	距今年数	主要特征（生物开始出现时间）
元古宙	元古代（界）Pt	震旦纪（系）Z	13～19亿年	原核生物出现（菌类及蓝藻） 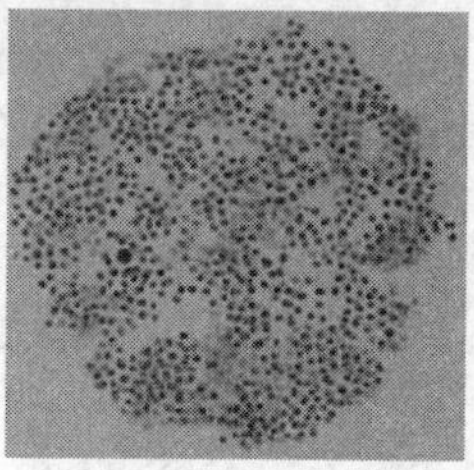
			34亿年	
太古宙	太古代 Ar		46亿年	生命现象开始出现

二、岩层及岩层产状

1. 岩层

岩层是由两个平行或近于平行的界面所限制的同一岩性组成的层状岩体。

岩层的顶面、底面、厚度称为岩层的三个要素（见图 1-49）。

2. 岩层产状

岩层产状是指岩层的空间位置。用于描述岩层的空间展布特征。它包括岩层的走向、倾向、倾角，称产状三要素（见图 1-50）。

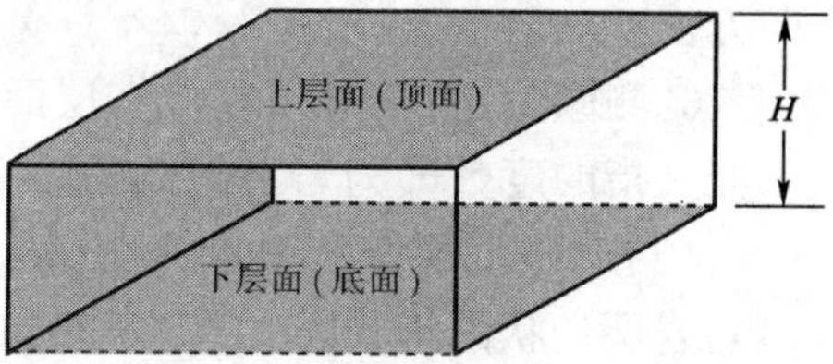

图 1-49　岩层要素示意图

（1）产状三要素。

①走向：指岩层层面与水平面交线的方位角，其表示岩层在空间延伸的方向，见图 1-51 中 *AB* 线。

注意：这里强调两端所指的方向，因此走向的方位角有 2 个，相差 180°。如走向北东 30°，即南西 210°。

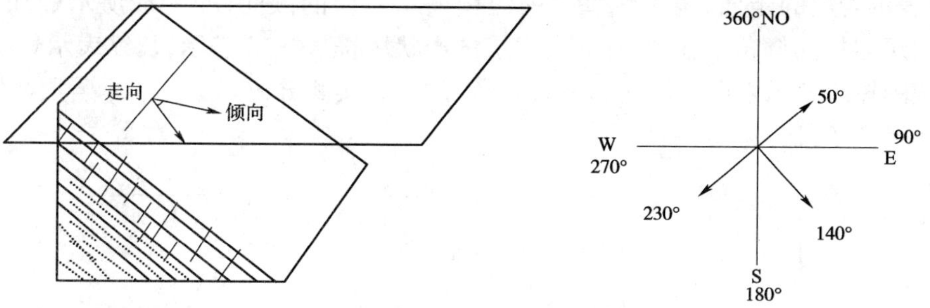

图 1-50　岩层产状要素示意图

②倾向：指垂直走向顺倾斜面向下引出的直线在水平面的投影的方位角，表示岩层在空间的倾斜方向，如图 1-51 中 *CD* 线。倾向只有一个方向，且与走向垂直。

$$走向 = 倾向 \pm 90°$$

③倾角：指岩层层面与水平面所夹的锐角（0°～90°变化），表示岩层在空间倾斜角度的大小，见图 1-51 中 $\angle\alpha$。

可见，用岩层产状的三个要素，能表达经过构造变动后的构造形态在空间的位置。

(2)岩层产状的测量方法。

岩层的产状在野外是用地质罗盘仪来测量的，见图1-52。

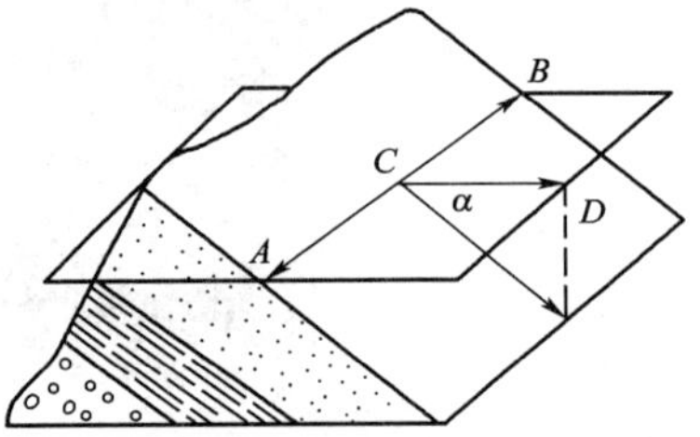

图　1-51

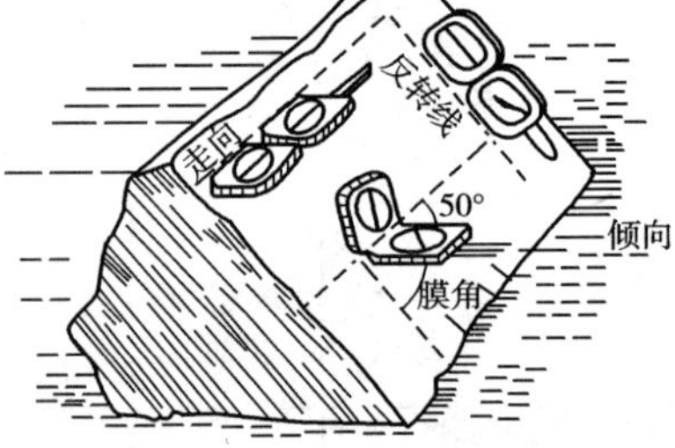

图1-52　岩层产状的测量示意图

①测走向：将罗盘仪的长边（平行南北刻度线的仪器外壳的边缘）紧靠岩层层面，调整罗盘位置使水准气泡居中，待磁针静止，读指北针或指南针所指的方位角度数，就是走向的方位。

②测倾向：将罗盘仪的短边（如用刻度盘南端）紧据岩层层面，罗盘北端则指向岩层倾斜方向，调整罗盘位置使水准气泡居中，待磁针静止，读指北针所指的方位角度数，就是所测之倾向方位。

③测倾角：将罗盘仪竖放在层面上，使其长边与走向线垂直旋钮，待测角水泡居中，倾角指示器所指的度数即为岩层的倾角。

(3)倾斜岩层产状表示方法。

岩层产状的记录方式有多种。文字记述中，产状常用方位角表示：只记述倾向和倾角，如用罗盘测量出某一岩层走向为310°，倾向为220°，倾角35°，则记录为220° ∠35°（倾向 < 倾角）如需知道岩层的走向时，只需将倾向加减90°。也可以把走向、倾向和倾角都记述，如一组走向为北西320°，倾向南西230°，倾角35°的岩层产状，记录为N320°W，S230°W，∠35°。

在地质图或平面图上标注产状要素时，需用符号和倾角表示，岩层的产状可用符号“├”表示，长线表示岩层的走向，与长线垂直的短线表示岩层的倾向（长短线所示的均为实测方位），数字表示岩层的倾角。在地质图上，岩层的产状用符号“┤”表示，长线表示岩层的走向，与长线垂直的短线表示岩层的倾向（长短线所示的均为实测方位），数字表示岩层的倾角。

平面图上产状符号见图1-53。

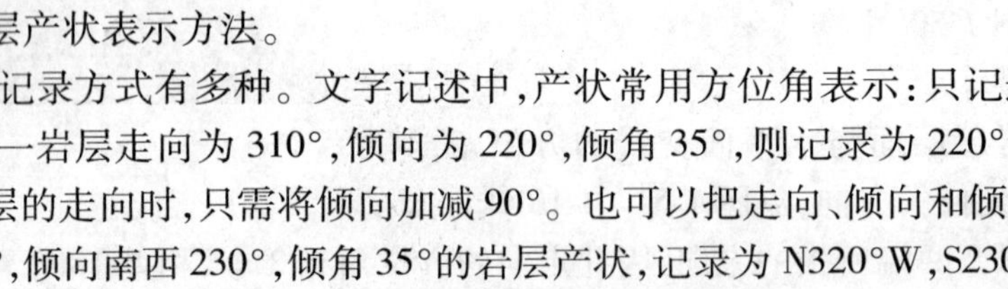

水平岩层　　倾斜岩层　　直立岩层　　倒转岩层

图1-53　产状表示符号

三、地质构造

众所周知，世间万事万物都在不停地运动、变化和发展之中，地壳也是如此。今日我们所见到的地壳，它的物质成分、地表形态、岩层产状及形态，都是自地球诞生以来地壳不断运动的结果，而且今后它们还将继续变化、发展下去。地壳中的岩浆岩、沉积岩、变质岩，它们是不同的地质作用下形成的，岩浆岩中的侵入岩应在下形成，地表看不见。但现在大量暴露于地表，甚至形成高山，如五台山等由侵入岩或其变质岩组成；沉积岩，原始应水平沉积，地表大量倾斜、弯曲、断开。这些都说明地壳上岩石是在发生运动的。

1. 地壳运动

地壳运动有两种基本类型（见图1-54）。

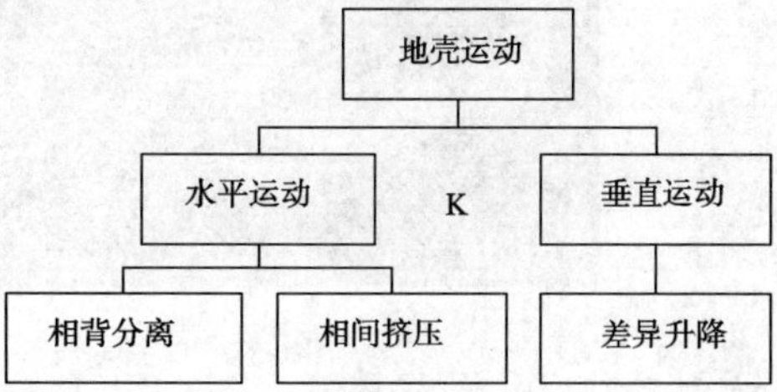

图1-54　地壳运动的类型

（1）水平运动：地壳运动时所产生的作用力是沿地面水平分向发生的，这种运动使岩层遭受到巨大的水平挤压，并最终产生一系列复杂的地质构造形式，如一些大型复杂的褶皱构造和巨大的逆掩断层、平移断层等。

（2）垂直运动：作用力的方向与地表垂直，它引起地壳局部地区的上升或下降，不断改变着海陆轮廓，并伴随有岩层的倾斜、弯曲和断裂的发生。如号称"世界屋脊"的喜马拉雅山区，是现代地球上海拔最高的地区。目前，整个喜马拉雅山区仍以每年约2～3mm的速度上升。可见，这种长期、缓慢、影响范围广阔的地壳运动，虽然不易直接为人们所觉察，但在漫长的地质历史发展过程中却对地壳进行着"沧海桑田"的巨大改造，从而成为地壳运动的主要内容。

总的来讲，地壳运动的结果是岩石变形、变位。岩石变形即地壳中岩石改变了原有的空间位置和形态。岩石变形的产物包括褶皱、断裂两大类。

2. 地质构造的类型

虽然在地壳运动作用下，地层形态极其复杂多变，但地质构造可被划归为三种基本类型：倾斜构造、褶皱构造及断裂构造（见图1-55）。

（一）倾斜构造

1. 倾斜构造的分类

一般可将倾斜构造分成三种（见图1-56）：单斜构造、水平构造、直立构造。

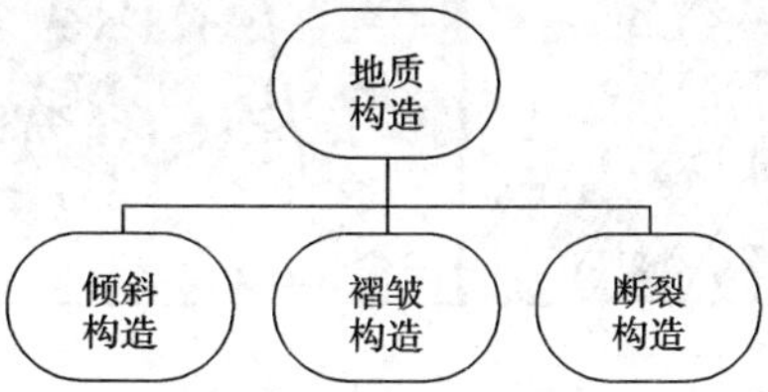

图1-55　地质构造的类型

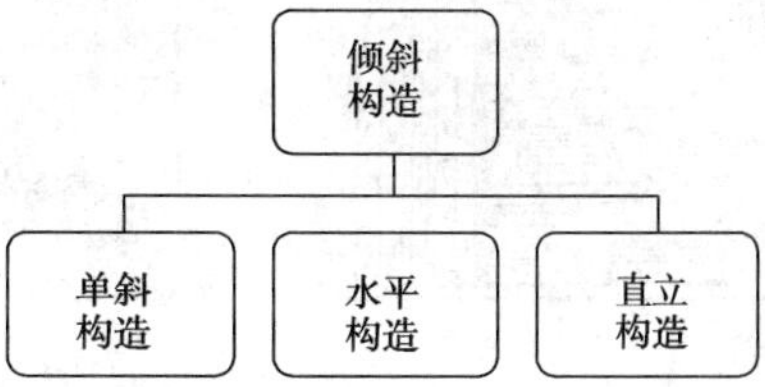

图1-56　倾斜构造的分类

（1）单斜构造。

原来水平或近水平沉积的地层，在地壳运动的影响下产状改变而发生倾斜变化。此时岩层面与水平面就有了一定的倾角，成为具有倾斜构造的岩层（见图1-57）。

当地壳运动使原始水平的岩层发生倾斜，岩层如向同一方向倾斜，其倾斜角度也大致相同，则称为单斜层或单斜构，亦称倾斜岩层。

它常常是褶皱的一翼或断层的一盘，也可是区域内的不均匀上升或下降所形成的。

（2）水平构造。

原始沉积的岩层，一般是水平或近于水平的。先沉积的在下，后沉积的在上。当岩层层面与水平面的交角近于或等于0°时，称为水平岩层（见图1-58）。

图 1-57　单斜岩层

图 1-58　水平岩层

(3)当地壳运动使原始水平的岩层发生改变,岩层面与水平面的交角近于或等于90°时,称为直立岩层(见图1-59)。

图 1-59　直立岩层

2. 倾斜构造(岩层)对公路工程建设的影响

(1)与公路工程的关系(见图1-60)。

图1-60中a)、b)、c)三种岩层产状对公路边坡稳定有利;d)、e)两种岩层产状易形成边坡坍塌和滑动;f)一种岩层产状极易形成滑坍。

(2)与隧道工程的关系(见图1-61)。

图1-61中b)、d)、f)三种岩层产状及岩性,布设隧道一般是稳定的;a)、c)、e)三种岩层产状及岩性,布设隧道可能引起隧道边墙坍塌或顺层滑动。

(二)褶皱构造

原来呈水平或近水平状态的岩层,在受到地壳运动所产生的强大水平力的挤压后产生柔性弯曲但未失去其连续性,这种弯曲(见图1-62)的地层形态被称为褶皱构造。

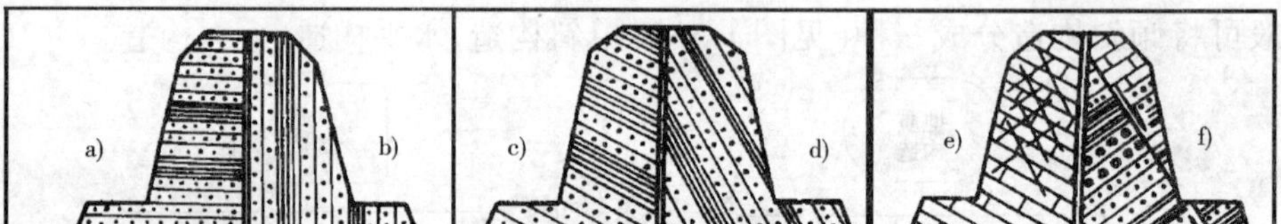

图　1-60

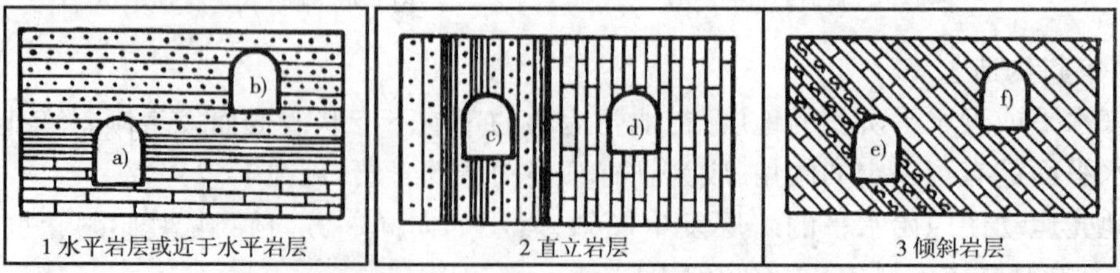

图　1-61

褶皱是褶曲的组合形态,两个或两个以上褶曲构造的组合。在褶皱比较强烈的地区,一般的情况都是线形的背斜与向斜相间排列,以大体一致的走向平行延伸,有规律地组合成不同形式的褶皱构造。如果褶皱剧烈,或在早期褶皱的基础上再经褶皱变动,就会形成更为复杂的褶皱构造。我国的一些著名山脉,如昆仑山、祁连山、秦岭等,都是这种复杂的褶皱构造山脉。

1. 褶曲的特征

褶皱构造中岩石的每一个弯曲(一个完整的波形)都称为一个褶曲。

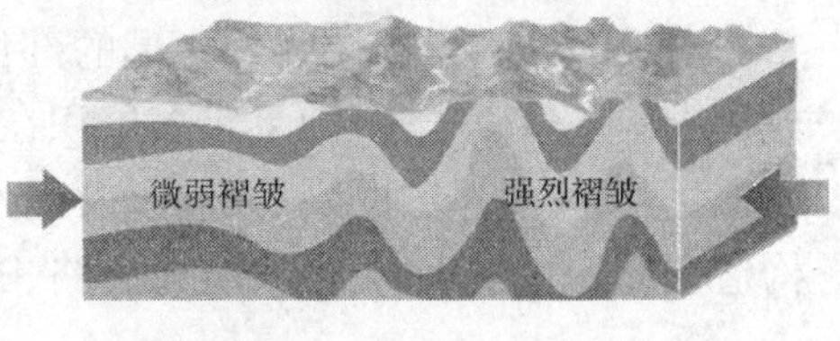

图 1-62　岩层受挤压后产生弯曲示意图

褶曲的中心部分被称为核部或轴部;大体把褶曲平分的理想面称轴面;轴面与水平面的交线称轴线;从褶曲的横断面上看,岩层面上弯曲最大的一点称脊;同一岩层面上所有弯曲最大的点的连线称为褶曲的脊线,褶皱要素如图 1-63 所示。

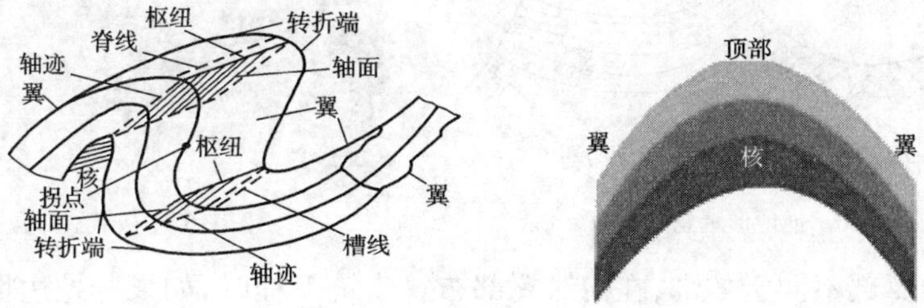

图 1-63　褶皱要素示意图

2. 褶皱的分类

褶皱的形态是多种多样的,有的舒缓、有的紧密、有的对称、有的不对称,但其基本类型只有两种,即背斜与向斜(见图 1-64)。

(1)背斜。岩层向上拱起,经风化、剥蚀后露出地面的地层,向两侧成对称出现,自核部向翼部岩层时代依次由老到新,新地层在两侧,即两翼岩层常相背向外倾斜的称背斜。

(2)向斜。岩层向下弯曲形成槽型褶皱,自核部向翼部岩层时代依次由新到老,两翼岩层常相对向内倾斜的称为向斜。

一般情况下,背斜成山、向斜成谷是内力作用的结果,常称正地形(见图 1-65)。

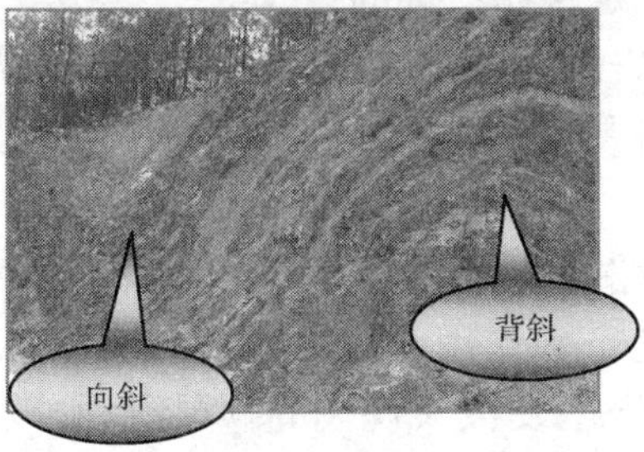

图 1-64　褶皱的形态

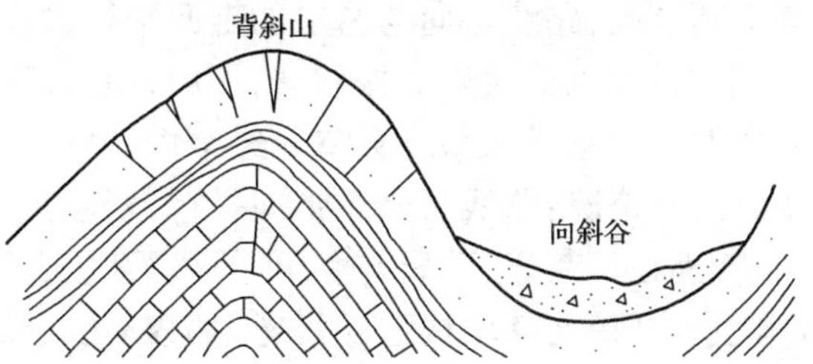

图 1-65　正地形示意图

褶皱形成后,地表长期受风化剥蚀作用的破坏,其外形也可以发生改变。在沉积岩层侧向挤压力形成褶皱构造的过程中,岩层发生弯曲变形,由于背斜顶部产生局部张力,造成顶部岩层裂隙较为发育,为外力侵蚀提供了有利条件。向斜槽部会产生局部挤压力,岩性相对较坚硬,抵抗风化侵蚀的能力较强。在长期外力作用下,差异性侵蚀逐渐明显,背斜遭受侵蚀的速度较快,向斜遭受侵蚀的速度要缓慢得多,经过长期地质演变,发生了地形倒置现象,这就是逆地形(见图 1-66)。此过程主要是外力侵蚀作用的结果。

3. 褶皱构造对工程建设的影响

(1)褶皱核部岩层由于受水平挤压作用,产生许多裂隙(见图1-67),直接影响到岩体的完整。褶皱的核部是岩层强烈变形的部位,变形强烈时,沿褶皱核部常有断层发生,造成岩石破碎或形成构造角砾岩带;地下水多聚积在向斜核部,背斜核部的裂隙也往往是地下水富集和流动的通道,必须注意岩层的坍落、漏水及涌水问题;在石灰岩地区还往往是岩溶较为发育。由于岩层构造变形和地下水的影响,所以公路、隧道工程或桥梁工程在褶皱核部易遇到工程地质问题。

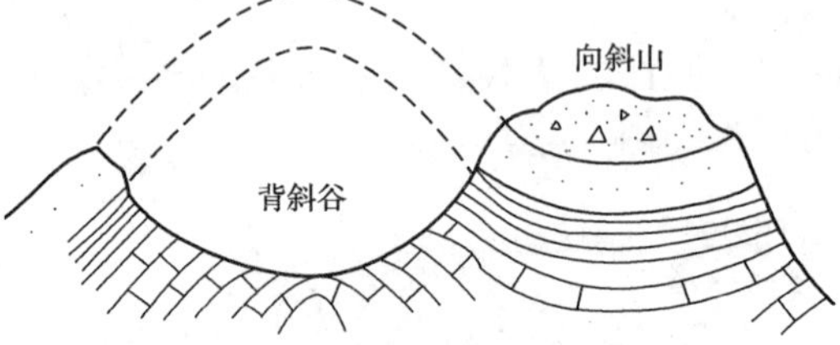

图1-66 逆地形示意图

图1-67 褶皱核部岩层常变形

(2)褶皱的翼部不同于核部,在褶皱翼部布置建筑工程时,如果开挖边坡的走向近于平行岩层走向,且边坡倾向与岩层倾向一致,边坡坡角大于岩层倾角,则容易造成顺层滑动现象。在褶皱两翼形成倾斜岩层容易造成顺层滑动,特别是当岩层倾向与临空面坡向一致且岩层倾角小于坡角,或当岩层中有软弱夹层,如有云母片岩、滑石片岩等软弱岩层存在时应慎重对待。

(3)对于隧道等深埋地下的工程,从褶皱的翼部通过一般是比较有利的。因为隧道通过均一岩层有利稳定,而背斜顶部岩层受张力作用可能塌落,向斜核部则是储水较丰富的地段,但如果中间有松软岩层或软弱构造面时,则在顺倾向一侧的洞壁,有时会出现明显的偏压现象,甚至会导致支撑破坏,发生局部坍塌。

(4)对于深路堑和高边坡来说,存在三种情况:

◆有利情况:路线垂直岩层走向,或路线与岩层走向平行但岩层倾向与边坡倾向相反时,只就岩层产状与路线走向的关系而言,对路基边坡的稳定性是有利的;

◆不利情况:路线走向与岩层的走向平行,边坡与岩层的倾向一致,特别在云母片岩、绿泥石片岩、滑石片岩、千枚岩等松软岩石分布地区,坡面容易发生风化剥蚀,产生严重碎落坍塌,对路基边坡及路基排水系统会造成经常性的危害;

◆最不利情况:路线与岩层走向平行,岩层倾向与路基边坡一致,而边坡的坡角大于岩层的倾角,特别在石灰岩、砂岩与黏土质页岩互层,且有地下水作用时,如路堑开挖过深,边坡过陡,或者由于开挖使软弱构造面暴露,都容易引起斜坡岩层发生大规模的顺层滑动,破坏路基稳定。

(三)断裂构造

构成地壳的岩体,受构造应力作用发生变形,变形超过岩石的强度极限时,岩体的连续性和完整性遭到破坏,产生各种大小不一的断裂,称为断裂构造。断裂构造的规模(深度、形态、错动大小)不等,差别很大,它是地壳中常见的地质构造,包括节理和断层两类。

1. 节理

由于岩石受力而出现的裂隙,但裂开面的两侧没有发生明显的(眼睛能看清楚的)位移,地质学上将这类裂缝称为节理(见图 1-68),也被称为裂隙。只要接触石头,到处都能见到节理,它是很常见的一种构造地质现象。

根据形成节理的力学性质不同,分为剪节理、张节理。

(1)剪节理。因地壳运动引起的剪应力作用而形成的断裂构造称为剪节理。其特点是裂缝平直、延伸方向稳定、裂隙面平整光滑。通常切穿岩石中的颗粒(发育于砾岩和砂岩等岩石中的剪节理,一般穿切砾石和胶结物);有两组同时出现,相交呈“X”形(见图 1-69),多为闭合性节理。

图 1-68 节理

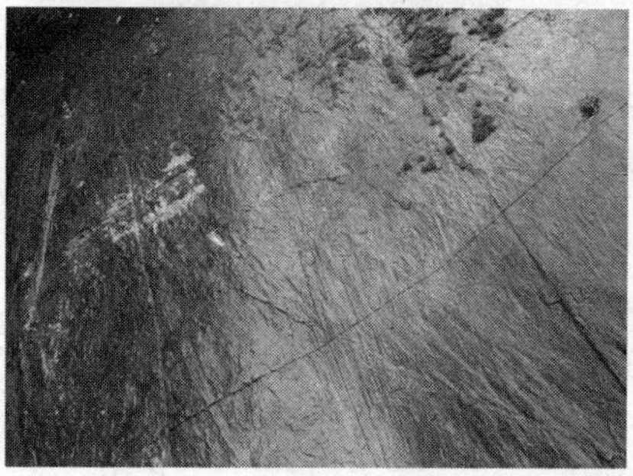

图 1-69 剪节理

(2)张节理。岩层在地壳运动过程中受张拉应力作用产生的节理称张节理(见图 1-70),张节理在褶皱构造的核部最为发育,其特点是是裂口稍长,断裂面粗糙不平,面上无擦痕,在胶结不甚坚实的砾岩或砂岩中张节理常常绕砾石或粗砂粒而过,如果穿切砾石,破裂面也凹凸不平。张节理有时呈不规则树枝状,各种网络状,有时也追踪 X 形节理形成羽毛状张节理,单列或共轭雁列式张节理,有时也呈放射状或同心状组合形式。

(3)节理的工程地质评价。

①裂隙破坏了岩体的完整性,使岩体的稳定性降低;

②裂隙为大气和水进入岩体内部提供了通道,加速了岩石的风化和破坏;

③裂隙会降低岩石的承载能力;

④裂隙常造成边坡的坍塌和滑动,以及造成地下洞室围岩的冒落;

⑤在挖方或采石中,裂隙的存在可以提高工作效率;

⑥裂隙是地下水的良好通道,对水文地质意义重大。岩石中裂隙的多少与规模大小,对岩石的承载力影响很大,这是工程地质研究中要特别重视的问题;

图 1-70 羽状张节理

⑦裂隙也是矿液运移、沉积场所,对找矿有利。如赣南钨矿,石英脉型金矿等。

2. 断层

岩层受构造应力作用发生断裂,沿断裂而两侧片层发生了移动或明显错位的断裂构造被称为断层。

(1)断层要素。

断层主要有:断盘、断层面、断层破碎带、断距(见图 1-71)。

①断盘:断层面两侧的岩体。位于断层面上方的称为上盘;位于断层面下方的称为下盘;处于上升运动的为上升盘,处于下降的为下降盘。

②断层面:指断层的破裂滑动面。

③断层线:断层面与地面的交线。

④断层的断距、落差:断层上下盘沿断层面发生相对位移的实际距离称为总断距;其在垂直方向上的相对位移称为垂直断距或落差;在水平方向上的相对位移称为水平断距或错距。

⑤断层破碎带:多数断层其断裂面附近的岩石被构造应力挤碎,形成具有一定宽度的带状碎裂岩石,亦称之为断层带。

(2)断层的主要类型。

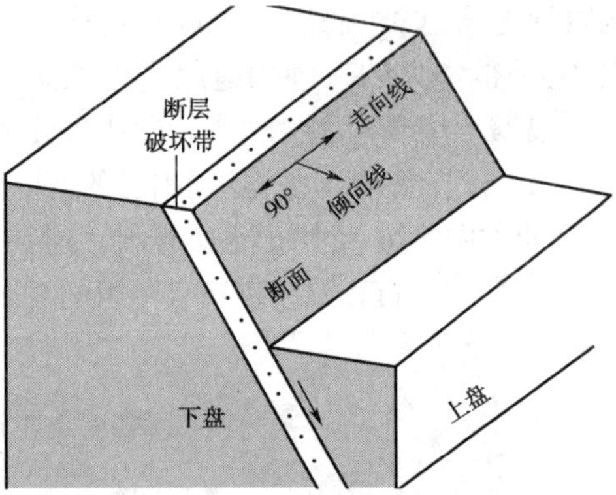

图 1-71　断层要素示意图

断层的主要类型有正断层、逆断层和平推断层。

①正断层:断层上盘沿断层面倾斜线相对向下移动,下盘相对向上移动(见图 1-72)。

②逆断层:断层上盘沿断层面相对向上移动,下盘相对向下移动(见图 1-73)。

③平移断层:断层的两盘沿断层面走向发生移动的断层(见图 1-74)。

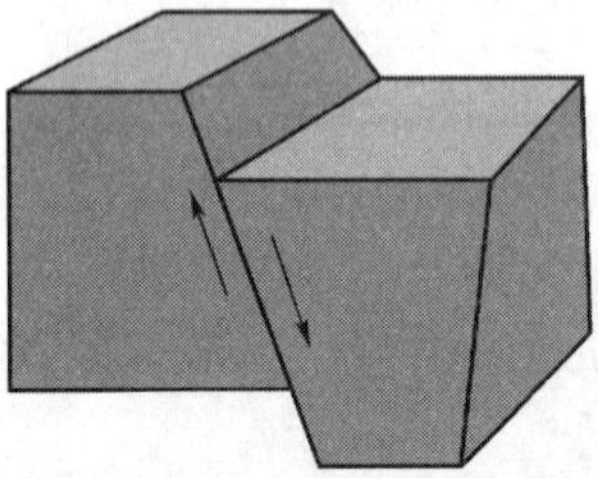
图 1-72　正断层图

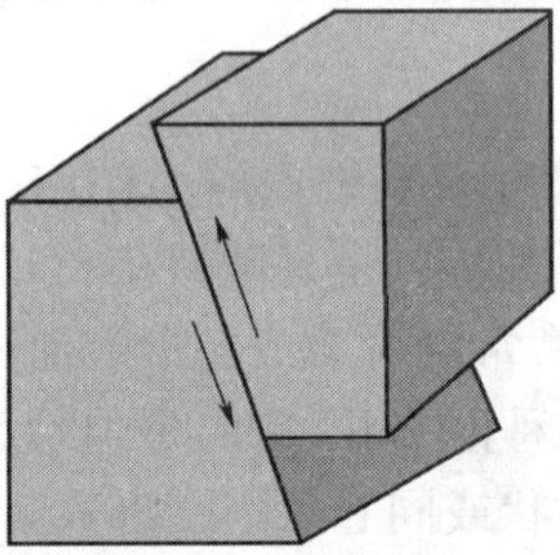
图 1-73　逆断层图

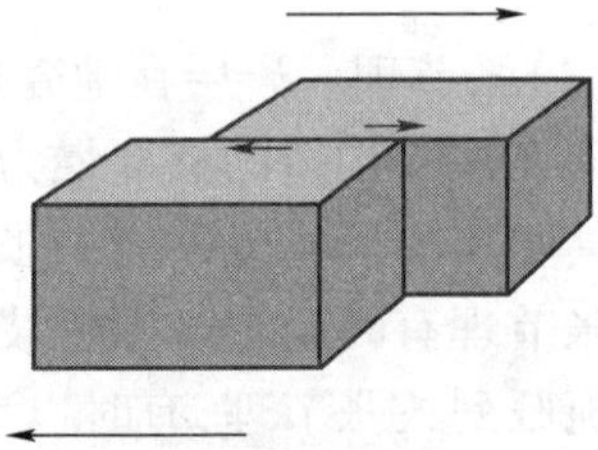
图 1-74　平移断层

④断层往往还成组出现,造成阶梯状构造、叠瓦状构造、地堑、地垒等各种复杂地质构造形。

※ 阶梯状断层:由二条以上正断层产状大体一致而成(见图 1-75)。

※ 叠瓦状断层:由数条产状大致相同逆断层组合而成(见图 1-76)。

※ 地垒和地堑:两条以上正断层,倾向相背、中间断盘相对上升称地垒。反之,断层倾向相对、中间盘下降称地堑(见图 1-77)。

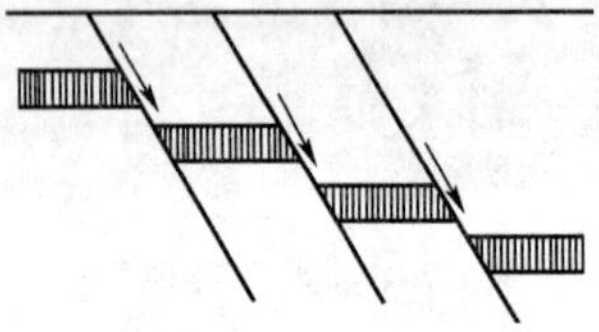
图 1-75　阶梯状断层

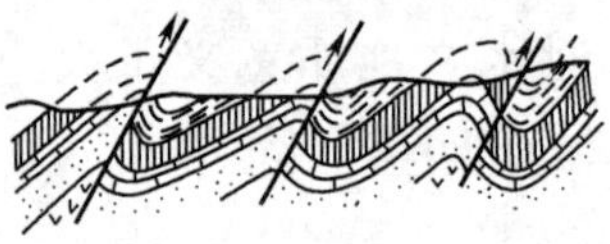
图 1-76　叠瓦状断层

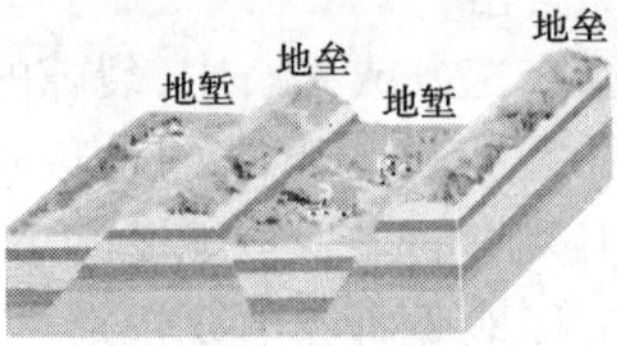

图 1-77　地垒和地堑

(3)断层的野外识别。

在自然界,大部分断层由于后期遭受剥蚀破坏和覆盖,在地表上暴露得不清楚,因此需根据地层、构造等直接证据和地貌、水文等方面的间接证据来判断断层的存在与否及断层类型。

①地层的重复与缺失。

在野外发现地层有不对称重复(褶皱为对称重复)或缺失现象,说明有断层存在。

规律如表 1-18。

②构造线和地质体的不连续。

任何线状或面状的地质体,如地层、岩脉、岩体、变岩质的相带、不整合面、侵入体与围岩的接触界面、褶皱的枢纽及早期形成的断层等，在平面或剖面上的突然中断、错开等不连续现象是判断断层存在的一个重要标志。

表 1-18

走向断层倾向与岩层倾向关系	正断层	逆断层
相反	重复	缺失
相同，且断层面倾角较大	缺失	重复
相同，且断层面倾角较小	重复	缺失

③地形地貌标志。

地表断层带岩石破碎，容易风化剥蚀成冲沟；山脉延展方向错开；地形上的陡崖（断层崖）。

※ 负地形（低凹地带）：由于断层附近易风化、剥蚀（岩石破碎），长期的外力作用造成，俗话说“逢沟必断”。

※ 断层崖：大而陡的断面出露呈陡崖状。断层崖有流水可成瀑布（见图 1-78）。

※ 断层三角面：一系列平行的山脊，被走向与其垂直的正断层切割，上升盘露出，山脊呈三角形横切面。

④水文标志：断层的存在常常控制和影响水系的发育，可引起：

※ 河流遇断层面而急剧改向（见图 1-79）；

图 1-78　断层瀑布

图 1-79　河流急剧改向

※ 断层切割含水层，地下水沿裂隙，涌出。泉点常呈线状分布。

※ 岩石浸染、蚀变、矿化现象的带状分布（见图 1-80）。

⑤构造标志

断层两侧因受强烈挤压或拉张，常伴生、派生一些构造现象。

※ 产状急剧变化、节理增多、岩石破碎、出现牵引褶曲等（见图 1-81）。

※ 断层泥：断层两面三盘挤压摩擦（碾磨）的极细的泥状物。

※ 角砾岩：断裂破碎的岩石，大小不等，棱角分明，碎块再胶结成岩，角砾与两侧岩性一致。

※ 擦痕和阶步：

擦痕——断面上平行而密集的沟纹。

镜面——断面上局部平滑光亮的面。

阶步——擦痕及镜面末端常出现“坎”（见图 1-82）。

以上均为两侧岩层（块）相对滑动在断面上留下的痕迹，可据此推测两盘相对运动方向。

(4)断层的工程地质评价。

断层是在地球表面沿一个破裂面或破裂带两侧岩体发生相对错位的现象。由于岩层发生强烈的断裂变动，导致岩体裂隙增多、岩石破碎、风化严重、地下水发育充分，从而降低了岩石的强度和稳定性，对工程建筑造成了不利的影响，主要表现在以下方面。

图 1-80　岩石浸染

图 1-81　牵引褶曲

①跨越断裂构造带的建筑物，由于断裂带及其两侧上、下盘的岩性可能不同，易产生不均匀沉降。

②隧道工程通过断裂破碎时易发生坍塌。在断层发育地段修建隧道，是最不利的一种情况。由于岩层的整体性遭到破坏，加之地面水或地下水的侵入，其强度和稳定性都是很差，容易产生洞顶塌落，影响施工安全。

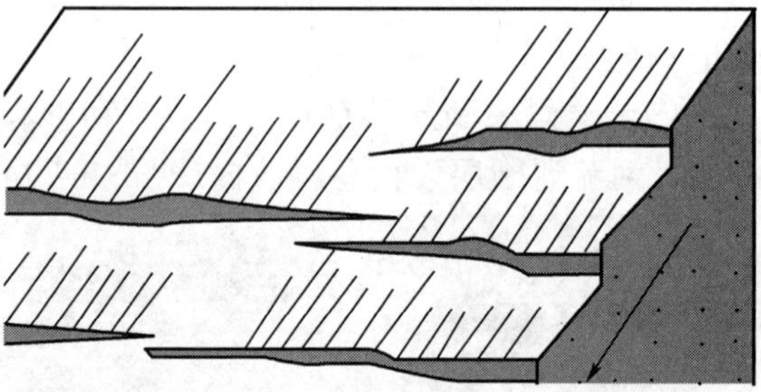

图 1-82　阶步

※当隧道轴线与断层走向平行时，应尽量避免与断层的破碎带接触。

※隧道横穿断层时，虽然只有个别断落受到断层影响，但因工程地质及水文地质条件不良，必须预先考虑措施，保证施工安全。

※如果断层破碎带规模很大，或者穿越断层带时，会使施工十分困难，在确定隧道平面位置时，要尽量设法避开。

※断层构造地带沿断裂面附近的岩块因强烈挤压而产生破碎，往往形成一条破碎带。因此，隧道工程通过断层时必须采取相应的工程加固措施，以免发生崩塌。

③断裂带在新的地壳运动影响下，可能发生新的移动，从而影响建筑物的稳定，降低地基岩体的强度稳定性。

④断层破碎带力学强度低、压缩性大，建于其上的建筑物由于地基的较大沉陷，易造成断裂或倾斜。

⑤断裂面对岩质边坡、坝基及桥基稳定常有重要影响。

思　考　题

1. 何谓地质构造？地质构造的类型有哪些？

2. 褶曲有几种基本形态？如何对褶曲进行分类？分类结果如何？

3. 倾斜构造是如何产生的？

4. 简述褶皱构造、倾斜构造、断裂构造、褶曲和断层的概念。

5. 简述倾斜岩层的产状和表示方法。

6. 简述褶皱构造及断裂构造对工程建设的影响。

单元学习3　地　　貌

学习目标

1. 确定地质年代；

2. 地貌特征以及地貌与公路的关系。

任务描述

利用模型、图片及相关多媒体资源，通过学习和教师的讲解，同学们能认识地貌类型，并掌握地貌类型对公路建设的影响。

学习引导

本学习任务沿着以下脉络进行：

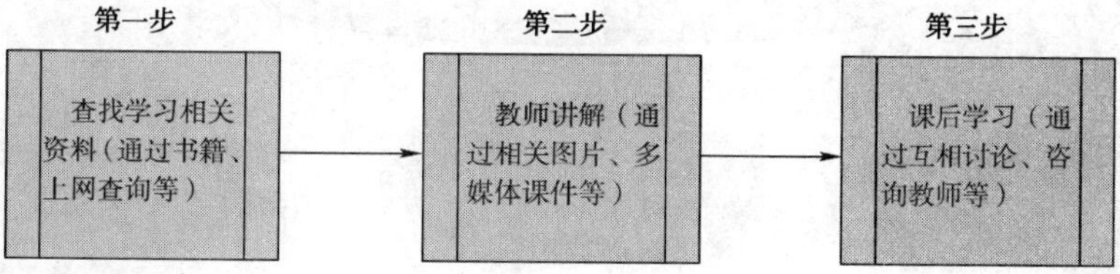

一、地貌学的特征

公路工程建设与地貌有着密切的关系。公路是建筑在地壳表面的线型建筑物，它常常穿越不同的地貌单元，在公路勘测设计、桥隧位置选择等方面，经常会遇到各种不同的地貌问题。因此，地貌条件便成为评价公路工程地质条件的重要内容之一。

1. 地貌与地形

地貌学是指地壳表面的形态特征、成因、发展和分布规律。

地形是指地球表面起伏形态的外部特征。在测绘工作中，地形是地表起伏和地物的总称。地形起伏的大势一般称为地势（见表1-19）。

地貌与地形的区别　　表1-19

	地　　貌	地　　形
形态	指地壳表面各种起伏形态的形成、发展和空间分布规律	指地球表面起伏形态的外部特征
地图	是一种主要反映地貌形态——成因或某一地貌要素的专题地图	指比例尺大于1:100万，着重反映地表形态的普通地图
概念	是不断发展变化的，其发展变化的物质过程称地貌过程	是地表起伏和地物的总称
内力和外力是塑造地貌的两种应力，地貌是内力过程与外力过程对立统一的产物。地貌形态大小不等，千姿万态，是内外地质应力相互作用的结果。		

2. 地貌的形成

不同地貌有着不同的成因，但概括地讲，地貌是由两种原因造成的：一是地球的内力作用，二是外力作用。

内力作用是指由地球内部的热能、化学能、重力能及地球旋转能引起的作用，它主要包括地壳运动、岩浆作用、变质作用、火山和地震等。

外力作用是指地壳表面以太阳能、重力能、日月引力能为能源，通过大气、水、生物等形成一系列地表作用过程。外力作用按外力性质主要分为如下几类：流水作用、地下水作用、波浪作用、冰川作用、风沙作用。这些外力作用在地貌形成上主要表现为风化、侵蚀、搬运和堆积作用。外力作用造成风化、侵蚀、搬运和堆积四个方面相互联系，不可分割。

地貌是内外应力共同作用的结果，内力作用造就地表的起伏，外力作用使地表原有的起伏不断降低变缓，因此地貌形成过程中的内外应力是一对矛盾。地貌的形成不仅取决于内外应力作用类型的差异，而且还取决于内外应力过程的对比。

3. 地貌形态

地貌形态是以单个形态或形态组合的方式存在，包含地貌的高度和坡度。通常把地貌形态中较小、较简单的小地貌形态，例如冲沟、沙丘、冲出锥等，称为地貌基本形态（见图 1-83）。另一类范围较大，包括若干地貌基本形态的组合体，称为地貌形态组合（见图 1-84）。

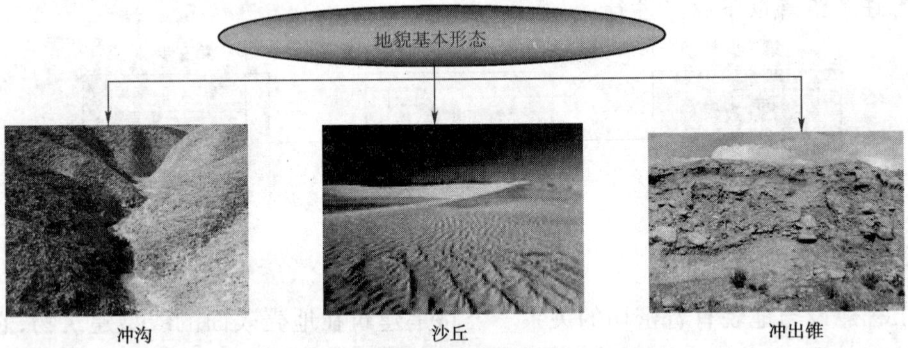

图 1-83　各种小地貌形态

图 1-84　地貌基本形态的组合体

4. 地貌分类

(1) 按地貌形态分为山地、高原、盆地、丘陵和平原。

①山地。山地是海拔在 500m 以上切割度大于 200m。

我国是个山地众多的国家，有著名的喜马拉雅山、天山、昆仑山等（见图 1-85）。

②高原。高原是海拔在 500m 以上广阔而平坦的大片高地。我国民族地区的高原有青藏

高原、内蒙古高原和云贵高原。其中云贵高原位于我国西南部(见图1-86),包括哀牢山以东,雪峰山以西,大娄山以南,广西北部山地以北的地区,高原的地势从西北向东南倾斜,平均海拔1000~2000m。云贵高原上石灰岩分布很广,喀斯特地貌非常发育,石林、石芽、峰林等地貌随处可见,尤其在南盘江北部最为典型。高原上有许多山间盆地,当地人称为坝子,是主要耕作地区。

图1-85　山地图

图1-86　云贵高原

③盆地。盆地是低于周围山地相对凹下的地表形态。

我国大型盆地都分布在西北内陆地区,著名的盆地有塔里木盆地、准噶尔盆地和柴达木盆地以及四川盆地。

其中四川盆地在四川省东部,西面是青藏高原,南面有云贵高原,东面是巫山,北面有大巴山,面积10多万平方千米,是我国典型的山间盆地(见图1-87),内部丘陵,低山多,海拔多在500m左右。盆地在形成的过程中,周围山地,高原的细沙和泥土被流水冲积到盆底,含铁、磷、钾的物质经过氧化,变成紫红色,所以又称"紫色盆地"。

④洼地。洼地是海拔低于海平面的内陆低地,如新疆吐鲁番盆地(见图1-88),盆地最低部分的艾丁湖面海拔-155m,是全国最低的洼地,盆地北部的博格达山海拔3500~4000m,最高的博格达峰海拔5445m,二者高差5600m,距离仅有150km左右。

图1-87　四川盆地

图1-88　新疆吐鲁番盆地

⑤丘陵。丘陵海拔高度不超过500m,相对高度一般在100m以下,地势起伏,坡度和缓。我国丘陵主要有广西丘陵(见图1-89)、闽东沿海丘陵。

⑥平原。平原是地势低平坦荡、面积辽阔广大的陆地。根据平原的高度,把海拔0~200m的称为低平原,如我国东北(见图1-90)、华北、长江中下游平原。把海拔高于200m的称为高平原,如我国成都平原。

图 1-89　广西丘陵

图 1-90　东北平原

(2)按地貌成因分类(见表 1-20)

地 貌 成 因 分 类　　表 1-20

地貌类型		成因类型	地貌形态
内生地貌	构造地貌	由构造运动所形成的地貌	单面山、断块山、构造平原等
	火山地貌	由火山喷发作用所形成的地貌	火山锥、熔岩盖等
外生地貌	流水地貌	由地表流水所塑造的地貌	冲沟、河谷阶地、洪积扇等
	岩溶地貌	由水溶蚀作用所形成的地貌	石林、溶洞等
	冰川地貌	由冰川作用所形成的地貌	冰斗、角峰等
	风沙地貌	风的地质作用所形成的地貌	风蚀谷、沙丘等
	重力地貌	不稳定的岩土体在重力作用下形成的地貌	崩塌、滑坡等

5. 地貌分级

(1)巨型地貌:即地球上的大陆和洋盆. 是高度上具有显著差异的两类地貌,它们由内力作用形成。

(2)大型地貌:陆地上的山岳、平原、大型盆地,洋盆中的海底山脉、洋脊和海底平原等等属于大型地貌。

(3)中型地貌:大型地貌内的次一级地貌. 如山岳地形中的分水岭山地、山间盆地;平原中的分水地区和河谷区等等。其成因不完全取决于内力地质作用,外力地质作用在很大程度上塑造了中型地貌。

(4)小型地貌:是中型地貌的各个组成部分,是一些地貌基本形态和较小的地貌形态组合,例如山脊、谷坡和河谷等等。它们的形态特征,主要取决外力地质作用,并受到岩性影响。

二、地貌单元

地球上的大陆表面可以划归为两大基本类型,即山地地形和平原地形,丘陵地形可归入山地,而宽广平展的高原地形可归入平原。由于贵州没有平原地貌,因此,本单元重点学习山地地貌和流水地貌。

(一)山地地貌

山是地面上被平地围绕的、与其周围平地的交界处有明显坡度转折的孤立高地(见图 1-91),由山麓、山坡和山顶组成;山岭是具有陡峭的山坡和明显的分水线的绵延较长的高地,山岭的顶部叫山脊;山脉是向一个方向延伸的山岭系统,它由许多条山岭和夹在山岭之间的沟谷组成；由许多山脉组成的更大规模的高地称为山系。

1. 山地分类

按地质成因和构造形式，山可被分为：

(1)单斜山：组成山体的各岩层单向倾斜。其中坚硬岩层通常成为单斜山，而沿软弱岩层发育的谷地称单斜谷。单斜山包括：单面山和猪背山。

图 1-91　山图

①单面山：在单斜构造地区，岩层倾角较缓，软硬相间，受侵蚀切割后，软岩层被蚀成谷地，硬岩层突露成山岭，即单面山山体延伸方向与构造线一致，山脊往往成锯齿形，两坡明显不对称(见图 1-92)。一般较缓、与岩层的倾斜方向一致的一侧为构造坡(后坡)，另较陡、与岩层的构造面不一致的一侧为剥蚀坡(前坡)。

②猪背山：单斜山两侧都陡峻，构造坡与剥蚀坡的坡度与坡长相差不大(见图 1-93)。

图 1-92　单面山

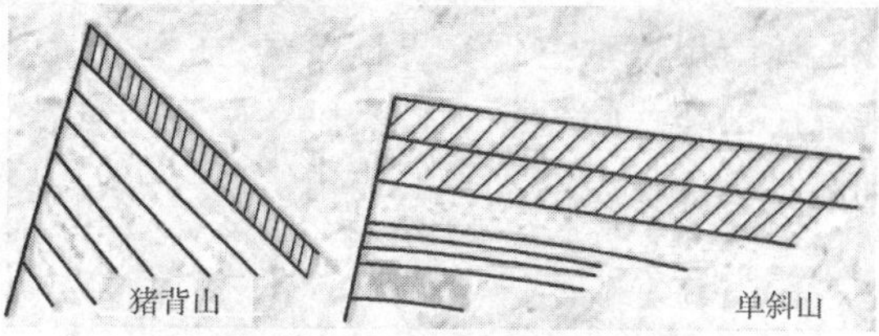

图 1-93　单面山和猪背山示意图

工程评价：单面山的前坡，由于地形陡峻，若岩层裂隙发育，风化强烈，则易发生崩塌，且其坡脚常分布有较厚的坡积物和倒石堆，稳定性差，故对敷设线路不利。后坡由于山坡平缓，坡积物较薄，所以常是敷设线路的理想部位。但在岩层倾角大的后坡上深挖路堑时，如果开挖路堑与岩层倾向一致，会因坡脚开挖而失去支撑，尤其是当地下水沿着其中的软弱岩层渗透时，易产生顺层滑坡。

(2)断块山(见图 1-94)：是有断裂变动所形成的山地。它可能只在一侧有断裂，也可能两侧均由断裂所控制。断块山地的山麓地带发育断层崖、断层三角面。按断层形式分为：地垒式断块山；掀斜式断块山。例如地垒式的泰山、倾动地块式的衡山、台地式的小兴安岭。

工程评价：断块山地影响河谷发育。断块翘起的一坡河谷切割深，谷坡陡，谷地横剖面呈 V 形狭谷，纵剖面坡度大，多跌水、裂点。在断块的缓倾掀起的一坡，沟谷切割较浅，谷地较宽，纵剖面较缓。断块山地的断层活动常使阶地错断变形。

(3)褶皱山：地表岩层受垂直或水平方向的构造作用力而形成岩层弯曲的褶皱构造山地(见图 1-95)。褶皱构造山地常呈弧形分布，延伸数百千米以上。山地的形成和排列都与受力作用方式关系密切。某一方向的水平挤压作用，都会使弧形顶部向前进方向突出。弧形山地不仅地层弯曲，常有层间滑动或剪切断层错动，使外弧层背着弧顶方向移动，内弧层向弧顶方向移动。

2. 岩浆喷发形成的山地地貌

岩浆喷发有多种形式，概括起来主要有如下三种：中心喷发、裂隙喷发、区域喷发。不同的喷发形式可以形成不同的地貌现象。

图 1-94 断块山

图 1-95 褶皱山

(1)中心式喷发形成的地貌:地下岩浆通过管状火山通道喷出地表,主要表现为火山(见图 1-96)。根据喷出物的黏性可将火山分为:低平火山,盾状火山,锥状火山。

(2)裂隙式喷发形成的地貌:岩浆沿着地壳上巨大裂缝溢出地表(见图 1-97)。这类喷发没有强烈的爆炸现象,喷出物多为基性熔浆,冷凝后往往形成覆盖面积广的熔岩台地。如分布于我国西南川滇黔三省交界地区的二迭纪峨眉山玄武岩和河北张家口以北的第三纪汉诺坝玄武岩都属裂隙式喷发。现代裂隙式喷发主要分布于大洋底的洋中脊处,在大陆上只有冰岛可见到此类火山喷发活动,故又称为冰岛型火山。

图 1-96 中心喷发形成的地貌

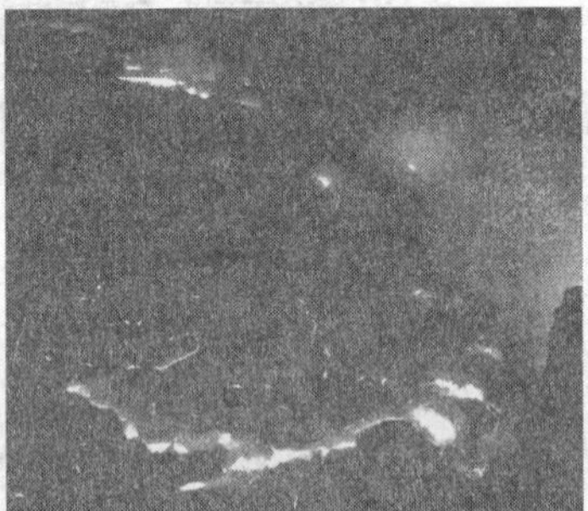

图 1-97 裂隙式喷发形成的地貌

(3)火山对人类的影响:火山爆发时喷出的大量火山灰和火山气体,这些火山物质会遮住阳光,导致气温下降。并且,火山爆发喷出的大量火山灰和暴雨结合形成泥石流能冲毁公路、桥梁,淹没附近的乡村和城市,使得无数人无家可归。泥土、岩石碎屑形成的泥浆可象洪水一般淹没了整座城市。

3. 垭口与山坡

在山区公路勘测中,需要解决选择过岭垭口和展线山坡。

(1)垭口:山岭垭口是在山地地质构造的基础上经外力剥蚀作用而形成的(见图 1-98)。

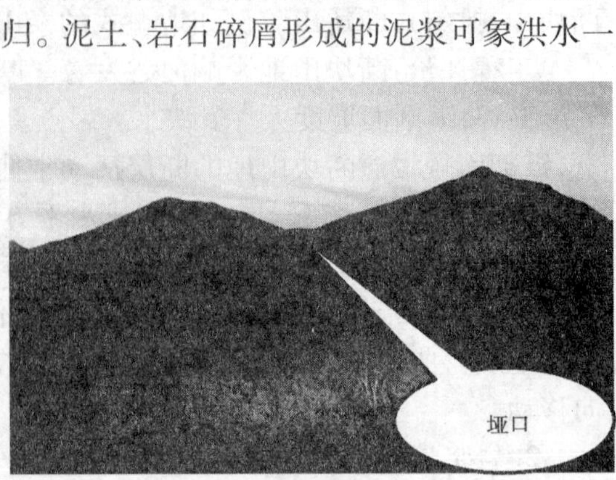

图 1-98 垭口

根据垭口形成的主导因素,可以将垭口归纳为以下几种(见图 1-99):

①构造型垭口:是由构造破碎带或软弱岩层经外力剥蚀作用而形成的垭口;

②剥蚀型垭口:是以外力强烈剥蚀为主导因素所形成的垭口;

③剥蚀-堆积型垭口:是以剥蚀和堆积作用为主导因素所形成的垭口。

过岭垭口的选择,一般是选用松散覆盖层薄,外形浑圆、宽厚的垭口通过;对岩性松软,风化严重,稳定性差的垭口,不宜深挖,多以低填或浅挖的断面形式通过。

(2)山坡:是组成山地的主要要素。公路路线绝大部分都设在山坡或靠近岭顶的斜坡上(见图1-100)。

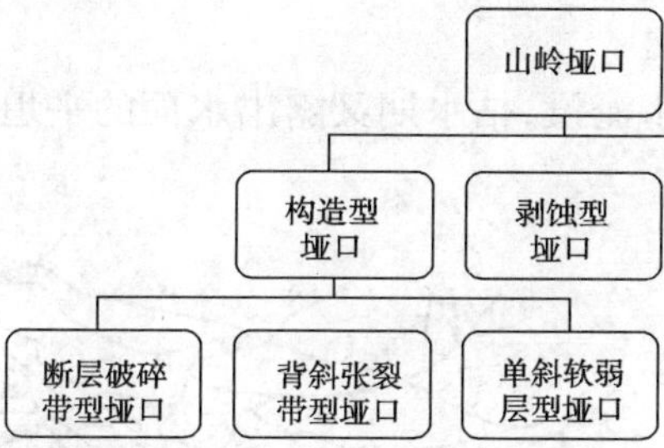

图1-99 垭口分类

图1-100 山坡

山坡的类型可按形状轮廓分类,也可按纵向坡度分类,见表1-21。

山坡的类型 表1-21

按山坡的形状轮廓分类	按山坡的纵向坡度分类
直线形坡:①岩性单一的山坡,其稳定性较高。②单斜岩层构成的山坡,在开挖路基时应注意发生大规模的顺层滑坡。③经剥蚀碎落和破面堆积而形成的山坡,其山坡稳定性最差	微坡:坡度小于15°
凸形坡:山坡上缓下陡,坡度渐增,下部甚至呈直立状态。其稳定性取决于岩体结构,一旦发生坡体变形破坏,则会形成大规模的崩塌或滑坡	缓坡:坡度介于16°~30°
凹形坡:山坡上陡下缓,下部急剧变缓,可能是古滑坡的滑动面或崩塌体的依附面。其稳定性为所有山坡类型中较差的一种	陡坡:坡度介于31°~70°
阶梯形坡:①有软硬岩层差异风化形成的山坡,其稳定性较高。②滑坡变形造成的山坡,施工时应小心,不合理的切坡将引起古滑坡复活。③河流阶地组成,其工程地质性质取决于河流堆积物的厚度	垂直坡:坡度大于70°

(二)流水地貌

流水地貌是地表流水作用形成的地貌。地表的流水作用可以根据其特征的差异分为以下几种类型:河流流水作用和坡面流水作用。

1. 河流流水作用

(1)河谷。由河流在地面上沿着狭长的谷地流动,此谷地称河谷。

河谷:由谷底、谷坡、河床、河漫滩、河曲、牛轭湖、阶地等小的地貌单元构成(见图1-101)。

①谷底:是河谷的最低部分,地势一般比较平坦。

②谷坡:是高出于谷底的河谷两侧的坡地。

③河床:是经常性水流所占据的河道。

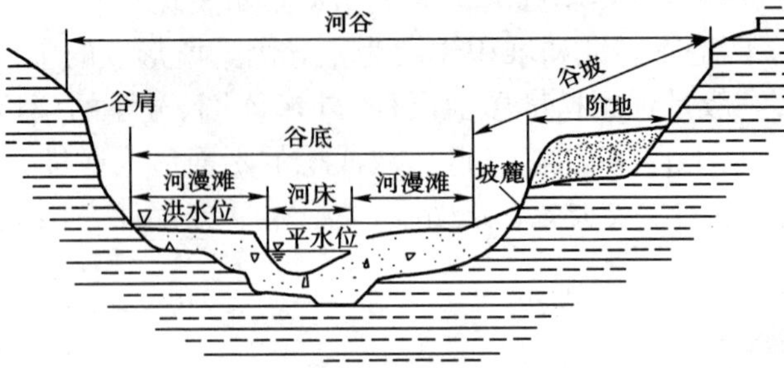

图 1-101　河谷要素示意图

④河漫滩：河床两侧高出平均水位之上而又常被洪水淹没，枯水期又露出水面的平坦开阔地带称河漫滩。

⑤河曲：又称曲流或蛇曲，即蜿蜒曲折的一段河道，其凹岸被冲蚀，凸岸沉积。

⑥牛轭湖：随着河曲的发展，河道发生截弯取直，河流改道时弃置的一段旧河曲称牛轭湖。

⑦阶地：是在地壳反复升降和河流沉积、冲蚀作用交替进行过程中形成的，位于河床两侧的台阶状高地（见图 1-102）。

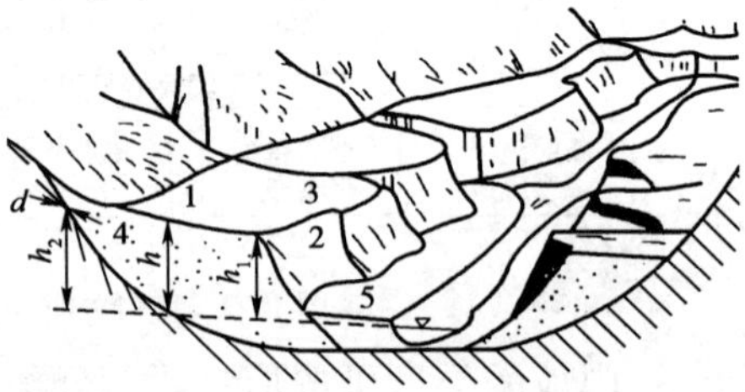

图 1-102　阶地示意图

1-阶地面；2-阶坡（陡坎）；3-前缘；4-后缘（坡脚）

（2）河流阶地的类型。

①侵蚀阶地：是由基岩构成，一般阶地面较窄，没有或零星有冲积物，阶地崖较高（见图1-103中Ⅲ），一般形成于构造抬升的山区河谷中。

②基座阶地：阶地面上为冲积物，阶地崖下部可见到基岩（见图 1-103 中Ⅱ），说明河流下蚀的深度大于原生沉积物厚度。反映后期构造上升较大的特点。

③堆积阶地：全部由冲积物构成，无基岩出露（见图 1-103 中Ⅰ）。

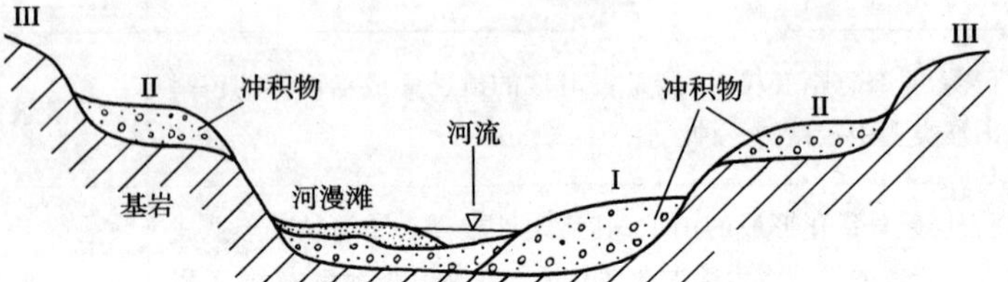

图 1-103　河流阶地示意图

Ⅰ-堆积阶地；Ⅱ-基座阶地；Ⅲ-侵蚀阶地

（3）河流流水作用。

①根据水流的内部结构，可将其分为层流与紊流两类。

层流：流动的水质点彼此平行的匀速运动，上下层水质点之间保持着恒定的流动方向，相互不发生干扰，即上下层水质点没有交换，不存在垂直于水流方向的作用力，故它很难对地面的泥沙进行侵蚀。

紊流：流动的水质点做不规则的漩涡运动，上下层水质点存在交换，相互发生交换，相互发生干扰。紊流漩涡的产生是因为上下各层水流流速的不同引起，漩涡的出现使得水流具有垂向上的运动分量，故对水流的侵蚀和搬运作用有重要意义。

②河道环流与螺旋流。

横向环流：河道水流除向下游运动外，还存在垂直于主流方向的横向流动，表层的横向水流与底部的横向水流方向相反，这样在过水断面上就形成一个闭合的流动系统（见图1-104）。

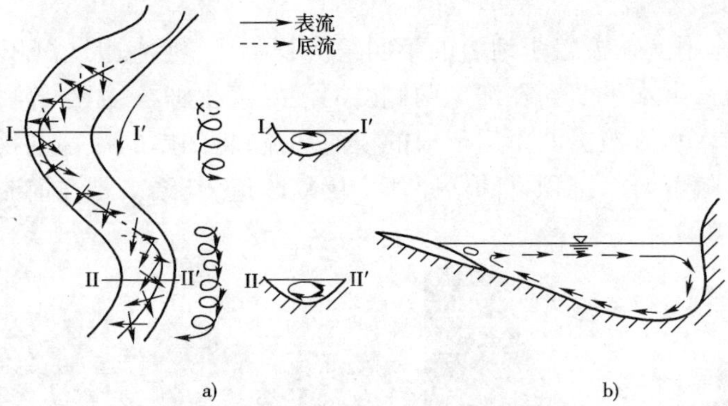

图1-104　河道横向环流示意图

a）河流横向环流；b）河曲处横向环流断面图

螺旋流：横向闭合的水流运动与纵向上的水流运动结合在一起，就形成了一种螺旋状前进的水流。

③河流的侵蚀作用。河流的侵蚀作用主要发生于河流的上游，在河流的中游也有发生。在河流的上游，由于地面及河床坡降大，河床窄、水流急，流域（河流的流域是河流及其大小支流系统汇水面积的总和）地表的侵蚀（地表水汇入构谷之前对地表的洗刷作用和汇入沟谷后的冲刷作用，即所谓的水土流失）和河床的侵蚀（下切为主，侧向冲刷为辅）都很严重。受水流流动方向的影响，河流中段的侧向淘刷发生在河流的凹岸，而沉积则发生在凸岸。这也是河曲地貌产生原因。一旦河流弯曲，凹岸不断被淘蚀而凸岸不断沉积，河流变得愈来愈弯曲。

河流能否发生侵蚀不仅决定于它流速的大小，而且还决定于河流本身所携带泥沙的多少。

流水的侵蚀方式主要有两种：下切侵蚀（下切），侧方侵蚀（侧蚀）。

下切侵蚀主要是通过底部辐射型的双向环流来完成的，使得河流不断加深。

侧方侵蚀主要是通过单向环流和底部辐聚型的双向环流来完成的。

下切侵蚀与侧方侵蚀并不是分离开进行的，它们是同时进行的。河曲不断扩大，便形成牛轭湖（见图1-105）。

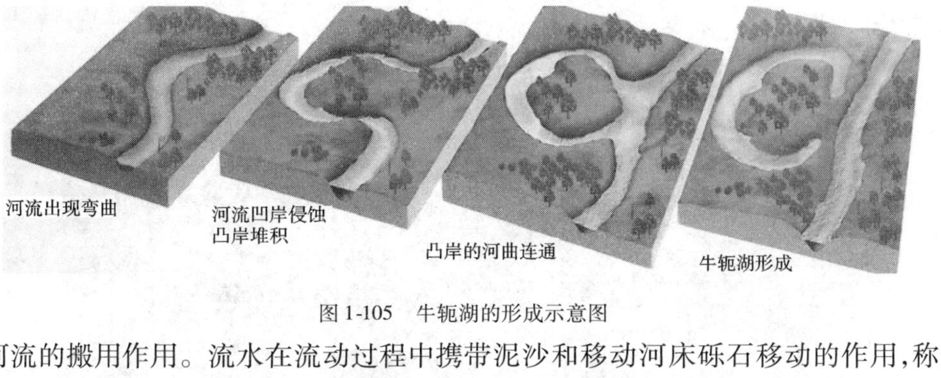

图1-105　牛轭湖的形成示意图

④河流的搬用作用。流水在流动过程中携带泥沙和移动河床砾石移动的作用，称为河流搬用作用（见图1-106）。河流的搬用作用主要有如下几种方式：

推移：颗粒依附于床面，随水流作滑动或滚动，其推移物称为推移质；

跃移：这是介于上述两者之间的过渡状态，颗粒时而被悬移，时而被推移，以跳跃的方式前进，其跃移物被称为跃移质；

悬移：以悬移方式被搬运的物质称为悬移质。

溶解（化学）搬运。

⑤河流的沉积作用。在覆盖于地表的第四纪沉积物中，河流搬运沉积的堆积物分布面积最大。在河流的下游，洪水季节会在河床两侧的河漫滩沉积砾石、泥沙等物质；枯水季节，河流流水不断地冲刷凹岸，水流撞击凹岸后形成的横向环流，将凹岸的被冲刷物质带到凸岸沉积下来。在河流的下游，随着河床沉积物的增厚河道反复改道，其结果是在河流的下游形成了宽广的冲积平原（见图1-107）。

图1-106　流水搬用

图1-107　河流沉积

2. 坡面流水作用

（1）片流和细流的地质作用。

①片流（坡流、面流）：在降雨或融雪时，地表水一部分渗入地下，其余的沿坡面向下运动（见图1-108）。这种暂时性的无固定流槽的地面薄层状、网状细流称为片流。片流搬运的物体在坡麓堆积下来，形成坡积物的过程为堆积作用。

②细流：是指片流向下流动时受到坡面上风化物的影响，便会出现一些细小的侵蚀沟——纹沟和细沟（见图1-109）。

纹沟：由细小的网状流水侵蚀而成，流路经常变化，没有明显的沟缘，其纵剖面与坡面的坡度一致。

细沟：是由坡地上的细股水流侵蚀而成，宽度与深度相等或略大于深度，有固定的位置，纵剖面的坡度与坡地坡度基本一致，没有明显的沟缘。

图1-108　坡面片流图

图1-109　坡面细流图

③坡积物的特点：

成分为岩屑、矿屑、沙砾或矿质黏土,与坡上基岩密切相关。

碎屑颗粒大小混杂,棱角分明、分选性差,层理不明显。

(2)洪流的地质作用。

①沟谷侵蚀地貌。

洪流:坡流逐渐集中汇成几段较大的线状水流,再向下汇聚成快速奔腾的洪流。洪流猛烈冲刷沟底、沟壁的岩石并使其遭受破坏,称为冲刷作用。冲刷作用将坡面凹地冲刷成两壁陡峭的沟谷。多次冲刷两侧形成许多小冲沟,共同构成了冲沟系统。当冲沟下切到地下水面时,便形成了小溪。

冲沟:是由下切能很强的水流侵蚀而成的,深度较大,长度多在数千米至数十千米,其纵剖面的坡度与坡地的坡度不一致,多呈下凹形态(见图1-110)。深度有时大于宽度,横剖面呈V形。

②沟谷堆积地貌(洪积扇见图1-111)。

图1-110　冲沟图

图1-111　洪积扇图

由暂时性的沟谷水流搬运的大量碎屑物质在沟谷出山口后,由于坡度的变化,水流的挟沙力降低而沉积下来形成的堆积物称为洪积物。形成的地貌多呈扇型,称为冲出堆和洪积扇。冲出堆和洪积扇在成因上没有什么重要差异,仅仅在规模和大小上有差异,小型的沟谷谷口堆积地貌体称为冲出堆,较大的称洪积扇。

根据洪积相的物质组成与分布特征,可将其分为三个组成部分:

扇顶相:砾石组成,含沙透体,有层理,分选性较差,磨圆较差。

扇中相:主要由沙,粉砂,亚黏土组成,含细纱透镜体,有清楚的层理。

扇缘相:主要由细的亚黏土,黏土和部分粉砂组成,清晰层理,由于地下水的出露,常为干旱地区的绿洲所在之地。

思　考　题

1. 简述地貌类型的划分。
2. 试比较坡积层和洪积层在地貌成因上的主要特点。
3. 蛇曲发育阶段公路布线应注意哪些问题?
4. 试述冲沟的发育阶段及公路工程在冲沟发育的不同阶段布线应注意的问题。
5. 第四纪堆积物有几种类型? 各有什么特点?
6. 简述地质图在工程中的应用意义。怎样正确阅读地质图 ?

单元学习4　第四纪地质及土

学习目标

1. 第四纪地质及第四纪沉积物类型；
2. 常见的特殊性土。

任务描述

利用实物、图片及相关多媒体资源和教师的讲解，同学们能认识第四纪沉积物类型和常见的特殊性土。

学习引导

人们所观察到的第四纪沉积物主要是陆相地层。陆相地层广泛分布于地表，大都松散，厚度变化大，相变剧烈，成分复杂。第四纪沉积物按成因和岩相可以分为残积物、坡积物、洪积物、冲积物、湖泊沉积物、冰川堆积物、海洋沉积物、生物沉积物、风积物、火山堆积物、洞穴堆积物、人工堆积物等。

土由岩石经历物理、化学、生物风化作用以及剥蚀、搬运、沉积作用交错复杂的自然环境中所生成的各类沉积物。土的固相主要是由大小不同形状各异的多种矿物颗粒构成的，对有些土来讲除矿物颗粒外还含有有机质。土的固体颗粒的大小和形状、矿物成分及组成情况对土的物理力学性质有很大的影响，任何工程活动都会遇到各类土，因此本学习任务就是认识第四纪堆积物和各种类型的土。

本学习任务沿着以下脉络进行学习

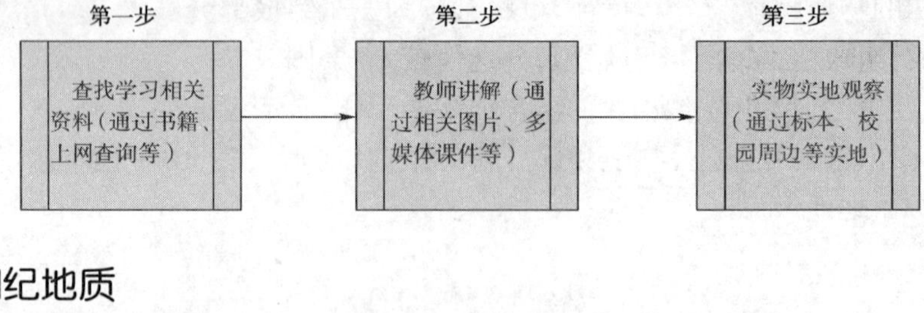

一、第四纪地质

第四纪是地球发展最新阶段，它包括更新世和全新世。地球发展历史有43亿年以上，而第四纪却非常短促，约180万年左右。但在第四纪时期内，地球上进行着各种地质作用，气候出现显著的波动。人类的发展，哺乳动物的兴盛和新构造运动等，不仅与人类的过去有关，而且与人类的现在和将来都有直接关系；而人类今天的活动反过来对第四纪自然地理条件的变化又起着重要影响。这些问题的研究，不仅可以加强地质学的基本理论，同时具有很重要的实际价值。

我国在1959年的全国地层工作会议上，决定采用1932年的第四纪地层国际划分方案，来划分我国的第四纪地层，将第四纪划分为全新世（距今10万年）和更新世，又将更新世划分为早更新世、中更新世和晚更新世。

（一）第四纪地质一般特性

在第四纪时期内，地球上发生过强烈的地质活动。其特点是：在短暂的地质时期内，发生过多次急剧的寒暖气候变化和大规模冰川活动；哺乳动物的兴盛和新构造运动；人类及其物质文明的形成发展；显著的地壳运动，广泛堆积陆相沉积物和矿产；急剧和缓慢发生的各种灾害不断改变人类生存环境；人类活动的范围和强度与日俱增。

1. 第四纪气候与冰川活动

第四纪气候冷暖变化频繁，气候寒冷时期冰雪覆盖面积扩大，冰川作用强烈发生，称为冰期。第四纪冰川不仅规模大而且频繁（见图1-112）。根据深海沉积物研究，第四纪冰川作用有20次之多，而近80万年每10万年有一次冰期。

图1-112　第四纪冰川图

2. 新构造运动

从新第三纪（中新世开始）以来发生的地壳运动称为新构造运动，相应的时代称为新构造时期。新构造运动是引起第四纪自然环境变化的一个主要因素，这一内力作用也引起一系列环境效应并影响地壳稳定性。新构造运动有水平运动（板块运动）、垂直运动、断裂运动、火山活动和地震等。新构造运动的作用积累效应造成地壳大面积和大幅度升降，改变部分下垫层性质，并对大气环流产生影响，对气候和环境变化有重要作用。如青藏高原由于印度板块向欧亚板块俯冲，使该区地壳从新第三纪以来加速隆升，发展成“世界屋脊”，破坏了中国西部气候的纬向分带而代之以垂直分带，成为影响中国和东亚气候与环境的重要因素。

（二）第四纪沉积物的类型

1. 残积物

出露地面的岩石经风化、剥蚀之后，其中的一部分较大的颗粒尚未被搬移而残留于原处，这些岩石风化碎屑物质称为残积物。

残积物由于气候、岩石性质及地形等条件的差异，在不同地区是不同的。在干旱及半干旱气候区，其成分主要为碎石细砂及黏性土，在潮湿的温带，残积层多为黏性土夹碎石、砂；此外，在花岗岩地区分布有较厚（10～30m）残积层，物质成分则为由长石分解的黏土，夹有大量均布的石英砂；砂岩、页岩地区，仍以黏土、砂为主；石灰岩地区，则是含碎石的红色、褐色黏土及粉质黏土。

一般说来，残积层的岩性特征是：

（1）由黏性土或砂类土以及具有棱角状的碎石所组成；

（2）有较高的孔隙度，没有经过搬运、分选，无层理；

（3）厚度变化大，一般山坡上较薄，在坡脚或低洼处较厚。

残积物一般分布在基岩曾经出露于地表面而又受到强烈风化作用的山区、丘陵及斜坡地的基岩顶部（见图1-113）。其分布主要受地形的控制，在宽广的分水岭上（地表径流速度很小,风化产物易保留)常堆积有较厚的残积物。由于其物质来源是基(母)岩,因而岩性及矿物成分很大程度与母岩一致。在纵深方向上,残积物与基岩没有明显的界限,经过一个基岩风化层而直接过渡到母岩体。

残积物的基本矿物与母岩相向,颗粒未被磨圆或分选,无层理。残积物一般以粗大颗粒为主,承载力相对较高,变形量较小。但残积物中孔隙占有很大的体积,且由于颗粒不均匀,常呈现出明显的不均质性。

2. 坡积物

山坡上方的岩石风化产物在重力作用下,被缓慢流动的雨、雪水流向下逐渐搬运,沉积在较平缓山坡上面形成的堆积物称为坡积物(见图 1-114)。由于坡积物围绕着山体分布,如同嵌在山体下裙子,所以在地貌学上又称其为坡积裙。

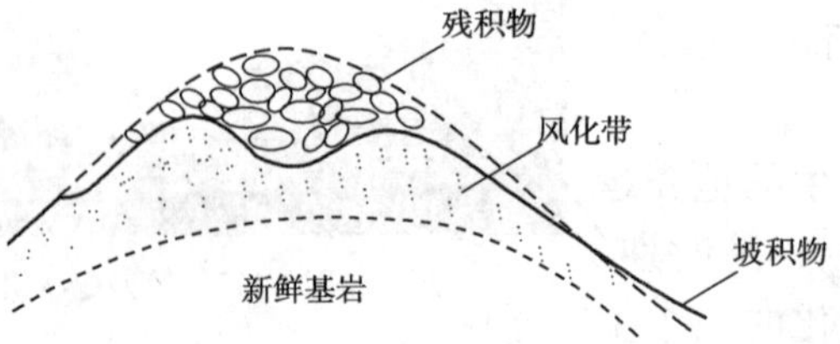

图 1-113 残积物形成示意图

图 1-114 坡积物图

坡积物的上部常与残积物相接,堆积的厚度也不均匀,一般上薄下厚。坡积物底面的倾斜度取决于基岩,颗粒自上而下呈现由粗到细的分选现象,其矿物成分与其下的基岩无关。作为地基时,坡积物易产生不均匀沉降,且极易沿下卧岩层面产生滑动面失稳。这些都需要在工程设计、施工中予以足够的重视。

3. 洪积物

由暴雨或骤然融雪而汇集于山谷后形成的山洪急流具有强大的搬运能力,在山洪急流搬运下,沉积于山谷冲沟出口或山前倾斜平原上而形成的扇形堆积物,称为洪积物。

洪积物的分选作用较明显,离冲沟出口愈远,颗粒愈细。洪积物常呈现不规则的交互层理构造,有尖灭、夹层等产状。洪积扇的顶部(近山区)颗粒粗大、磨圆性差、透水性好,地下水位深,地层厚,常是优良的地基地层。洪积扇的前沿(远山区)沉积的主要是粉细砂、粉土、黏性土等细粒土。当该处地下水位浅、地势低洼时,在排水不畅处很容易形成盐碱地或沼泽地,其承载力低、压缩性高,属不良地基地层。但当泉水发育在洪积扇的中部时,受形成过程中周期性干旱的影响,在临坡面大的远山区细颗粒土中,细小的黏土颗粒发生胶结作用,同时析出的部分可溶性盐类也发生胶结,使土体具有了较高的结构强度。这种情况下的远山区洪积物也属较好的地基地层。但布置在该处的工程项目在建设中,一定要做好地面的排水设施,以免地表水渗入地下影响地基承载能力;或在地表汇流造成地表边坡的冲刷、破坏。洪积扇的中部扇形展开得很宽阔,沉积的砾石、砂粒、粉粒和黏土颗粒都有,地层呈交互层理构造。一般属于较好的地基地层;但当有泉水发育时,往往形成宽广的沼泽地带、同不良地基地层。

4. 冲积物

冲积物即河流冲积物,是被河流流水搬运,沉积于山间宽广的山谷地带和地壳相对下降的平原地区的堆积物。可细分为山区河谷冲积物(见图1-115)和平原河谷冲积物。

在山区河谷,河谷两岸陡峭,大多仅有河谷阶地存在,很少见有河漫滩出现。山区河谷冲积物多由含纯砂的卵石、砾石等组成,其分选性也较平原河谷冲积物差。山区河谷冲积物的透水性很大,抗剪强度高,几乎不可压缩,是良好的地基地层。但在山区河谷地带进行工程建设时,必须考虑山洪、滑坡和崩塌等不良地质现象的发生。

5. 风化壳与古土壤(见图1-116)

图1-115　冲积物图

图1-116　风化壳与古土壤示意图

岩石经风化后,部分物质和元素被迁移后残留在原地的松散堆积组成的风化岩石的表层称为风化壳。

风化壳上部具有一定肥力特征,能够生长绿色植物的疏松土层称为土壤。土壤在剖面上可简单分为三层:上部植物落叶、根系死亡、腐烂形成的腐殖质层;中部水的淋溶作用形成的淋溶层;下部上层物质下移再沉淀形成的淀积层。

据调查发现,在海拔4500m以上的青藏高原上,发育有一个红色的古风化壳。据化学分析,其物质组成和化学特征与华北的中新世红层相似。这种红色风化壳在现在高寒的气候下,是绝不能形成,华北红层分布的高度一般在1000m以下,这说明在中新世时期,青藏高原的高度较低,4000~5000m的高原是中新世以后抬升起来的。

二、土

土是岩石经历了漫长的地质历史过程风化而成,土的基本性质将在学习情境2中介绍,本单元学习工程中常见的特殊土。

特殊土是具有特殊的成分、状态、结构特征和特殊工程性质的土,如黄土具有湿陷性,软土具有触变性,膨胀土具有胀缩性。这种特殊土的特有工程性质,往往与它们特定的成因环境、区域自然地理、地质条件的不同密切相关,在它们的分布上也有区域性特点。如:

(1)各种成因的软土主要分布在沿海及内陆地区;

(2)黄土主要分布于西北、华北等干旱、半干旱气候区;

(3)红黏土主要分布在西南亚热带湿热气候区;

(4)膨胀土主要分布于南方和中南地区;

(5)高纬度、高海拔地区主要分布多年冻土及盐渍土、人工填土和污染土等。

在工程建设中,应对这些特殊土的工程性质有足够的了解和分析,并采用相应的设计、施工和改良措施,否则将给建筑物带来严重的后果。

(一)软土

软土泛指淤泥及淤泥质土(见图1-117),是第四纪后期于沿海地区的滨海相、泻湖相、三角洲相和溺谷相,内陆平原或山区的湖相和冲积洪积沼泽相等静水或非常缓慢的流水环境中沉积,并经生物化学作用形成的饱和软黏性土。

图1-117 淤泥质土图

1.软土的特征

富含有机质,天然含水率大于液限,天然孔隙比大于或等于1;孔隙小,黏粒的吸水、亲水性强;土中有机质多,分解出的气体封闭在孔隙中,使土的透水性变差;在建筑物荷载作用下,容易发生不均匀下沉和大量下沉,而且压缩下沉很慢,完成下沉的时间很长;强度低,无侧限抗压强度为10~40kPa。

软土的颜色多为灰绿、灰黑色,手摸有滑腻感,能染指;有机质含量高时,有腥臭味。

软土的粒度成分主要为黏粒及粉粒。

软土的矿物成分,除粉粒中的石英、长石、云母外,黏粒中的黏土矿物主要是伊利石,高岭石次之。黏粒含量高达60%~70%。

软土具有典型的海绵状或蜂窝状结构,这是造成软土孔隙比大、含水率高、透水性小、压缩性大、强度低的主要原因之一。

软土常具有层理构造,软土和薄层的粉砂、泥炭层等相互交替沉积、或呈透镜体相间形成性质复杂的土体。

2.软土的分类

软土可细分为软黏性土、淤泥质土、淤泥、泥炭质土和泥炭等。

当$e \geqslant 1.5$时,称为淤泥;一般呈欠压密状态,以致其孔隙比和天然含水率随埋藏深度变化很小,因而土质特别松软;

当$1.5 > e \geqslant 1.0$时,称为淤泥质土。它是淤泥与一般黏性土的过渡类型;一般呈稍欠压密或正常压密状态,其强度随深度有所增大;

当土中有机质含量为5%~10%时,称为有机质土;

当有机质含量为10%~60%时,称为泥炭质土;

当有机质含量大于60%时,称为泥炭。泥炭是未充分分解的植物遗体堆积而成的一种高有机土,呈深褐—黑色。其含水率极高,压缩性很大且不均匀,往往以夹层或透镜体构造存在于一般黏性土或淤泥质土层中,对工程极为不利。

3.软土的成因及分布

我国沿海地区、平原地带、内陆湖盆和洼地、河流两岸地区及山前谷地,广泛分布有各种软土。沿海、平原地带软土多位于大河下游入海三角洲或冲积平原处,如长江、珠江三角洲地带,塘沽、温州、闽江口平原等地带;内陆湖盆、洼地则以洞庭湖、洪泽湖、太湖、滇池等地为有代表性的软土发育地区;山间盆地及河流中下游两岸漫滩、阶地、废弃河道等处也常分布有软土;沼泽地带则分布着富含有机质的软土和泥炭。

我国范围内的软土成因主要有:沿海沉积型和内陆湖盆沉积型。下面介绍内陆湖盆沉积型软土。这类软土分布零星,厚度较小,性质变化大。

(1)湖相沉积型。主要分布于滇池、洞庭湖、洪泽湖、太湖等地区。颗粒微细均匀，富含有机质，层较厚（一般10～20m，个别超过20m），不夹或很少夹砂层，常有厚度不等的泥炭夹层或透镜体。

(2)河流漫滩相沉积型。主要分布于长江、松花江中下游河谷附近。淤泥类土常夹于上层亚砂土、亚黏土之中，呈袋状或透镜体，产状厚度变化大，一般厚度小于10m，下层常为砂层。这种淤泥类土为局部淤积，成分、厚度和性质变化较大。

(3)牛轭湖相沉积型。其与湖相沉积相近，但分布较窄，且常有泥炭夹层，一般呈透镜体埋藏于一般冲积层之下。

(4)河滩沉积型。一般呈带状分布于河流中、下游漫滩及阶地上，这些地带常是漫滩宽阔、河岔较多，河曲发育，常有牛轭湖存在。软土的特点是岩层沉积交错复杂，透镜体较多，软土厚度不大，一般小于10 m。我国一些大中河流中、下游多有分布。

(5)沼泽沉积型。沼泽软土颜色深，多为黄褐色、褐色至黑色，主要成分为泥炭，并含有一定数量的机械沉积物和化学沉积物。

(6)山前谷地沉积型。即“山地型”软土，其分布、厚度及性质等变化均很大。它主要由当地泥灰岩、页岩、泥岩风化产物和地表有机物质，由水流搬运沉积于原始地形低洼处，经长期水泡软化及微生物作用而成。其成因类型以坡洪积、湖积和冲积为主，主要分布于冲沟、谷地、河流阶地和各种洼地里，分布面积不大，厚度相差悬殊。通常冲积相土层很薄，土质较好；湖积相土层中常有较厚的泥炭层，土质常比平原湖积相还差；坡洪积最常见，性质介于前二者之间。

(二)红黏土

红黏土是指在亚热带湿热气候条件下，碳酸盐类岩石及其间所夹的其他岩石，经红土化作用形成的高塑性黏土（见图1-118）。

图1-118　红黏土图

1. 红黏土的特征

红黏土一般呈褐红、棕红等颜色，液限大于50%。经流水再搬运后仍保留其基本特征，液限大于45%的坡积、洪积黏土，称为次生红黏土，在相同物理指标情况下，其力学性能低于红黏土。

红黏土的一般特点是天然含水率和孔隙比很大，但其强度高、压缩性低，工程性能良好。它的物理力学性质间具有独特的变化规律，不能用其他地区的，其他黏性土的物理、力学性质相关关系来评价红黏土的工程性能。

2. 红黏土的分布

红黏土及次生红黏土，广泛分布于我国的云贵高原、四川东部、广西、粤北及鄂西、湘西等地区的低山、丘陵地带顶部和山间盆地、洼地、缓坡及坡脚地段。黔、桂、滇等地古溶蚀地面上堆积的红黏土层，由于基岩起伏变化及风化深度的不同，造成其厚度变化极不均匀，常见为5～8m，最薄为0.5m，最厚为20m。在水平方向常见咫尺之隔，厚度相差达10m之巨。上层中常有石芽、溶洞或土洞分布其间，给地基勘察、设计工作造成困难。

3. 红黏土的成分、物理力学特征

(1)红黏土的组成成分

红黏土系碳酸盐类及其他类岩石的风化后期产物，母岩中的较活动性的成分SO_4^{2-}、Ca^{2+}、Na^+、K^+经长期风化淋滤作用相继流失，SiO_2部分流失，此时地表则多集聚含水铁铝氧化物及硅酸盐矿物，并继而脱水变为氧化铁铝，使土染成褐红至砖红色。因此，红黏土的矿物成分除仍含有一定数量的石英颗粒外，大量的黏土颗粒则主要为多水高岭石、水云母类、胶体二氧化硅及赤铁矿、三水铝土矿等组成，不含或极少含有机质。红黏土的粒度较均匀，呈高分散性。黏粒含量一般为60%～70%，最大达80%。

(2)红黏土的一般物理力学特征

①天然含水率高。一般为40%～60%，高达90%。

②密度小。天然孔隙比一般为1.4～1.7，最高2.0，具有大孔性。

③高塑性。液限一般为60%～80%，高达110%；塑限一般为40%～60%，高达90%；塑性指数一 般为20～50。

④由于塑限很高，所以尽管天然含水率高，一般仍处于坚硬或硬可塑状态，液性指数一般小于0.25。但是其饱和度一般在90%以上，因此，甚至坚硬黏土也处于饱水状态。

⑤一般呈现较高的强度和较低的压缩性，固结快剪内摩擦角为8°～18°，内聚力40～90kPa。

⑥不具有湿陷性，但失水后收缩剧烈，原状土体积收缩率25%，而扰动土可达40%～50%。

4. 红黏土的物理力学性质变化范围及其规律性

红黏土的物理力学性质指标有相当大的变化范围，以贵州省的红黏土为例，其天然含水率的变化范围达25%～88%，天然孔隙比为0.7～2.4，液限为36～125，塑性指数为18～75，液性指数为0.45～1.4。内摩擦角为2°～31°，内聚力为10～140kPa，变形模量为4～36MPa。其物理力学性质变化如此之大，承载力自然会有显著的差别。貌似均匀的红黏土，其工程性能的变化却十分复杂，这是红黏土的一个重要特点。

其物理力学指标的变化规律如下：

(1)在沿深度方向，随着深度的加大，其天然含水率、孔隙比和压缩性都有较大的增高，状态由坚硬、硬塑可变为可塑、软塑以至流塑状态，因而强度则大幅度降低(见图1-119)。

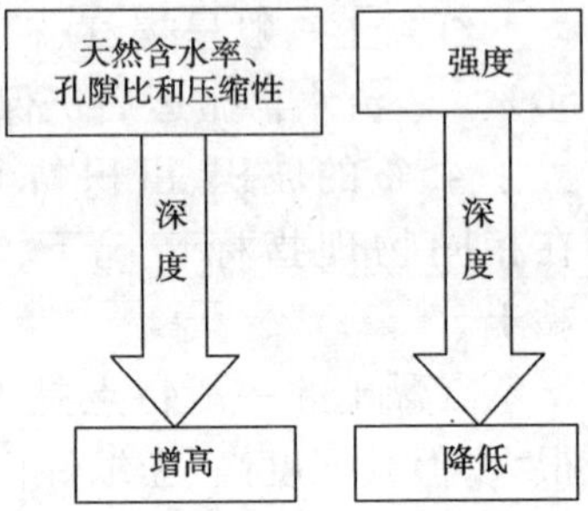

图 1-119

(2)在水平方向，随着地形地貌及下伏基岩的起伏变化，红黏土的物理力学指标也有明显的差别。在地势较高的部位，由于排水条件好，其天然含水率、孔隙比和压缩性均较低，强度较高，而地势较低处则相反。在地势低洼地带，由于经常积水，即使上部土层，其强度也大为降低。

(3)平面分布上次生坡积红黏土与红黏土的差别。如贵州黔西某地不同成因类型红黏土的物理力学性质见表1-22。

原生残积红黏土与次生坡积红黏土 表1-22

红黏土类型	含水率比	自然边坡角(°)	直剪快剪内聚力(kPa)	内摩擦角平均值
原生残积红黏土	小于0.7	大于40	35	16°30″
次生坡积红黏土	0.7～0.8	小于30	30	9°10″

（4）红黏土具有较小的吸水膨胀性和强烈的失水收缩性。故裂隙发育也是红黏土的一大特征。坚硬、硬可塑状态的红黏土，在近地表部位或边坡地带，往往裂隙发育，土体内保存许多光滑的裂隙面。这种土体的单独土块强度很高，但是裂隙破坏了土体的整体性和连续性，使土体强度显著降低。

5. 确定红黏土地基承载力的几个原则问题

（1）在确定红黏土地基承载力时，应按地区的不同，随埋深变化的湿度和上部结构情况，分别确定之。因为各地区的地质地理条件有一定的差异，使得即或同一省内各地，如贵州省的水城与贵阳、贵阳与遵义等，同一成因和埋藏条件下的红黏土的地基承载力都不同。

（2）红黏土作为天然地基，在无冻胀影响地区、无特殊地质地貌条件和无特殊使用要求的情况下，基础宜尽量浅埋，把土层坚硬或硬可塑状态的土层作为地基的持力层，既可充分利用表层红黏土的承载能力，又可节约基础材料，便于施工。

（3）红黏土一般强度高，压缩性低，对于一般建筑物，地基承载力往往由地基强度控制，而不考虑地基变形。但从贵州地区的情况来看，由于地形和基岩面起伏往往造成在同一建筑地基上各部分红黏土厚度和性质很不均匀，从而形成过大的差异沉降，往往是天然地基上建筑物产生裂缝的主要原因。在这种情况下，按变形计算地基对于合理地利用地基强度、正确反映上部结构及使用要求具有特别重要的意义；特别对五层以上建筑物及重要建筑物，应按变形计算地基。

（三）膨胀土

膨胀土是一种黏性土，具有明显的膨胀、收缩特性（见图 1-120）。

1. 膨胀土的分布

我国是世界上膨胀土分布广、面积大的国家之一，在广西、云南、湖北、河南、安徽、四川、河北、山东、陕西、浙江、江苏、贵州和广东等地均有不同范围的分布。

图 1-120　膨胀土图

膨胀土按其成因大体有残积—坡积、湖积、冲积—洪积和冰水沉积等四个类型，其中以残—坡积型和湖积型者胀缩性最强。

从形成年代看，一般为上更新统及其以前形成的土层。

从分布的气候条件看，在亚热带气候区的云南、广西等地的膨胀土与全国其他温带地区者比较，胀缩性明显强烈。

2. 膨胀土的特征

（1）颜色有灰白、棕、红、黄、褐及黑色。

（2）粒度成分中以黏土颗粒为主，一般在 50% 以上，最少也超过 30%，粉粒其次，砂粒最少。

（3）矿物成分中黏土主要是矿物，以伊利石为主，少量以蒙脱石为主，高岭石含量较低。

（4）以片状或扁平状黏土颗粒相互聚集形成的结构基本单元体，决定着膨胀土的胀缩性及强度，微孔隙、微裂隙的普遍发育，为水分的进出迁移创造了条件。

（5）胀缩强烈，膨胀时产生膨胀压力，收缩时形成收缩裂缝，长期反复胀缩使土体强度迅速衰减，导致修建在膨胀土上的工程建筑物开裂、下沉、失稳破坏。

3. 膨胀土的工程性质

(1)强亲水性。膨胀土的粒度成分以黏粒含量为主，黏粒粒径很小，比表面积大，在水溶液中吸引极性水分子和水中离子，呈现出强亲水性。

(2)多裂隙性。膨胀土中裂隙十分发育，是区别于其他土的明显标志。膨胀土的裂隙按成因有原生和次生之别。原生裂隙多闭合，裂面光滑，常有蜡状光泽，暴露在地表后受风化影响裂面张开；次生裂隙多以风化裂隙为主，在水的淋滤作用下，裂面附近蒙脱石含量显著增高，呈白色，构成膨胀土的软弱面，这种灰白色是引起膨胀土边坡失稳滑动的主要原因。

(3)强度衰减性。天然状态下，膨胀土结构紧密、孔隙比小，干密度达 1.6 ~ 1.8g/cm^3，塑性指数为 18 ~23，天然含水率与塑限比较接近，一般为 18% ~26%；土体处于坚硬或硬塑状态，常被误认为是良好的天然地基。当膨胀土遇水浸湿后，强度很快衰减，凝聚力小于100kPa，内摩擦角小于 10°，有的甚至接近饱和淤泥的强度。

(4)超固结性。是指在膨胀土受到的应力史中，曾受到比现在土的上覆自重压力更大的压力，因而孔隙比小，压缩性低。但是一旦开挖，遇水膨胀，强度降低，造成破坏。

(5)弱抗风化性。膨胀土极易产生风化破坏作用，土体开挖后，在风化营力的作用下，很快会产生破裂、剥落和泥化等现象，使土体结构破坏，强度降低。

(四)填土

目前，对填土的分类与评价主要是考虑其堆积方式、年限、组成物质和密实度等几个因素。在《建筑地基基础设计规范》(GB 50007—2002)中，对填土根据其组成物质和堆填方式形成的工程性质的差异，划分为：素填土、压实填土、杂填土、冲填土四类(见图 1-121)。

1. 素填土、压实填土

素填土为由碎石、砂土、粉土或黏性土等一种或几种材料组成的填土，其中不含杂质或杂质很少(见图 1-122)；而把经过压实和夯实的素填土称为压实填土。

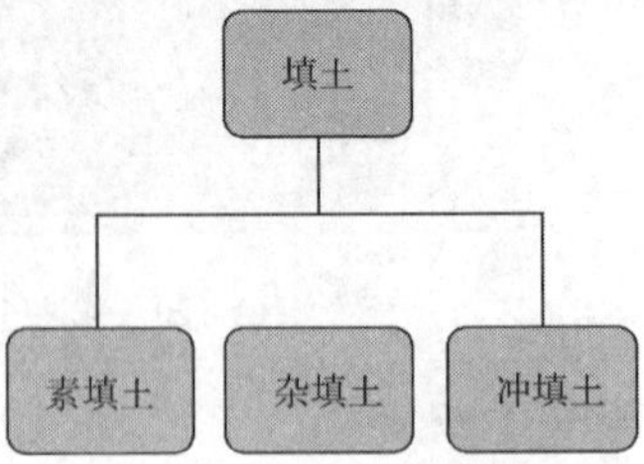

图 1-121　填土的分类

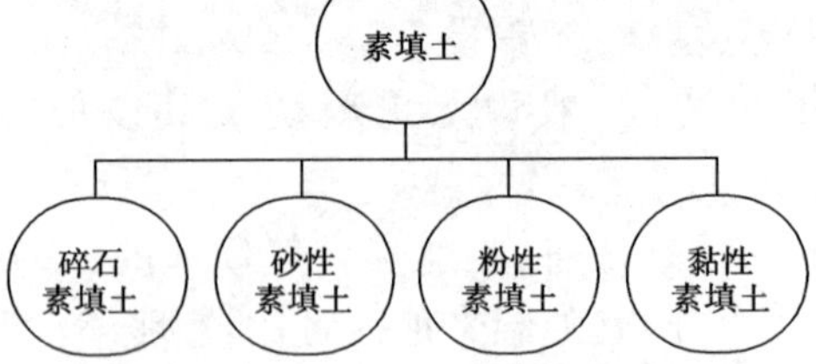

图 1-122　素填土的分类

(1)分类：按其组成物质分为碎石素填土、砂性素填土、粉性素填土和黏性素填土。素填土经分层压实，称为压实填土。

(2)意义：在一些城市，将地形起伏或有沟、塘的低洼地段用较均一的素土进行回填；在地形起伏较大的山区或丘陵地带建设中，为平整场地而采用大量的填方。其目的一是可以节约用地，二是降低了工程造价。

近年来，为提高填土质量，采用分层压实的填土，建成了具有 30t、50t 吊车的单层工业厂房、振动荷载较大的大型设备基础、铁路桥梁等重要工程和其他建筑。

(3)工程地质问题。

素填土的工程性质取决于它的密实度和均匀性。在堆填过程中,未经人工压实,一般密实度较差,但堆积时间较长,由于土的自重力压密作用,也能达到一定密实度。如堆填时间超过10年的黏性土,超过5年的粉土,超过2年的砂土,均具有一定的密实度和强度,可以作为一般建筑物的天然地基。

素填土地基的不均匀性。在同一建筑场地内,填土的各指标(干重度、强度、压缩模量)一般均具有较大的分散性,要注意素填土地基不均匀沉降问题。

压实填土的压实质量、密实度,是利用填土地基的关键。

2. 杂填土

杂填土为含有大量杂物的填土。

(1)分类。

杂填土按其组成物质成分和特征分为:

①建筑垃圾土。主要为碎砖、瓦砾、朽木等建筑垃圾夹土石组成,有机质含量较少。

②工业废料土。由工业废渣、废料,诸如矿渣、煤渣、电石渣等夹少量土石组成。

③生活垃圾土。由居民生活中抛弃的废物,诸如炉灰、菜皮、陶瓷片等杂物夹土类组成。一般含有机质和未分解的腐殖质较多,组成物质混杂、松散。

(2)工程地质问题。

以生活垃圾和腐蚀性及易变性工业废料为主要成分的杂填土,一般不宜作为建筑物地基。对以建筑垃圾或一般工业废料主要组成的杂填土,采用适当的措施进行处理后,可作为一般建筑物地基。当其均匀性和密实度较好,能满足建筑物对地基承载力要求时,可不做处理直接利用。

①不均匀性。杂填土颗粒成分复杂,有天然土的颗粒、有碎砖、瓦片、石块以及人类生产、生活所抛弃的各种垃圾,而且有些成分是不稳定的。如某些岩石碎块的风化,或炉渣的崩解以及有机质的腐烂等。同时颗粒本身强度,也会造成杂填土的不均匀性。如炉渣之类工业垃圾,颗粒本身多孔质弱以及含大量瓦片的杂填土,往往由于瓦片的破坏面引起建筑物的沉陷。

②工程性质随堆填时间而变化性。堆填时间愈久,则土愈密实,其有机质含量相对减少。堆填时间较短的杂填土往往在自重力的作用下沉降尚未稳定。一般认为,填龄达五年左右其性质才逐渐趋于稳定,承载力则随填龄增大而提高。

③浸水湿陷性。由于杂填土形成时间短,结构松散,干或稍湿的杂填土一般具有浸水湿陷。这是杂填土地区雨后地基下沉和局部积水引起房屋裂缝的主要原因。

④含腐殖质及水化物。以生活垃圾为主的填土,其中腐殖质的含量常较高。随着有机质的腐化,地基的沉降将增大;以工业残渣为主的填土,其中可能含有水化物,当遇水后容易发生膨胀和崩解,使填土的强度迅速降低,地基产生严重的不均匀变形。

(3)冲填土。

冲填土系由水力充填泥砂形成的沉积土,即在整理和疏浚江河航道时,有计划地用挖泥船,通过泥浆泵将泥砂夹大量水分,吹送至江河两岸而形成的一种填土。在此不详细介绍。

单元学习5　工程地质的勘察

学习目标

1. 能进行公路沿线及构造物地质的勘察、调查与记录；
2. 会对公路料场进行勘察、调查与记录；
3. 知道公路工程地质勘探类型；
4. 了解规范中几种道路工程地质勘察要求的内容。

任务描述

利用实际公路勘察设计成果，讲解勘察方法、调查内容和记录，使同学们能进行公路工程地质的勘察、调查与记录。

学习引导

完成一个工程建设项目，需要经过规划、勘察、设计和施工四个主要过程，工程地质勘察是完成工程建设项目的一个重要步骤。只有认真做好工程地质勘察工作，才能针对具体的工程地质条件设计好建筑物的主体工程，进而才能保证施工的顺利进行；否则就会违背地质的自然规律，带来不可估量的损失。

本学习任务沿着以下脉络进行学习如下流程进行学习：

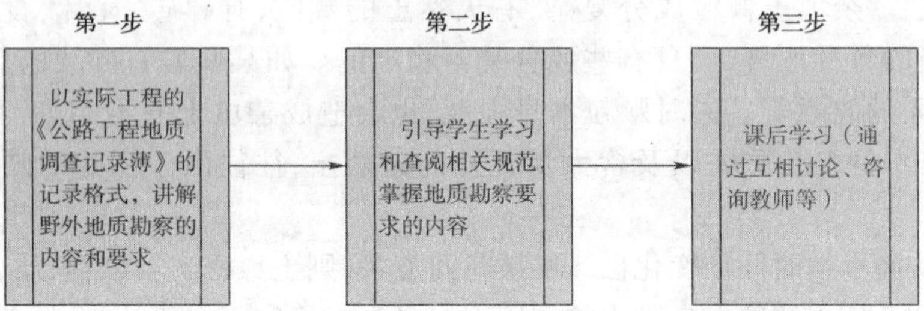

工程地质勘察的基本任务，就是为工程建筑的规划、设计和施工提供地质资料，运用地质和力学知识回答工程上的地质问题，以便使建筑物与地质环境相适应，从地质方面保证建筑物的稳定安全、经济合理、运行正常、使用方便，而且尽可能避免因工程的兴建而恶化地质环境，引起地质灾害，达到合理利用和保护环境的目的。

工程地质勘察的任务具体归纳为以下几个方面：

(1)查明建筑地区的工程地质条件，指出有利和不利条件，阐明工程地质条件的特征及其形成过程和控制因素。

(2)分析研究与建筑有关的工程地质问题，作出定性评价和定量评价，为建筑物的设计和施工提供可靠的地质依据。

(3)选出工程地质条件优越的建筑场地。正确选定建筑地点是工程规划、设计中的一项战略性的工作,也是最根本的工作。地点选得合适就能较为充分地利用有利的工程地质条件,避开不利条件,从而减少处理措施,取得最大的经济效益。工程地质勘察的重要性在场地选择方面表现得最为明显而突出。所以选择优越的建筑场地就成为工程地质勘察的任务之一。

(4)配合建筑物的设计与施工,提出关于建筑物类型、结构、规模和施工方法的建议。建筑物的类型与规模应当适应场地的工程地质条件,这样才能保证工程安全;施工方法也要根据地质环境的特点制订具体方案,才能保证工程顺利施工。这一任务应与场地选择结合进行。

(5)为拟定改善和防治不良地质条件的措施提供地质依据。拟定和设计处理措施是设计和施工方面的工作,而针对的是工程地质条件中的缺陷和存在的工程地质问题,只有在阐明不良条件的性质、涉及范围,以及正确评定有关工程地质问题的严重程度的基础上,才能拟定出合适的方案。所以,必须有工程地质勘察的成果作为依据。

(6)预测工程兴建后对地质环境造成的影响,制定保护地质环境的措施。人类工程—经济活动取得了利用地质环境、改造地质环境为人类谋福利的巨大效益。但同时也成为新的地质营力,产生了一系列不利于人类生活与生产的地质环境问题。例如道路的修建,方便了交通,但是山区开挖边坡,也常常引起新的滑坡、崩塌等问题。

一、工程地质勘察阶段的任务

(一)初步勘察阶段

初步勘察的目的,是对已选场地的区域段稳定性作出分析评价,为确定建设项目的总平面布置和主要地基基础方案,提供必要的工程地质资料。其勘察结果应能满足初步设计或扩大初步设计对地质资料的要求。

(1)在初步勘察工作进行前,尚需取得下列的资料:

①附有关行政部门批准的建筑初步规划方案或建筑区范围的地形图;

②有关的建设项目的性质、用途及规模等相关文件;

③有关建设项目的环境影响评价报告。

(2)初步勘察阶段的主要工作包括:

①初步查明地层、地质构造、岩性、岩土物理力学性质、地下水埋藏条件及土的冻结深度。有必要时,需进行水质化学分析,确定其腐蚀性。如遇岩石地基,尚应对其风化情况加以确定。

②查明不良地质现象的成因、分布范围、对场地或建设项目的安全性及稳定性的影响程度,以及不良地质现象的发展趋势。

③对有地震设防要求的建筑物,应判定场地和地基的地震效应,取得相关的岩土动力参数。

④对建设项目涉及的主要地基基础方案作出评述或建议。

(二)详细勘察阶段

详细勘察的目的,是为建设项目和建设项目中的每一个单体建筑物的施工图设计和工程施工,提供可靠的依据和地基基础设计计算参数;提出地基处理与加固的方案以及不良地质现象的灾害防治方案和治理措施。

1. 详细勘察阶段的主要工作

(1)查明建筑物范围内的地层结构情况,对岩土物理力学性质、承载能力及变形特性作出正确评价。

(2)提供针对不良地质现象的防治工程设计和施工所需的计算指标及资料。

(3)查明地下水的埋藏条件、动态变化幅度及规律和侵蚀性,有必要时还应查明岩土体的渗透性、固结特性等。

(4)判定地基岩土和地下水在建筑物施工和使用中可能产生的变化及影响,并提出相应的应对措施。

2. 详细勘察阶段的勘察要求

(1)所采用的手段主要以勘探、原位测试和室内土工试验为主,必要时再辅以物探、工程地质测绘及其他手段。

(2)详细勘察的勘探点数量及布置方式,应根据岩土工程勘察等级按《岩土工程勘察规范》(GB 50021—2001)的有关规定进行。对一、二级建筑物,宜按主要柱列线或建筑物的周边线布置;对三级建筑物可按建筑物或建筑群的范围布置;对重大设备基础,应单独布置勘探点,且数量不宜少于3个。勘探点间距视建筑物和岩土工程等级而定。

(3)详细勘探孔深度应当以能够控制地基主要受力层为原则。当建筑物基础的短边不大于5.0m,且在地基沉降计算深度内又无软弱下卧层存在时,勘探孔深度对条形基础一般宜为$3b$(b为基础宽度);对单独基础宜为$1.5b$,但同时不应小于5.0m。对需要进行变形验算的地基,控制性勘探孔的勘探深度应该超过地基的沉降计算深度。在一般情况下,控制性勘探孔深度应考虑建筑物基础宽度、地基岩土的性质和相邻基础影响,按规范有关规定确定。

二、公路工程地质勘察

公路是陆地上绵延长度极大的线形构筑物。公路结构由三类构筑物所组成:第一类为路基,是公路的主体构筑物,包括路堤和路堑;第二类为桥隧,如桥梁、隧道、涵洞等,是为了使公路跨越河流、山谷、不良地质现象地段和穿越高山峻岭或从河、湖、海底;第三类是防护构筑物,如明洞、挡土墙、护坡、排水盲沟等。在不同的公路中,各类构筑物的比例也不同,主要取决于路线所经地区工程地质条件的复杂程度。

(一)公路工程地质勘察的目的任务

(1)查明各条路线方案的主要工程地质条件,合理确定路线布设,重点调查对路线方案与路线布设起控制作用的地质问题。

(2)沿线土质地质调查。根据选定的路线方案和确定的路线位置,对中线两侧一定范围的地带,进行详细的工程地质勘察,为路基路面的设计和施工提供可靠资料。

(3)查明填方地段所用路基填筑材料的变形和强度性质;充分发掘、改造和利用沿线的一切就近材料。

(二)线路的基本类型及其特点

(1)河谷线:一般坡度缓,线路顺直,工程简易,施工方便。但在平原河谷选线常遇有洪水冲毁的危害;而丘陵河谷的坡度大,阶地常不连续,河流、泥石流冲刷或淹埋线路,遇支流时需修较大桥梁;山区河谷,弯曲陡峭,不良地质现象发育,桥隧工程量大。

(2)山脊线:地形平坦,挖方量少,无洪水,桥隧工程量少。但山脊宽度小,不便于工程布置和施工。有时地形不平,地质条件复杂。若山脊全为土体组成,则需外运道渣。

(3)山坡线可以选任意线路坡度，路基多采用半填半挖。但线路曲折，土石方量大，桥隧工程多。

(4)越岭线：能通过巨大山脉，降低路坡度和缩短距离，但地形崎岖，展线复杂，不良地质现象发育，要选择适宜的垭口通过。

(5)跨谷线：需造桥跨过河谷或山谷，其优点是缩短线路和降低坡度，但工程量大，费用高，需选择河面窄，河道顺直，两岸岩体稳定的地方通过。

在选线中，经过技术经济比较，选出最优方案。线路一经选定，则对今后的运营带来长期而深远的影响，一旦发现问题再改线，即使局部改线，也会造成很大的浪费。因此，选线的任务是繁重的，技术上是复杂的，必须全面而慎重地考虑。

(三)公路工程地质问题

路基是公路的主体构筑物。公路的工程地质问题主要是路基工程地质问题。在平原地区比较简单，路基工程地质问题较少。但在丘陵和山区，尤其是在地形起伏较大的山区修建公路时，往往需要通过高填或深挖才能满足线路最大纵向坡度的要求。因此，路基的主要工程地质问题是路基边坡稳定性、路基基底稳定性、路基土冻害以及天然构筑材料等问题。

1. 路基边坡稳定性

边坡都具有一定坡度和高度，边坡岩土体均处于一定的应力状态，在重力作用、河流的冲刷或工程的影响下，边坡发生不同形式的变形与破坏。其破坏形式主要表现为滑坡和崩塌。路堑边坡不仅可能产生滑坡，且在一定条件下，还能引起古滑坡复活。当施工开挖使其滑动面临空时，易引起处于休止阶段的古滑坡重新活动，造成滑坡灾害。滑坡对路基的危害程度，主要决定于滑坡的性质、规模，滑体中含水情况以及滑动面的倾斜程度。

2. 路基基底稳定性

路基基底稳定性多发生于填方路堤地段，其主要表现形式为滑移、挤出和塌陷。一般路堤和高填路堤对路基基底的要求是要有足够的承载力，它不仅承受车辆在运营中产生的动荷载，而且还承受很大的填土压力。基底土的变形性质和变形量的大小，主要取决于基底土的物理力学性质、基底面的倾斜程度、软弱夹层或软弱结构面的性质与产状等。当高填路堤通过河漫滩或阶地时，若基底下分布有饱水厚层淤泥，往往使基底产生挤出变形。路基基底若为不良土，应进行路基处理或架桥通过或改线绕避等。

3. 建筑材料

路基工程需要天然构筑材料的种类较多，包括道渣、土料、片石、砂和碎石等。它不仅在数量上需求量较大，而且要求各种构筑材料产地最好沿线两侧零散分布。在山区、平原和软岩山区，常常找不到强度符合要求的填料、护坡片石和道渣等。因此，寻找符合要求的天然构筑材料有时成为公路选线的关键性问题，常常被迫采用高桥代替高路堤的设计方案，从而提高了公路的造价。

(四)公路工程地质勘察的内容

(1)沿线的地形、地貌和地质构造；

(2)不良地质、特殊岩土的类型、性质及分布；

(3)大型路基工程场地的地质条件；

(4)路基填筑材料的来源；

(5)预测可能产生工程地质病害的地段、病害性质及对工程方案的影响；

(6)勘察范围为沿路线两侧各宽150～200m。

以上内容皆应通过“公路工程地质调查记录簿”(见图1-123),将野外实际地质情况记录下来,记录的形式:记录簿左侧是公路沿线地质现象的文字记录,右侧为野外地形、地貌等的示意图或简单的地质素描图。记录时一律采用用铅笔,不得涂改(见图1-124)。

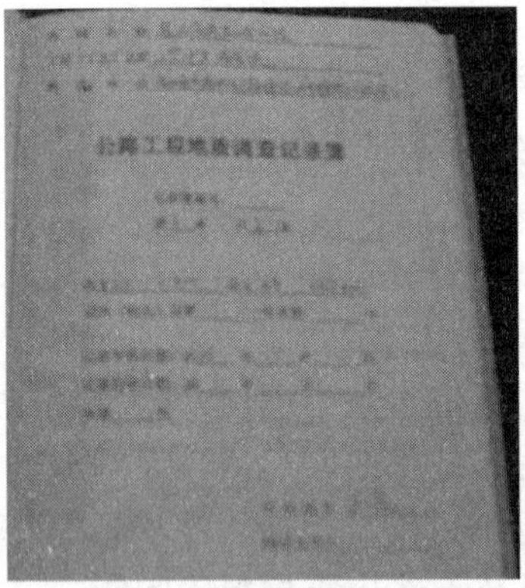

图1-123 公路工程地质调查记录簿

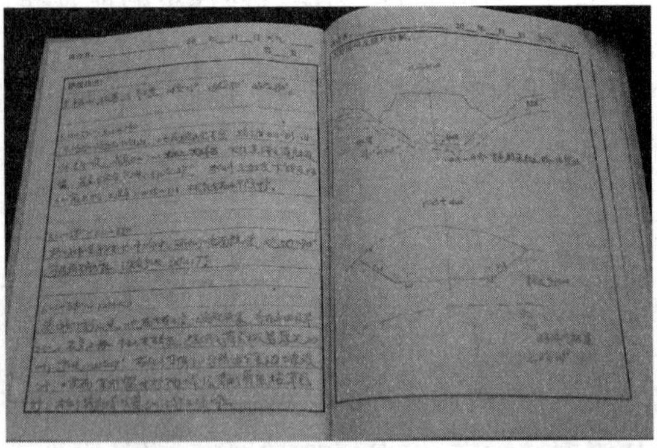

图1-124 公路工程野外调查记录格式

三、桥梁工程的工程地质勘察

桥梁是公路跨越河流、山谷或不良地质现象发育地段等而修建的构筑物。它是公路工程中的重要组成部分,也是公路选线时考虑的重要因素之一,大、中型桥梁的桥位大多是方案比较选线的控制因素。桥梁工程的特点,是通过桥台和桥墩把桥梁上的荷载,如桥梁本身自重、车辆和人行荷载,传递到地基中去。桥梁工程一般都是建造在沟谷和江河湖海上,这些地区本身工程地质条件就比较复杂,加之桥台和桥墩的基础需要深挖埋设,也造成一些更为复杂的工程地质问题。

(一)桥梁工程地质问题

桥梁的主要工程地质问题集中于桥墩和桥台,包括桥墩和桥台地基稳定性、桥台的偏心受压、桥墩和桥台地基基础的冲刷问题等。

1.桥墩和桥台的地基稳定性

桥墩和桥台地基稳定性主要取决于桥墩和桥台地基中岩土体的承载力。它是桥梁设计的重要力学参数之一,对选择桥梁的基础和确定桥型起决定性作用,并且影响工程造价。

桥墩和桥台的基底面积虽然不大,但是由于桥梁工程处于地质条件就比较复杂地段,不良地质现象严重影响桥基的稳定性。如在溪谷沟底、河流阶地、古河湾及古老洪积扇等处修建桥墩和桥台时,往往遇到强度很低的饱水淤泥和淤泥质软土层,有时也遇到较大的断层破碎带,近期活动的断裂,或基岩面高低不平,风化深槽,软弱夹层,或深埋的古滑坡等地段。这些均能使桥墩台基础产生过大沉降或不均匀下沉,甚至造成整体滑动。

2.桥台的偏心受压

桥台除了承受垂直压力外,还承受岸坡的侧向主动土压力。在有滑坡的情况下,还受到滑坡的水平推力作用,使桥台基底总是处在偏心荷载状态下。桥台的偏心荷载,由于车辆在桥梁上行驶突然中断而产生,这种作用对桥台的稳定性影响很大。

3. 桥墩和桥台地基基础的冲刷

桥墩和桥台的修建，使原来的河槽过水断面减小，局部增大了河水流速，改变了流态，对其地基基础产生强烈冲刷。有时可把河床中的松散沉积物局部或全部冲走，进而冲刷桥墩和桥台的地基和基础直接受到流水，严重影响其安全。

(二)桥梁的工程地质勘察要点

1. 初步设计勘察阶段

初步勘察阶段目的，在于查明桥址各线路方案的工程地质条件，并对建桥适宜性和稳定性有关的工程地质条件作出结论性评价，为选择最优方案、初步论证桥梁基础类型和施工方法提供必要的工程地质资料。此阶段的勘察要点如下：

(1)查明河谷的地质及地貌特征，覆盖岩土层的性质、结构和厚度，基岩的地质构造、性质和埋藏深度。

(2)确定桥梁基础范围内的基岩类型，获取其强度指标和变形参数。

(3)阐明桥址区内第四纪沉积物及基岩中含水层状况、水头高以及地下水的侵蚀性，并进行抽水试验，研究岩石的渗透性。

(4)论述滑坡及岸边冲刷对桥址区内岸坡的稳定性的影响，查明河床下岩溶发育情况及区域地震基本烈度等问题。

2. 施工设计勘察阶段

施工设计勘察阶段目的是为选定的桥址方案提供桥墩和桥台施工设计所需要的工程地质资料。该阶段的勘察要点如下：

(1)探明桥墩和桥台地基的覆盖层及基岩风化层的厚度、岩体的风化与构造破碎程度、软弱夹层情况和地下水状态；测试岩土的物理力学性质，提供地基的基本承载力、桩侧摩阻力、钻孔桩极限摩阻力，为最终确定桥墩和桥台基础埋置深度提供地质依据。

(2)提供地基附加应力分布线计算深度内各类岩石的强度指标和变形参数，提出地基承载力参考值。

(3)查明水文地质条件对桥墩和桥台地基基础稳定性的影响。

(4)查明各种不良地质对桥梁施工过程和成桥后的不利影响，并提出预防和处理措施的建议。

四、隧道工程的工程地质勘察

(一)隧道位置选择的一般原则

1. 洞身位置的选择

隧道洞身位置的选择，主要以地形、地质为主综合考虑。在实际工作中，宜首先排除显著不良地质地段，按地形条件拟定隧道及接线方案，然后再进行深入的地质调查。综合各方面因素，最后选定隧道洞身的位置。

(1)选择地质构造简单、地层单一、岩性完整、无软弱夹层、工程地质条件较好的地段，在倾斜岩层中，以隧道轴线垂直岩层走向为宜。

(2)选择在山体稳定、山形较完整、山体无冲沟、无山洼等次地形切割不大、岩层基本稳定的地段通过。

(3)选择地下水影响小、无有害气体、无矿产资源和不含放射性元素的地层通过。隧道通过工程地质及水文地质条件极复杂地段，一般伴随有特殊不良地质问题发生，而这些问题的发生有一个漫长变化的过程，在一般勘察阶段的短短几个月中是难以对这些问题有深入的了解，所以对其变化规律的认识和预测它的发展，需要安排超前工程地质和水文地质工作。

(4)对低等级公路隧道选址，原则上应尽量避让各种不良地质现象地段；但对于高等级公路，往往受路线等级的限制，不可避免地经过各种不良地质现象地段。在不良地质现象区选择隧道位置总的原则是：尽量避让，以免对隧道造成毁灭性、破坏性影响；尽量选择在影响范围小、影响距离短、影响时间短的地段；通过各方面因素综合考虑，把不良地质的影响减少到最低限度。

2. 洞口位置选择

洞口位置选择应分清主次，综合考虑，全面衡量。在保证隧道稳定性、安全性、没有隐患的前提下，再考虑造价、工期等因素。一般应根据周围的地质环境、地表径流、人工构造物、地表和地下水体等因素，对隧道的影响综合考虑。高速公路、一级公路和风景区洞门设计，力求与环境相协调，隧道洞门应与隧道轴线正交，关于隧道洞口位置选择的具体要求如下：

(1)确保洞口、洞身的稳定，不留地质隐患。

(2)便于施工场地布置，便于运输和弃渣处理，少占或不占可耕地。

(3)洞口外接线工程数量少、里程短、工程造价低等。

(4)对于水下隧道，主要应考虑地表水对洞口倒灌的影响。

(二)隧道工程地质勘察要点

1. 初步勘察阶段

初步勘察阶段主要是通过地表露头的勘察或采用简单的揭露手段，来查明隧道区地形、地貌、岩性、构造等以及它们之间的关系和变化规律，从而推断不完全显露或隐埋深部的地质情况。通过勘察，主要弄清对隧道有控制性的地质问题(如地层、岩性、构造)，进而对隧道工程地质与水文地质条件作出定性的评价。

对不良地质现象地区隧道，应充分利用现有的地质资料和航空照片、卫星照片等遥感信息资料，通过大量的野外露头调查或人工简易揭露等手段，来发现、揭露不良地质现象的存在，找出它们之间的关系以及变化规律。

2. 详细勘察阶段

详勘内容主要有三个方面：一是核对初勘地质资料；二是勘探查明初勘未查明的地质问题；三是对初勘提出的重大地质问题做深入细致的调查。

(1)地质调查与测绘的范围、测点、物探网的点线范围和布设，物探方法的运用和钻探孔、坑、槽的数量与位置等，应与初勘时未能查明的地质条件相适应，但对隧道有影响的大构造和复杂地质地段，勘察追踪范围可适当放大。

(2)重点勘察隧道通过的严重不良地质、特殊地质地段，以确定隧道准确位置的工程地质条件。

(3)实地复核、修改、补充初勘地质资料，对初勘遗漏、隐蔽的工程地质问题，应适当加大调绘范围和工作量。

五、特殊地质、不良地质及路基、路面的工程地质勘察

(一)特殊地质、不良地质地区工程地质勘察

特殊地质地段及不良地质现象，如泥沼及软土、黄土、膨胀土、盐渍土、多年冻土、岩堆、崩

塌、滑坡、泥石流、冰川、雪崩、积雪、涎流水、沙漠、岩溶等,往往影响路线方案的选择、路线的布设与构造物的设计,在工程地质勘察的各个阶段均应作为重点,进行逐步深入的勘测,查明其类型、规模、性质、发生原因、发展趋势、危害程度等,提出绕越依据或处理措施。

(二)路基、路面工程地质勘察

在初测、定测阶段,根据选定的路线方案和确定的路线位置,对中线两侧一定范围的地带进行工程地质勘察,为路基、路面的设计和施工提供土质、地质、水文及水文地质方面的依据。其中,详勘阶段主要是进行定量调查取得有关的资料,对一般路基或比较特殊的路基(如高填路堤、深挖路堑等),均要求进行详细的勘探与试验。

六、天然建筑材料勘察

修建公路需要大量的筑路材料,其中绝大部分都是就地取材,特别如石料、砾石、砂、黏土、水等天然材料更是如此。这些材料品质的好坏和运输距离的远近等,直接影响工程的质量和造价,有时还会影响路线的布局。筑路材料勘察的任务是充分发掘、改造和利用沿线的一切就地材料。当就近材料不能满足要求时,则由近及远地扩大调查范围,以求得数量足够、品质适用、开采及运输方便的筑路材料产地。

(一)勘察的内容

天然建筑材料勘察内容包括:筑路材料的储量、位置、品质与性质、运输方式及距离,以及用于公路工程的可能性、实用性等。

图1-125是“筑路材料调查记录簿”,其记录的内容依次为:材料名称,位置,材料的品种、规格及质量,料场位置地形、地物及地表覆盖物概略描述,运输方式、运距及运输条件,取样试样情况等。

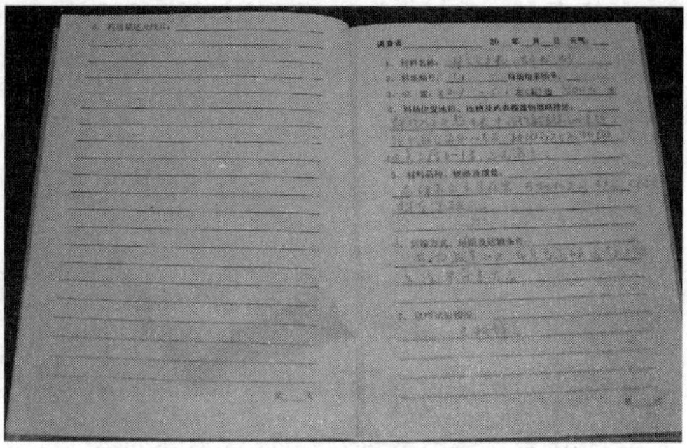

图1-125 筑路材料调查记录格式

特别强调以下两点:

(1)勘察天然建筑材料是在拟定的建筑场地附近(水工料场以建筑场地为中心3km为半径的范围内),调查各种天然建筑材料的产地位置、大致质量和数量、开采运输条件等。在调查中要配合适当的勘探工作,一般可采用坑、槽探,水下部分可采用钻探,采取岩心法取样进行室内试验,以初步取得其质量指标。

(2)为了降低工程造价,水工天然建筑材料产地的选择必须在保证质量和数量要求的前提下,从以下原则加以考虑:由近而远;先上游后下游;先开采运输条件好的后开采运输条件差的;先集中产地后分散产地,对于线状(公路)建筑物则应沿线选择建材产地。

(二)天然建筑材料的用途

天然建筑材料的用途很广,概括起来主要有以下几方面:

(1)条石。是指人工开凿,形状比较规则的条形石块,主要用于条石拱坝、地下建筑物衬砌等方面。

(2)块石。亦称为片石,是用作堆石坝和堆石围堰的主要材料,也用于砌筑圬工基础和桥梁墩台、挡土墙以及铺砌排水建筑物等；当卵砾石料缺乏时，也用块石作用为制造碎石的原料；某些具有特殊成分的块石，如石灰岩、白云岩、泥灰岩和泥岩等，又是制造水泥的原料。

(3)砾石和卵石。主要用作混凝土集料和道渣，也用作排水设施(反滤层)的填料。

(4)砂料。用于填筑土坝及土堤，也是烧制砖瓦等人工建筑材料的原料。

(5)土料。是修筑土坝、土堤的主要材料，也是烧制砖瓦等人工建筑材料的原料。

(三)天然建筑材料的质量要求

不同工程建筑对所采用的天然建筑材料有不同的质量要求。下面扼要地叙述几种公路工程需要最多的天然建筑材料的质量要求。

1. 用作混凝土集料的卵砾石和砂

(1)卵砾石或碎石。

卵砾石或碎石是混凝土的粗集料，其质量对混凝土强度的影响很大。

一般组成卵砾石或碎石的岩石应坚硬，软弱岩石的碎块含量应小于5%；不得含有黏土团块，砾石表面不得附有黏土膜；蛋白石与胶体状硅化物的含量不得超过8%；硫酸盐及硫化物含量应小于1%；应尽可能不含有机质成分；松散密度应大于$1.6\times10^3kg/m^3$；浑圆、扁平或狭长的砾石都会降低混凝土的强度，针片状的含量不应超过15%；尖角状且表面粗糙的砾石则可提高混凝土的强度，所以碎石混凝土的强度一般要比砾石混凝土的强度高10%～15%，故高强度的混凝土最好采用碎石作粗集料。

(2)砂。

砂是混凝土的细集料，其颗粒形状对混凝土的强度影响也很大。

砂有粗、中、细之分，细砂总表面积较大，包围这种砂粒所需的水泥浆较多；粗砂总表面积较细砂少，但若砂子过粗，又会使混凝土拌和无析出过多水分(工程上称为泌水现象)，影响混凝土的易性。故拌混凝土的砂不能过细也不能过粗，而宜用混合砂。有棱角的山砂与水泥的结合力较浑圆的河砂为好，但山砂中混的杂质较多，由于淘洗相当困难，故采用较纯净的河砂反而更有利些。

2. 用于反滤层的砂和砾石

反滤层的作用是预防潜蚀，顺利地排水以降低孔隙水，又能阻碍细颗粒通过反滤层的孔隙随水流走，所以它必须具有较强的渗透性而又不被溶解和自行淤塞。其具体要求是：卵砾石应未经风化且耐风化、坚硬，不易为水所软化和溶解；渗透性大，其渗透系数至少应为被保护土渗透系数的50～100倍；有机质含量和可溶性盐的含量与坝体土料的要求相同；砾石、卵石应有较高的抗冻性，卵砾石本身的孔隙率最好不要超过4%；砂和粒石中粒径小于0.1mm的颗粒(即含泥量)不应大于5%，且不应含有大量粒径小于0.05mm的粉土和黏土颗粒。如含量超过上述要求，应进行淘洗和过筛分选。

3. 用于道渣材料的砾石及砂

最好的道渣材料是碎石，天然产出的卵砾石经过筛选并掺入适量碎石也可作为较好的道渣材料。

(四)天然建筑材料的储量计算

1. 可采层界限的确定

为了进行储量计算，必须确定可采层边界以圈定其分布范围。可采层的界限可分为上、下限和侧限。上限一般以上覆盖层的底板为界;下限则为可采层的下接口为止。当可采层的厚度较大,一部分处在地下水位以下时,则可分为水上储量和水下储量,两者的界限一般以枯水期的地下水位为准,此接口及其以下直到可能开采的最大深度为止即为水下储量的上、下限。侧限则根据可采层的延伸情况,结合周围地形和已有建筑物情况进行考虑。对可采层范围内的无用夹层,应按其实际厚度划出,计算应从可采层中扣除。

2. 储量计算的方法

(1)平均厚度法。

当地形平坦、可采层厚度比较稳定、勘探点布置均匀时,采用此法很容易求得可采层的平均厚度,再乘以根据可采层的界限而确定的计算面积,即可得到体积。

(2)平行断面法。

当可采层稍有仰面斜,勘探坑孔布置基本为互相平行的勘探线时,即采用勘探断面来控制储量计算。根据各断面可采层的长度和厚度,即可算出各断面上可采面积 F_1、F_2…,相邻断面间距 L_1、L_2…是知道的,这样就可逐个算出相邻两断面间可采层的体积 V_1、V_2、…,即 $V_1 = (F_1 + F_2)L_1/2$。

把 V_1、V_2、…相加,即可得到该产地某一可采层体积之总和。

(3)三角形法。

当产地的地形高差变化较大,可采层厚度不稳定,勘探坑孔间距不等或勘探线不够规则时,可将各勘探点相互连成三角形网,各个三角形的面积乘其三个顶点的可采层平均厚度,即可分别求得各三角形范围内可采层的体积,然后逐一相加即可得到可采层的体积。

(4)等值线法。

当勘探坑孔的数量很多,足以精确地画出开采层的等值线时,用等值层间的面积乘以相应的可采层厚度,即可逐步计算出可采层的体积。这一方法足够精确,但绘制等值线较复杂。若勘探坑孔的数量较少,则此法的精度也就会显著降低,乃至不宜采用。

必须指出,用以上方法计算出来的只是可采层的体积,而设计所需要的储量,对于石料还需乘以成料率、砂砾石料还需乘以含砂率和含砾率,才能得到勘探储量。

七、道路工程地质勘察方法

(一)工程地质勘探

任何工程地质条件及工程地质问题,从地表到地下的研究,从定性到定量的评价,都离不开勘察、物探工作。工程地质勘探包括:物探、简易钻探、钻探、挖探等(表 1-23)。

工 程 地 质 勘 探 表 1-23

1. 物探:是利用专门仪器测定岩层物理(如岩层的导电性、弹性、磁性、放射性和密度等)参数,通过分析地球物理场的异常特征,再结合地质资料,便可了解地下深处地质体的情况	

续上表

<table>
<tr><td>2. 简易钻探：是道路工程地质勘探中经常采用的方法，其优点是：体积小，操作简便，进尺较快，劳动强度小；缺点是不能采用原状土样，在密实或坚硬地层内不易钻进或不能使用。小螺纹钻适用于黏性土地层，采取扰动土样，钻进深度小于4～6m</td><td>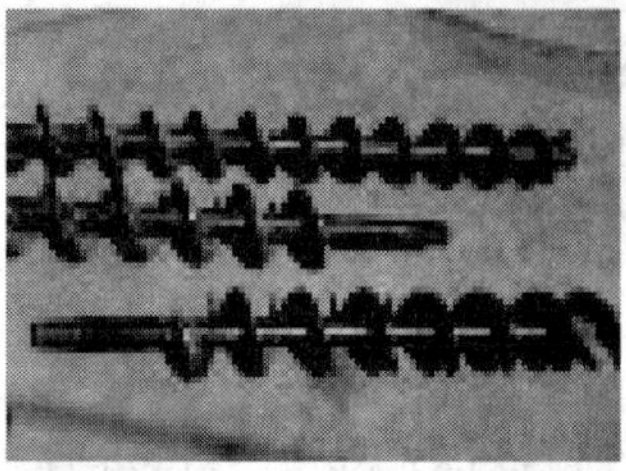</td></tr>
<tr><td>3. 钻探：是工程地质勘察中极为重要的手段，但它在整个工程地质勘察投资中的费用往往很大。因此，工程地质人员在勘察工作中应有效地使用钻探并合理布置其工作量，尽可能地取得详细准确的资料。钻探工作应在测绘和物探的基础上进行，按勘察阶段、工程规模、地质条件复杂程度，有目的、有计划地布置勘探线、网，一般按先近后远、先浅后深、先疏后密的原则进行</td><td></td></tr>
<tr><td colspan="2">4. 挖探：是工程地质勘探中最常用的一种方法，可分为坑探和槽探。它就是用人工或机械方式进行挖掘坑、槽，以便直接观察岩土层的天然状态以及各地层之间接触关系等地质结构，并能取出接近实际的原状结构土样。该方法的特点是地质人员可以直接观察地质结构细节，准确可靠，且可不受限制地取得原状结构试样，因此对研究风化带、软弱夹层、断层破碎带有重要的作用，常用于了解覆盖层的厚度和特征。它的缺点是可达的深度较浅，且易受自然地质条件的限制</td></tr>
<tr><td>①坑探：垂直向下掘进的土坑。浅者称试坑，深者称探井。断面一般采用1.5m×1.0m的矩形，深度一般为1.5～2.0m，探井深度为2～4m。坑探用以揭示覆盖层的厚度和性质
</td><td>②槽探：是一种长槽形开口的坑道，宽0.6～1.0m，长度视需要而定，深小于3m。常用于追索构造线，查明坡积层、残积层的厚度和性质，揭露地层层序等
</td></tr>
</table>

（二）工程地质野外试验

野外试验在工程地质勘察中是一项经常进行的重要勘察方法，它是获得工程地质问题定量评价和工程设计及施工所需参数的主要手段。

1. 野外试验

野外试验能在天然条件下，测定较大岩土体的各种性能，所得资料更符合实际，更能反映岩体由于层理、软弱夹层及裂隙等的切割而造成的非均质性及各向异性。但它需要许多大型设备，费时而昂贵，所以一般多在后期勘察阶段中采用，以便为详细设计计算提供指标。

工程地质勘察中常用的野外试验有以下三大类：

①水文地质试验。钻孔压水试验、抽水试验、渗水试验、岩溶连通试验等。

②岩土力学性质及地基强度试验。载荷试验、岩土大型剪力试验、触探、岩体弹性模量测定、地基土动力参数测定等。

③地基处理试验。灌浆试验、桩基承载力试验等。

2. 长期观测

长期观测工作在工程地质勘察中是一项很重要的工作。有些动力地质现象及地质营力随时间推移将不断地明显变化，尤其在工程活动影响下的某些因素和现象将发生显著新变化，影响工程的安全、稳定和正常运用。这时仅靠工程地质测绘、勘探、试验等工作，还不能准确预测和判断各种动力地质作用的规律性及其对工程使用年限内的影响，因此必须进行长期观测工作。

长期观测的主要任务，是检验测绘、勘探对工程地质条件评价的正确性，查明动力地质作用及其影响因素随时间的变化规律，准确预测工程地质问题，为防止不良地质作用所采取的措施提供可靠的工程地质依据，检查为防治不良地质作用而采取的处理措施的效果。工程地质勘察中进行的长期观测，常见有：与工程有关的地下水动态观测、物理地质现象的长期观测、建筑物建成后与周围地质环境相互作用及动态变化的长期观测等。

3. 内业整理

内业整理是工程地质勘察工作的重要环节，也是工程地质勘察成果质量的最终体现。其任务是将测绘、勘探、试验和长期观测的各种资料，认真系统地整理和全面综合地分析，找出各种自然地质因素之间的内在联系和规律性，对建筑场区的工程地质条件和工程地质问题作出正确评价，为工程规划、设计及施工提供可靠的地质依据。内业整理要反复检查核对各种原始资料的正确性并及时整理、分析，查对清绘各种原始图件，整理分析岩土各种实验成果。编制工程地质图件，编写工程地质勘察报告。

学习情境二

地质在公路建设中的应用

核心技能：

1. 能按相关规范要求完成土工试验，会进行土的各项指标计算。

2. 能完成工程地质勘察报告书和图表编制。

单元学习1　土的物理性质和水理性质

学习目标

1. 岩土的物理性质判定；
2. 土工试验操作；
3. 土中各项指标计算；
4. 识读工程地质图。

任务描述

同学们通过本单元学习，利用试验及各项指标掌握土的物理性质。

学习引导

在道路设计过程中，土无论作为土工建筑物本身的构筑材料，还是作为支承建筑物的地基或作为建筑物周围的赋存介质，其物理、化学性质及土的力学性能将起到十分重要的作用。本学习任务沿着以下脉络进行学习：

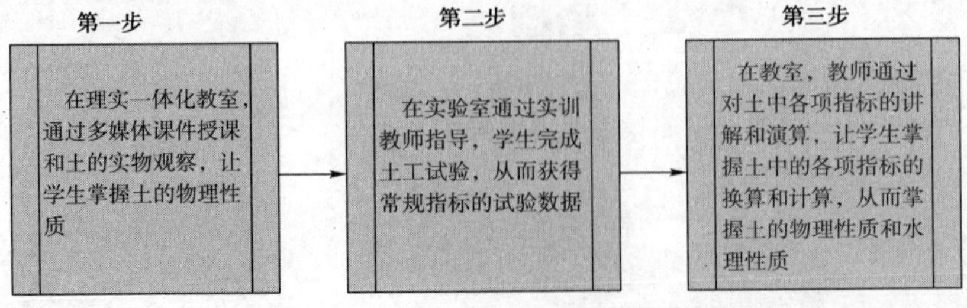

一、土的物理性质

(一)土的三相组成(见图 2-1)

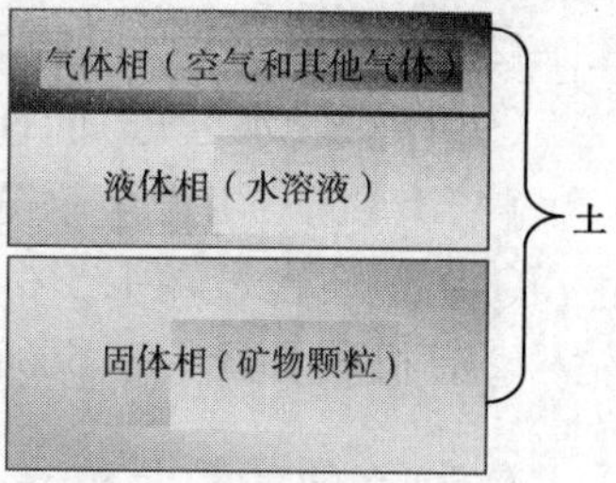

图 2-1　土的三相示意图

一般情况下,土是由固体相、液体相、气体相组成的三相体系。

①固体相指土中的矿物颗粒,简称土粒。它构成土的骨架,称为土骨架。

②液体相由水溶液组成,可分为强结合水、弱结合水、毛细水、重力水等。

③气体相由空气和其他气体构成。

特殊情况下,土也可以是两相体系,比如干土、饱和土、湿土(见图 2-2)

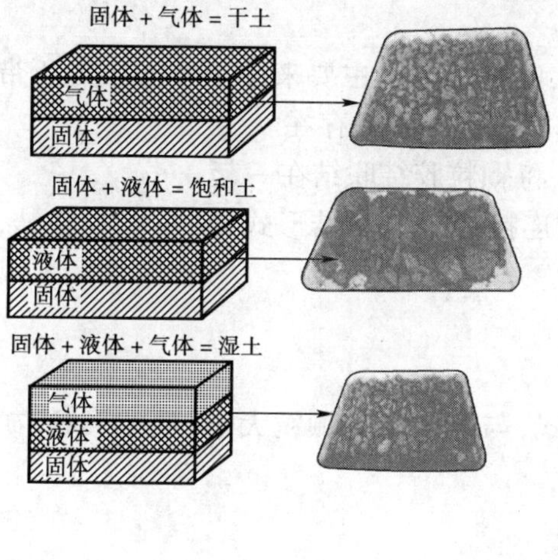

图 2-2　土的两相示意图

(二)土的成分

土是岩石的风化产物,是由碎石(保留原岩矿物成分)、砂和次生矿物、有机质、某些化学物质组成。

矿物成分取决于母岩的矿物成分和风化作用,包含:原生矿物、次生矿物、有机质。

(1)原生矿物:保留原岩的矿物成分(见图 2-3),如:石英、长石和云母等,颗粒较粗,它们主要存在于卵、砾、砂、粉各粒组中。

特征:矿物成分的性质较稳定,由其组成的土具有无黏性、透水性较大、压缩性较低的特点。

(2)次生矿物:是原生矿物在一定气候条件下经化学风化作用,使其进一步分解而形成一些颗粒更细小的新矿物(见图 2-4)。将其分为:可溶性次生矿物和不可溶性次生矿物。

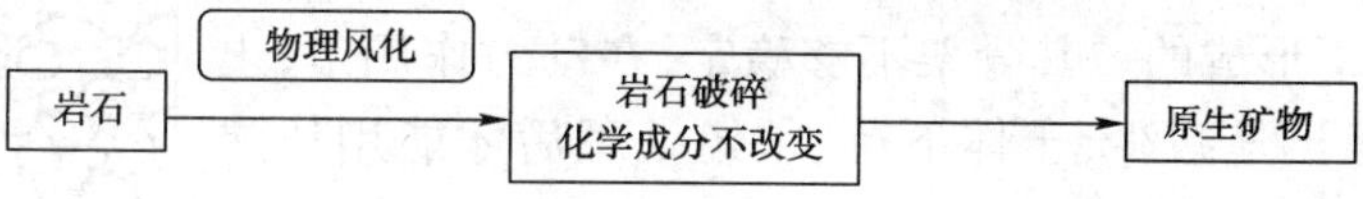

图 2-3　原生矿物

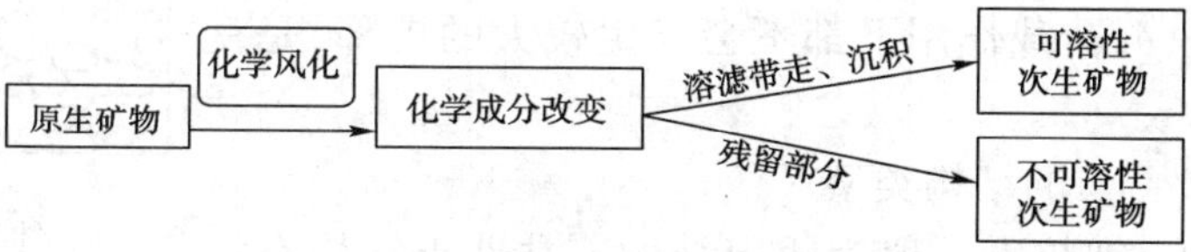

图 2-4　次生矿物

①可溶性次生矿物又叫水溶盐,常见的有石盐、石膏等。

②不可溶性次生矿物,主要有黏土矿物、次生 SiO_2、Al_2O_3、Fe_3O_4 等,是黏粒的主要矿物成分。

次生矿物主要有黏土矿物、次生 SiO_2、Al_2O_3、Fe_3O_4 等,是黏粒的主要矿物成分。

(3)黏土矿物:是主要的次生矿物,是组成黏粒的主要矿物成分。

黏土矿物中分布较广且对土性质影响较大的是蒙脱石、高岭石和伊利石(或水云母)

三种。

①高岭石晶层之间联结牢固,水不能自由渗入,故其亲水性差,可塑性低,胀缩性弱;

②蒙脱石则反之,晶胞之间联结微弱,活动自由,亲水性强,胀缩性亦强;

③伊利石(水云母)的性质介于二者之间。

(4)有机质:由微生物分解动植物残骸形成,分为有机残余物(泥炭)和腐殖质。

①腐殖质含量在1.5% ~2%以上称为淤泥类土,压缩性极高,强度很低。

②有机质含量大于5%的土称为有机质土。

(三)土的结构和构造

1. 土的结构

土的结构指组成土的土粒大小、形状、表面特征,土粒间的联结关系和土粒的排列情况,其中包括颗粒或集合体间的距离、孔隙大小及其分布特点。

1)土粒间的联结关系

(1)接触联结:是指颗粒之间的直接接触,接触点上的联结强度主要来源于外加压力所带来的有效接触压力。这种联结方式在砂土、粉土或近代沉积土中普遍存在。

(2)胶结联结:是指颗粒之间存在着许多胶结物质,将颗粒胶结联结在一起。

(3)结合水联结:是指通过结合水膜而将相邻土粒连接起来的联结形式,又叫水胶联结,这种联结在一般黏性土中普遍存在。

(4)冰联结:这种联结主要存在于冻土。

2)土的结构类型

在成土过程中所形成土粒的空间排列及其联结形式,与组成土的颗粒大小、颗粒形状、矿物成分和沉积条件有关。

(1)巨粒土与粗粒土(碎石土与砂土)的结构类型

粗粒土的结构主要为单粒结构。其特征是颗粒之间为点与点的接触。根据颗粒间的排列接触关系可分为疏松结构和密实结构。

①疏松结构(见图2-5):土粒的磨圆度差,呈棱角或片状,是在堆积速度快的情况下形成的。其骨架不够稳定,在动力作用下,土粒易错位,土中空隙迅速减少,土体下沉,须经处理后才能用作建筑物地基。

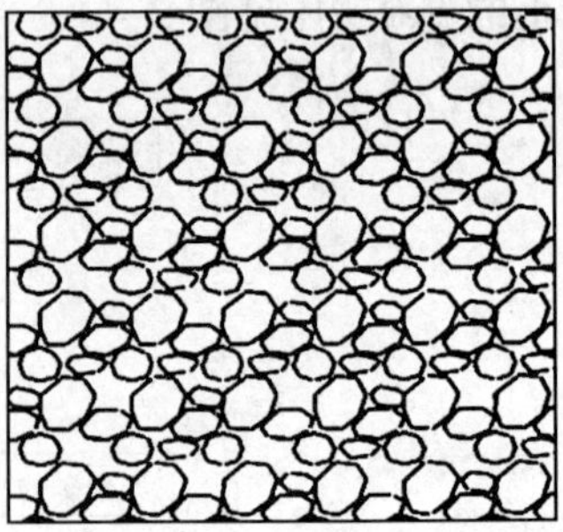

图2-5 疏松结构

②密实结构:土粒浑圆,堆积过程缓慢的情况下形成的。由于土粒排列紧密,在动、静荷载作用下都不会产生较大的沉降,是良好的天然地基。

(2)细粒土(黏性土)的结构类型

细粒土颗粒细小,细粒土一般为团聚结构。黏性土结构有蜂窝结构和絮状结构两种。

①蜂窝结构(见图2-6):当粒径在0.02~0.002mm,颗粒间点与点接触,由于彼此之间引力大于重力,接触后,不再继续下沉,形成链环单位,很多链环联结起来,形成孔隙较大的蜂窝状结构。此结构的土孔隙远大于土粒本身的尺寸,故土体疏松,强度低、压缩性高。

②絮状结构(见图2-7):当粒径小于0.002mm,细微黏粒大都呈针状或片状,质量极轻,在水中处于悬浮状态。当悬液介质发生变化时,土粒表面的弱结合水厚度减薄,黏粒互相接近,

凝聚成絮状物下沉，形成孔隙较大的絮状结构。

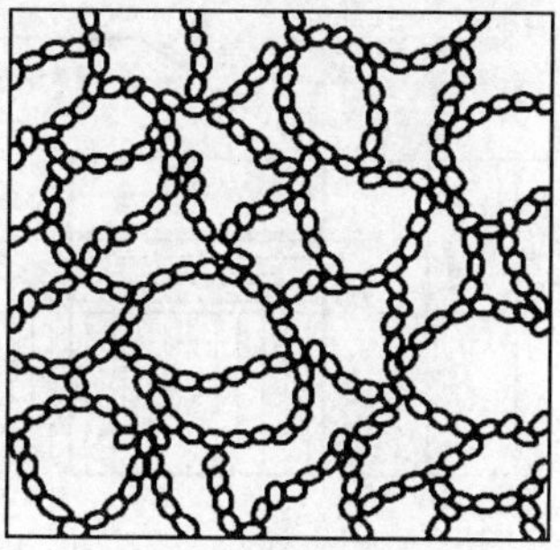

图 2-6　蜂窝结构

图 2-7　絮状结构

2. 土的构造

土的构造是指土体构成上的不均匀特征的总和。

(1)碎石土(见图 2-8)：主要是块状构造、假斑状构造，粗碎屑之间有细碎屑或土填充，粗碎屑含量多时，其力学强度较大，但透水性也较大；当粗碎屑有土包围，则其工程性质与土有关。

图 2-8　碎石土

(2)黏性土(见图 2-9)：分原生构造和次生构造。原生构造是土在沉积时形成的，主要为层状、页片状、条带状等，其工程地质性质常表现出各向异性。次生构造是在土层形成后经成壤作用形成的，如块状、柱状、片状等，此外，黏性土体中还常因物质成分的不均一性，干燥后出现各种裂隙，如垂直裂隙、网状裂隙等，这些裂隙导致土体强度降低，透水性增强，造成土体工程地质的各向异性。

(3)砂类土(见图 2-10)：主要有水平层理和交错层理构造，但有时与黏性土交替，构成夹层。

图 2-9　黏性土

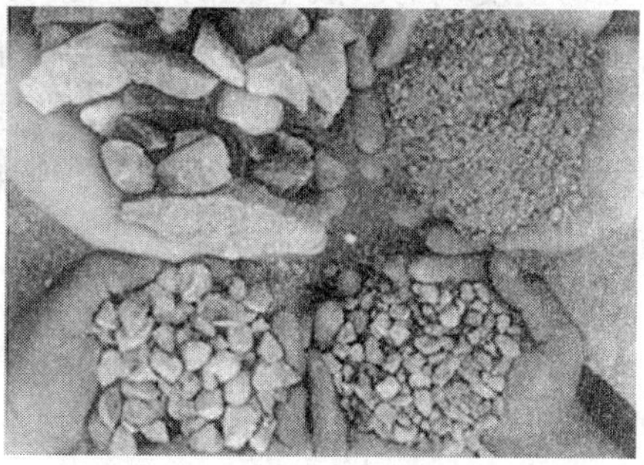

图 2-10　砂类土

(四)土的物理性质

土的物理性质是指土的各组成部分(固相、液相和气相)的数量比例、性质和排列方式等所表现的物理状态，如轻重、干湿、松散程度等。土的物理性质是土最基本的工程地质性质，它在工程地质中，不仅要结合土的成分、结构、含水含气的情况来了解其物理性质的特点和变化规律，而且还要通过试验取得其物理性质各项指标的数据，来作为工程设计的依据。

土的物理性质指标,就是指土中固相、液相、气相三者在体积和质量方面的相互配比的数值,为了分析计算方便,一般将土的三相关系用简图加以表达,见图2-11。

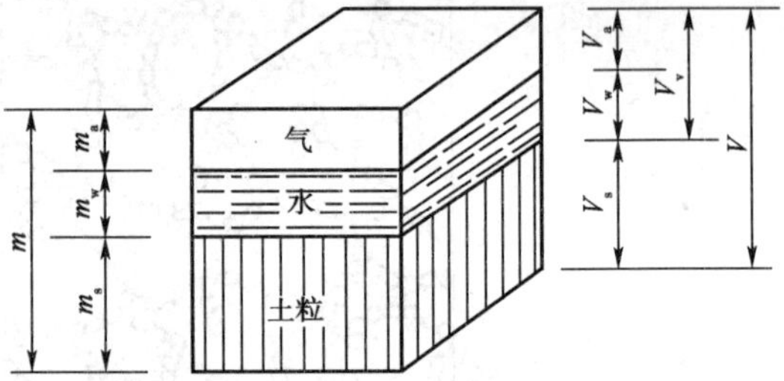

图2-11　土的三相示意图

关于土的物理性质,我们将分四个问题来讨论。

1. 土的密度和重度

1) 土粒密度(G)和土粒重度

(1) 土粒密度是土粒的质量与土粒的体积之比,即在105～110℃下烘干至恒量时的质量与同体积4℃蒸馏水质量的比值。如式:

$$G = \frac{m_s}{m_w} \text{ 或 } G = \frac{m_s}{V_s} \tag{2-1}$$

式　中:G——土粒的密度;

m_s——土粒的质量(g);

m_w(4℃)——同体积4℃蒸馏水的质量(g);

V_s——土粒的体积。

(2) 土粒重度是土粒的重量与土粒的体积之比。

$$\gamma_s = \frac{w_s}{v_s} \tag{2-2}$$

式中:γ_s——土粒重度;

w_s——土粒重量;

v_s——土粒体积。

土的密度常用"比重瓶法"、"浮称法"与"虹吸筒法"进行测算。

土的密度只与组成土粒的矿物成分有关,而与土的孔隙大小及其中所含水分多少无关。其实,所测定的数值应为土粒中所含各种矿物的平均值。若所含镁铁质矿物多,其比重值就较大;含有机质多的比重值就小。粒度成分对土的比重也有影响,例如砂土的比重一般在2.65,这是因为砂土是石英、长石、云母等矿物组成;黏土中因含无定形氧化物胶体,所以比重偏高,亚黏土和黏土可达2.75;含腐殖质多的黏性土比重较小,约为2.60。

2) 土的天然密度(ρ)和天然重度

(1) 天然密度(也称湿密度),是指天然状态下,土的单位体积的质量,即土粒的质量和孔隙中天然水分的质量,如式:

$$\rho = \frac{m}{V} \tag{2-3}$$

式中:ρ——天然密度(g/cm^3)。

(2) 天然重度是指天然状态下,土的单位体积的重量,即土粒的重量和孔隙中天然水分的重量。

$$\gamma = \frac{w} {v} \quad \text{或} \gamma = g \cdot \rho \tag{2-4}$$

式中:γ——土的天然重度;

w——土的总重量;

v——土的总体积；

g——重力加速度(9.8kN/m³)。

土的密度与土的结构和所含水分的多少以及矿物成分有关，所以在测定天然密度时，必须用原状土样(即其结构未受扰动破坏)，以保持其天然结构状态下的天然含水率。如果土的结构破坏了或水分变化了，则土的密度也就改变了，这就不能正确测得真实的天然密度，用这种指标进行工程计算，就会得出错误的结果。

可见，土的密度与土粒密度不同，密度要用原状土样，而比重则可以用扰动土样法，因为它与土的结构和含水率无关，即不考虑土的孔隙性，在工程地质上把这类指标称为属性指标。而把与土的结构和含水量有关的指标，如土的密度，则称为状态指标。

用原状土样测定土的密度，通常用"环刀法"。

土的孔隙中含水量的多少，对土的密度影响很大。随含水量的不同，土的密度值一般变化于1.60~2.20g/cm³之间，随黏粒含量的增加密度也增加。

(3)干密度(ρ_d)和干重度。

干密度是指干燥状态下单位体积土的质量，即土中固体颗粒的质量(m_s)与土的体积的比值。

$$\rho_d = \frac{m_s}{V} \tag{2-5}$$

干重度

$$\gamma_d = g \cdot \rho_d \tag{2-6}$$

土的干密度实际上是土中完全没有天然水分的密度，它是土的密度的最小值。某一土样的干密度值的大小，主要取决于土的结构，因为它在这一状态下与含水量无关，加之土粒部分的矿物成分又是固定的，因此，土的结构即孔隙度的大小，影响着干密度值，一般规律是土的干密度值愈大，土愈密实，孔隙度也就愈小。干密度在一定程度上反映了土粒排列的紧密程度，在工程中，常用它来作为人工填土压实的控制指标。一般认为ρ_d=1.60以上，土就比较密实了。

(4)饱和密度(ρ_f)。是指土的孔隙中全被水充满的情况下，单位体积土的质量。

$$\rho_f = \frac{m_s + Vn.\rho_w}{V} \tag{2-7}$$

式中：ρ_f——土的饱和密度(g/cm³)。

饱和重度

$$\gamma_{sat} = g \cdot \rho_f \tag{2-8}$$

土的饱和密度是土的密度的最大值。可见，饱和密度的大小，与土的孔隙体积及土的比重密切相关，孔隙体积小，相对密度大，饱和密度就大，反之则小。含有机质较多的淤泥质土，孔隙体积特大，其饱和密度就小，一般只有1.4~1.6g/cm³。对饱和密度这一指标不用实测，往往用其他指标推导求得。

(5)水下密度(ρ')。也称浮密度或浸水密度，是指土在地下水面以下，单位体积的质量。因土处于水面以下，孔隙全被水充满，同时又受到水的浮力作用，使土粒质量被减轻。

$$\rho' = \frac{m_s + V_n.\rho_w - V.\rho_w}{V} = \rho_f - \rho_w \tag{2-9}$$

有效重度

$$\gamma' = \gamma_{sat} - \gamma_w \tag{2-10}$$

在工程计算中地下水位以下土层的密度，都要采用浮密度指标。砂性土和碎卵石在自由水中，受到同体积水重的浮力；而黏性土因含有结合水，具黏滞性，有固体特征，结合水对黏土颗粒没有浮力作用。因水下黏土所承受的浮力并非同体积水重之浮力，计算时应视其紧密程度折减。如果粗略地计算，土的水下密度值可取 1。

2. 土的含水率

土的含水率是指土的孔隙中所含水分的数量，它是土的基本物理指标之一，能反映出土的含水情况和土的状态。表示含水情况的指标有天然含水率、饱和含水率和饱和度。

1）天然含水率

天然含水率是在天然状态下土中所含水分的数量，简称为含水率，即土的孔隙中水分的质量（m_w）与土中所含土粒质量（m_s）的比值，一般用百分数表示。

$$w = \frac{m_w}{m_s} \times 100\% \tag{2-11}$$

含水率其值愈大，表明土中水分也愈多。不同的土，含水率的变化范围很大。一般情况下，砂土的天然含水率不超过 40%。多为 10% ~30%；黏性土为 20% ~50%。

土的含水率是一个实测指标。它只能表明土中固相与液相之间的数量关系。而不能描述有关土中水的性质；只能反映孔隙中水的绝对值，而不能说明其充满程度。

土的含水率测定的方法常用烘干法或酒精焙烧法直接测定。

2）饱和度（S_r）

饱和度也称饱水系数，是土中天然含水率的体积（V_w）与土的全部孔隙（V_n）的比值，表示孔隙被水充满的程度，用百分数表示。

$$s_r = \frac{V_w}{V_n} \tag{2-12}$$

由于 S_r 介于 0 ~1 之间，不会大于 1（砂性土）在工程地质学中将土划分为三种状态：

$0 \leqslant S_r \leqslant 0.5$　　稍湿的

$0.5 \leqslant S_r \leqslant 0.8$　　很湿的

$0.8 \leqslant S_r \leqslant 1$　　饱和的

颗粒较粗的砂性土，对含水率的变化不敏感，当发生某种改变时，它的物理力学性质变化不大，所以对砂性土的物理状态可以用 S_r 来表示。但对黏性土而言，它对含水率的变化十分敏感，随着含量增加体积膨胀，结构也发生了改变。当处于饱和状态时，其力学性质可能降低为 0；同时还因黏粒间多是结合水，而不是普通液态水，这种水的密度大于 1，则 S_r 值也偏大，故对黏性土一般不用 S_r 这一指标。

3. 土的孔隙性

土不是致密无隙的团体而是土粒间存在着孔隙的物体，土的孔隙性是指孔隙的大小、形状、数量及连通情况等特征。土的孔隙性决定于土的粒度成分和土的结构，即土粒排列的松紧程度。

土的孔隙性，通常用孔隙度和孔隙比两个指标来表示。这两个指标只能反映土内孔隙总体积的大小，而不能反映出单个孔隙的大小。在具有同样孔隙性的不同土中，孔隙的大小可能不一样，显然孔隙性指标相同，则孔隙大的土，单个孔隙数量就少；孔隙小的土，单个孔隙的数量就多。

可见，土的孔隙性指标只反映土的结构而与土中含水多少无关，所以它不仅是状态指标，而且还是结构指标。

下面分别对孔隙性的两个指标作些分析。

1）孔隙度（n）

在天然状态下，土的单位体积中孔隙的总体积，称为孔隙度或孔隙率。即某一土样中孔隙的体积（V_n）与该土样的总体积（V）的比值，用百分数表示。如式：

$$n = \frac{V_n}{V} \times 100\% \tag{2-13}$$

在工程计算中，n 是常用指标，计算时可将百分数化为小数。常见值（30% ~50%）

具有散粒结构的土，由于颗粒排列松紧不同，孔隙度也有变化，排列紧密的孔隙度小，排列松散的孔隙度大。粒度成分对孔隙度也有很大的影响，不均粒土的孔隙度要小于均粒土的孔隙度。

具海绵结构的黏性土，单个孔隙很小，但数量很多。水在其中为结合水，所以黏性土的孔隙度可以大于50%，即 V_n 可能大于 V_s。

当土的结构因受外力而改变时，孔隙度也随之而改变，即 V 和 V_n 都在改变，故往往要用孔隙比来说明。

2）孔隙比（e）

孔隙比是指土中孔隙的体积（V_n）与土粒的体积（V_s）的比值，常用小数表示。

$$e = \frac{V_n}{V_s} \tag{2-14}$$

土的孔隙比可直接反映土的密实程度，孔隙比愈大，土愈疏松；孔隙比愈小，土愈密实。常见值0.5 ~1.2，一般在天然状态下的土，若 $e<0.6$，可作为良好的地基；若 $e>1$，表明土中 $V_n > V_s$，是工程性质不良的土。

n 与 e 都是反映孔隙性的指标，但在应用上却有所不同。凡是用于与整个土的体积有关的测试时，一般用 n 较为方便；但若要对比一种土的变化状态时，则用 e 较为准确。由于 V_s 是不变的，可视为定值，土在荷载作用下引起变化的是 V_n，而 e 的变化直接与 n 的变化成正比，所以 e 能更明显地反映孔隙体积的变化。在工程设计和计算中常用 e 这一指标。

由于土的粒度成分和疏密程度差别很大，其 n 和 e 的变化范围也大，分别为20% ~80%和0.25 ~4。一般无黏性土的 n 为33% ~45%，e 为0.5 ~0.8；而黏性土的 n 为40% ~55%，e 为0.67 ~1.2。n 和 e 不是实测指标，而是利用它们与 G、ρ、ω 等三项实测指标的关系来导出的。

4. 砂类土的密实度（D_r）

密实度是反映砂类土松紧状态的指标，也称为无凝聚性土相对密度。砂类土、天然结构（即土粒排列松紧）的状况，对其工程地质性质有极大影响。砂土在最松散状况下的孔隙比值为最大孔隙比 e_{max}；经振动或捣实后，砂粒间相互靠拢压密，其孔隙比为最小 e_{min}；在天然状态下的孔隙比为 e。由此，砂土在天然状态下的紧密程度，可用密实度来求得。

密实度，就是指最大孔隙比和天然孔隙比之差与最大孔隙比和最小孔隙比之差的比值。

$$D_r = \frac{e_{max} - e}{e_{max} - e_{min}} \tag{2-15}$$

D_r 值一般用小数或百分数表示，当 $D_r=0$，即 $e=e_{max}$时，表示砂土处于最疏松状态；当$D_r=1$，即 $e=e_{min}$时，表示砂土处于最紧密状态。

按《公路桥涵地基与基础设计规范》（JTG D63—2007）中规定用 D_r 来确定砂土的紧密程度，将砂土分为四级，见表 2-1。

砂土密实度划分表 表 2-1

分级		密实度 D_r	标准贯入平均击数 N(63.5kg)
密实		$D_r \geqslant 0.67$	30 ~ 50
中密		$0.67 > D_r > 0.33$	10 ~ 29
松散	稍松	$0.33 \geqslant D_r \geqslant 0.20$	5 ~ 9
	极松	$D_r < 0.20$	<5

应当指出,表 2-1 的分级办法具有一定的意义,也是合理的。但由于目前对 e_{max}、e_{min} 尚难准确测定,加之要取原状砂土的土样也十分困难,所以对砂土 D_r 值所测定的误差也很大。对此在实际工程中常利用标准贯入试验法或静力触探试验法,在现场测定其近似值,以作为 D_r 分级的参考。标准贯入试验法是用 63.5kg 的铁锤,悬高 76cm 自由下落,把"标准贯入器(外径 50mm,内径 35mm,长 500mm)"打入土层中 15cm 后开始记数,直至贯入 30cm 深处所需的锤击数 N,对照表中的分级标准来鉴定该土层的密实程度。例如,某砂土层在现场的锤击数 N 为 18,其 D_r 应为 0.33 ~ 0.67 之间,该砂土层应为中密砂土。

鉴于 D_r 分级还有不足之处,也有根据天然孔隙比,将砂土的密实程度分为三类并给出砂土粒度成分的名称,见表 2-2。

按天然孔隙比 e 对砂土密实度分类表 表 2-2

孔隙比 / 密度 / 砂土名称	密实的	中密的	松散的
砾砂、粗砂、中砂	$e < 0.55$	$0.55 \leqslant e \leqslant 0.65$	$e > 0.65$
细砂	$e < 0.60$	$0.60 \leqslant e \leqslant 0.70$	$e > 0.70$
粉砂	$e < 0.60$	$0.60 \leqslant e \leqslant 0.80$	$e > 0.80$

5. 土的物理性质指标的换算

1)土的物理性质指标

上述有关土的物理性质的各项指标,实质上就是土的固相、液相和气相三者在质量和体积方面不同组合上所构成的不同比值,即三者之间的质量与质量、质量与体积、体积与体积相互组成的不同性质的指标。这些指标正好从数理的角度反映出不同性质的概念。在工程地质的测设中,只有准确地掌握了这些概念,才能正确地评价土质。

为了进一步了解各指标的内容及其相互关系,现将上述各项指标的定义、指标来源以及对指标的实际应用等方面,归纳为"土的物理性质主要指标一览表",供对照参考,见表 2-3。

在表 2-3,G、ρ、w 是通过试验直接测定的,称为三项实测指标;其他的如:ρ_d、ρ_f、ρ'、w_g、S_r、n、e 等七项指标可用实测指标进行换算导出,故称为导出指标。不过,如果其中 ρ_d 为实测时,则 w 就可列为导出指标。

2)土的常用物理指标的换算

在土样试验中,对某些项目通过实测后,即可推导、计算出其他的几项指标。这就要运用一些特定公式进行推导,参见表 2-3。

土的物理性质主要指标一览表 表2-3

指标名称	表达式	参考数值	指标来源	实际应用
相对密度 G	$G=\frac{m_s}{V_s\cdot\rho_w}$	2.65~2.75	由试验测定	1. 换算 n、e、ρ_d； 2. 工程计算
密度 ρ （g/cm³）	$\rho=\frac{m}{V}$	1.60~2.20	由试验测定	1. 换 n、e； 2. 说明土的密度
干密度 ρ_d （g/cm³）	$\rho_d=\frac{m_s}{V}$	1.30~2.00	$\rho_d=\frac{\rho}{1+\omega}$	1. 换算 n、e、S_r； 2. 粒度分析、压缩试验资料整理
饱和密度 ρ_f （g/cm³）	$\rho_f=\frac{m_s+V_n\rho_w}{V}$	1.80~2.30	$\rho_f=\frac{\rho(G-1)}{G(1+w)}+1$	
水下密度 ρ' （g/cm³）	$\rho'=\frac{m_s-V_s\rho_w}{V}$	0.80~1.30	$\rho'=\frac{\rho(G-1)}{G(1+w)}$	1. 计算潜水面以下地基自重应力； 2. 分析人工边坡稳定
天然含水率 w	$w=\frac{m_w}{m_s}$	$0<w<1$	由试验测定	1. 换算 S_r、ρ_d、n、e； 2. 计算土的稠度指标
饱和含水率 w_g	$w_g=\frac{V_n\rho_w}{m_s}$		$w_g=\frac{G(1+w)-\rho}{G\rho}$	
饱和度 S_r	$S_r=\frac{V_w}{V_n}$	0~1	$S_r=\frac{G\cdot\rho\cdot w}{G(1+w)-\rho}$	1. 说明土的饱水状态； 2. 砂土、黄土计算地基承载力
天然孔隙度 n	$n=\frac{V_n}{V}$		$n=1-\frac{\rho}{G(1+w)}$	1. 地基承载力； 2. 土估计密度和渗透系数； 3. 压缩试验整理资料
天然孔隙比 e	$e=\frac{V_n}{V_s}$		$e=\frac{G(1+w)}{\rho}-1$	1. 说明土中孔隙体积； 2. 换算 e 和 ρ'

为了准确而熟练掌握土的物理性质各项指标的概念及其推导和换算的技能，特拟以下例题来深化这方面的知识。

[**例1**]某原状土样经试验，实测指标为：$\rho=1.70\text{g/cm}^3$；$G=2.72\text{g/cm}^3$；$w=10\%$；试求该土样的 e 和 S_r。

解：令 $v=1$ 则 $m=\rho\cdot v=1.7\times1=1.7\text{g}$

$$m_s=\frac{m}{1+w}=\frac{1.7}{1+0.1}=1.55$$

$$m_w=\omega\cdot m_s=0.1\times1.55=0.155\text{g}$$

$$V_w=m_w/\rho_w=0.155/1=0.155\text{cm}^3$$

$$v_s=\frac{m_s}{G}=\frac{1.55}{2.72}=0.568\text{cm}^3$$

$$V_n=V-V_s=1-0.568=0.432\text{cm}^3$$

所以 $e=\frac{V_n}{V_s}=\frac{0.432}{0.568}=0.761$

$$S_r=\frac{V_w}{V_n}=\frac{0.155}{0.432}=0.36$$

[**例2**]一黏土试样，体积为 29cm^3，湿土质量为 50g，$w=40\%$，$G=2.7\text{g/cm}^3$，求饱和度

解：$\because w = \dfrac{m_w}{m_s}$

$$1 + w = \frac{m_w + m_s}{m_s} = \frac{m}{m_s}$$

$$\therefore m_s = \frac{m}{1 + w} = \frac{50}{1 + 0.4} = 35.7\text{g}$$

$$m_w = m - m_s = 50 - 35.7 = 14.3\ \text{g}$$

$$V_w = m_w/\rho_w = 14.3/1 = 14.3\ \text{cm}^3$$

$$V_s = m_s/G = 35.7/2.7 = 13.2\ \text{cm}^3$$

$$V_n = V - V_s = 29 - 13.2 = 15.8\ \text{cm}^3$$

所以 $S_r = \dfrac{V_w}{V_n} = \dfrac{14.3}{15.8} = 0.92$

二、土的水理性质

土的水理性质是指土中固体颗粒与水相互作用所表现的一系列的性质，如土在孔隙中的运动规律，即土的透水性和毛细性。黏性土的稠度、塑性等特性。

1. 土的透水性

1）渗透的概念

土中的自由液态水在重力作用下沿孔隙发生运动的现象，称为渗透。土能使水透过孔隙的性能称为土的透水性。

土的透水性强弱，主要取决于土的粒度成分及其孔隙特征：即孔隙的大小、形状、数量及连通情况等。粗碎屑土和砂土都是透水性良好的土，细粒土为透水性不良的土，而黏土因有较强的结合水膜，若再加上有机质的存在，则可视为不透水层，即“隔水层”。隔水只是相对的，黏性土也不是绝对不透水的，自然界的黏性土层的透水性具有各向异性的特征，如带状结构的黏性土，其水平方向的透水性大于垂直方向；黄土类土，由于垂直节理发育，故在垂直方向的透水性大于水平方向。

土的透水性是实际工程中不可忽视的工程地质问题。例如路基土的疏干、桥墩基坑出水量的计算，饱和黏性土地基稳定时间的计算，河滩路堤填料的渗透性；河岸、小型水库的防水土坝的隔水层的选料等等。

2）土的层流渗透定律

水在孔隙中渗透或渗流，其运动状态常随水流的速度不同而分为两种：层流和紊流。在细小孔隙中运动着的水，水流质点彼此不相混杂、干扰，流线大致呈互相平行方式运动，故称为层流。土中水的层流不同于管道或沟壑中的层流，它不可能是顺直、有规律的流线，而是曲折、甚至是迂回的运动着。但水在土的孔隙中受重力作用的影响，总是由高水压区流向低水压区，由此产生水头压力。水头压力的大小取决于水力梯度。见图 2-12。水头梯度（J）是指两点之间的水头差（$\Delta H = H_1 - H_2$）与单位流程

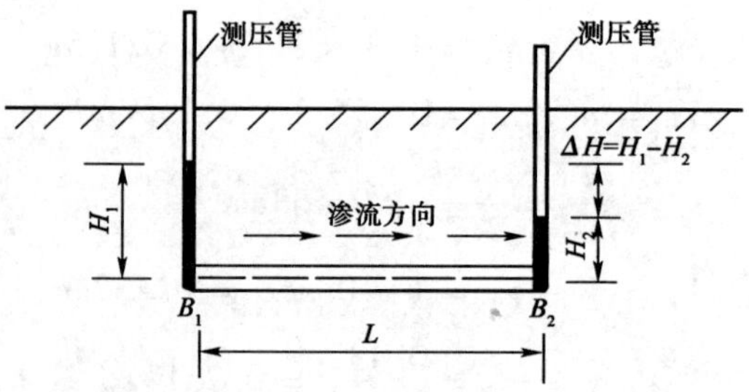

图 2-12　水在土中渗流

长度(L)比值。如式:

$$J = \frac{\Delta H}{L} = \frac{H_1 - H_2}{L} \tag{2-16}$$

关于水在地下岩、土孔隙中渗流的现象,法国水力学家亨利·达西于19世纪中叶做了长期的观察和实验,其结果如式:

$$Q = K \cdot F \cdot \frac{\Delta H}{L} \tag{2-17}$$

式中:Q——单位时间内透过的水量(m^3/s);

F——透过水流的过水截面(m^2);

$\frac{\Delta H}{L}$——水力梯度,单位流程长度上的水头差(%、‰);

K——渗透系数(m/s)。

由上式可知,某一过水截面上,单位时间内的渗透水量与水头差成正比;而与渗透流程的长度成反比。

$$K = \frac{v}{J} \tag{2-18}$$

由上式可知,若 $J = 1$ 时,则 $\nu = K$,即渗透系数在数值上等于渗透速度。两者的单位相同,一般用m/d或用cm/s。

渗透系数对于同一类土而言,应为一定值常数,但却因土类不同而异,其规律是:K 值随土粒的增大而增高,见表2-4。在实际工程中,常采用最简便的方法就是根据经验数值查表而得。

各种土的渗透系数　　表2-4

土名	渗透系数(m/d)	土名	渗透系数(m/d)	土名	渗透系数(m/d)
黏　土	<0.001	粉　砂	0.5~1.0	粗　砂	15~50
亚黏土	0.001~0.1	细　砂	1~5	砾石砂	50~100
亚砂土	0.1~0.5	中　砂	5~15	砾　石	100~200

应当指出,达西定律只适用于层流或线性渗透的情况,故对中砂、细砂及粉砂等土层是适用的。但对粗颗粒土,如粗砂、砾石、卵石之类的土就不适用了,因为这些土层孔隙中的水的渗透速度较大,已不是层流而是紊流。即是说,地下水在岩、土的大孔隙中运动时,当其流速超过一定限度时,就可能出现紊流运动,计算紊流渗透速度的公式应服从于非线性渗透定律:渗透速度与水力梯度的1/2次方成正比,其表达式为:

$$v = kJ^{\frac{1}{2}} \tag{2-19}$$

有时岩、土孔隙中的渗透水处于层流与紊流之间,被称之为混流运动,此时,则用下式计算:

$$v = kJ^{\frac{1}{m}} \tag{2-20}$$

式中 m 值的范围界于1~2之间。当 $m = 1$ 时,即为达西层流运动公式;当 $m = 2$ 时,即为紊流渗透公式。至于黏土中的渗流规律还需将达西定律作些修正。

3)黏性土的相对不透水性

在前面"渗透概念"中曾指出"黏土有较强的结合水膜,自由水不易透过,可视为不透水层",但这并不是绝对的。

在黏性土中，由于黏粒（尤以其中含有胶粒时）的表面能很大，使其周围的结合水具有极大的黏滞性和抗剪强度。结合水的黏滞性对自由水起着黏滞作用，使之不易形成渗流现象，故把黏性土的透水性能相对地称为不透水性。也正由于这种黏滞作用，自由水在黏土层中必须具备足够大的水头差（或水力梯度），克服结合水的抗剪强度才能发生渗流。我们把克服其抗剪强度所需的一定值的水力梯度，称为黏土的起始水力梯度 J_0。于是在计算黏土的渗流速度时，应将达西定律的公式修正为：

$$\nu = K(J - J_0) \tag{2-21}$$

现以砂土和黏土的渗透规律为例来分析。砂土只要 $J>0$ 就开始渗透，并随 J 值的增大流速也增加；在 $J<J_0'$时，$\nu=0$ 即没有发生渗流现象，要待水力梯度达到 $J>J_O$ 时，自由水才开始发生渗流，自此后，服从于达西定律：随着水力梯度的增高，渗流速度增大。

4）影响土的渗透性的因素

从以上分析的情况中不难看出，影响土的透水性的因素主要有：

（1）土的粒度成分及矿物成分。土粒的大小、形状及级配等决定着土粒间孔隙的大小，因而影响着土的渗透性。土粒粗大、浑圆、均匀的土，其渗透性就大；砂土中混有粉土及黏土时，其渗透系数会大大降低。关于土的矿物成分对粗碎屑土甚至粉土的渗透性影响不大；但黏土中含有亲水性较强的黏土矿物（如蒙脱石）或有机质时，使土粒遇水膨胀，大大降低了透水性；有机质含量较多的淤泥几乎是不透水的。

（2）土粒表面的结合水膜。黏性土中结合水膜较厚时，其较强的水胶联结力会阻塞自由水的渗透。如含钠黏土，钠离子使土粒的静电引力场扩大，水化膜增厚，则透水性很低；如黏土加入高价的电解质（如 Al、Fe 等）时会使水化膜变薄，黏粒凝聚成粒团，土的孔隙增大，则土的透水性也增强。

（3）土的结构构造。天然土层通常是各向异性，即在不同方向上具有不同的渗透性，黄土垂直方向的渗透性大于水平方向；带状黏土水平方向的透水性大于垂直方向，其渗透系数相差可达数倍到数十倍。因而土的结构构造影响着土的透水性。

（4）水的黏滞度。渗透速度与水的黏滞度和重度有关，这两个值随水温而变。在天然土层中，因表土层以下的温度变化很小，可不予考虑，但在室内做渗透试验时，同一种土在不同温度下会得到不同的渗透系数值，故应考虑温度的影响。一般以水温为 10℃时的渗透系数 K_{10} 的黏滞度为 1，根据试验证明，水的黏滞度的比值，在水温 -10℃时，为 1.988，水温 40℃时，为 0.502。由此可见水的黏滞度随水温的降低而增大；反之，水温增高时，则水的黏滞度减小。

（5）土孔隙中的气体。土孔隙中气体的存在可减少土体实际渗透面积，同时气体随渗透水压的变化而胀缩，成为影响渗透面变化的不定因素。当土孔隙中存在密闭气泡时，会阻塞自由水的渗流而降低土的渗透性。有的密闭气泡是由溶解于水中的气体分离出来而形成的，故在室内试验时，规定要用蒸馏水。

2. 土的毛细性

土的毛细性是指土中的毛细孔隙能使水产生毛细现象的性质。毛细现象是指土中水受毛细力作用沿着毛细孔隙（孔径为 0.002～0.5mm）向上及向其他方向运移的现象。

毛细水的上升可能引起道路翻浆、盐渍化、冻害等，导致路基失稳。因此，了解和认识土的毛细性，对公路工程的勘测、设计有着重要的意义。

1）毛细水上升高度及速度

关于毛细水上升的高度和速度，通过物理实验即可得到证明，如图 2-13 所示。用一毛细管插入水中，当弯液面与管壁的湿润角（亦称接触角）$\theta < 90°$时，毛细管内液体滑管壁上升。

在实际工程中，常采用经验公式来估算毛细水上升的高度，如海森（A. Hazen）经验公式：

$$h_c = \frac{C}{ed_{10}} \tag{2-22}$$

式中：h_c——毛细水上升高度（m）；

e——孔隙比；

d_{10}——有效粒径（mm）；

C——土粒表面光净系数，$C = 1 \times 10^{-5} \sim 5 \times 10^{-5}$（$m^2$）。

在黏性土中，由于黏粒或胶粒周围存在着结合水膜，它影响着毛细水弯液面的形成，减小土中孔隙的有效直径，使毛细水的活动受到很大的阻滞力，毛细水上升速度很慢，上升的高度也受影响；当土粒间全被结合水充满时，虽有毛细现象，但毛细水已无法存在。

关于毛细水上升的速度，和上升高度一样，也与土粒及其粒间孔隙大小密切相关。根据实验：用人工制备的石英砂，以不同粒径的土测试其毛细水上升速度与上升高度的关系，结果如图 2-14 所示：

①0.05～0.005mm 粉土，上升的最大高度可达 200cm 以上，其上升速度开始为 175cm/h，100h 以后毛细水上升速度明显减慢，约为 0.17cm/h，直到达到最大高度为止。

②0.1～0.06mm 极细砂上，开始以 4.5cm/h 速度上升，20h 以后上升速度骤减，以0.125cm/h 上升，在 80h 内毛细水仅上升 10cm。

③0.2～0.1mm 细砂及中砂土，毛细水上升的最大高度约为 20cm 左右，开始以 5.5～6cm/h 速度上升很快，在数小时即可接近最高值，然后以极慢的速率上升直到最高值。

总的来说，毛细水在土中不是匀速上升的，而是随着高度的增加而减慢，直至接近最大高度时，渐趋近于零。再从粒径而言，毛细水上升的速度也是先快后慢，虽然其速率都比较小，但持续时间长，于是上升高度大。

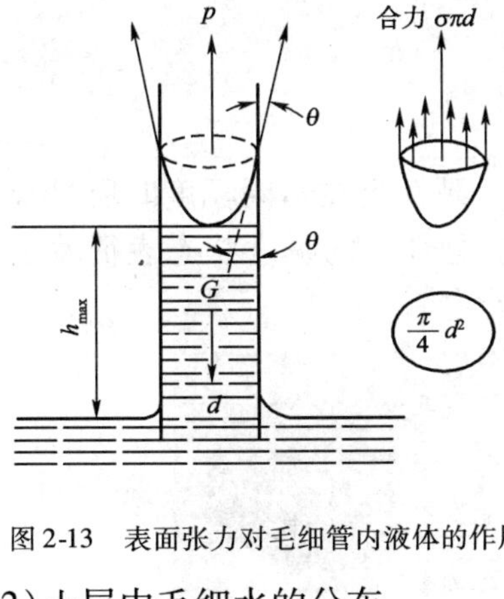

图 2-13　表面张力对毛细管内液体的作用

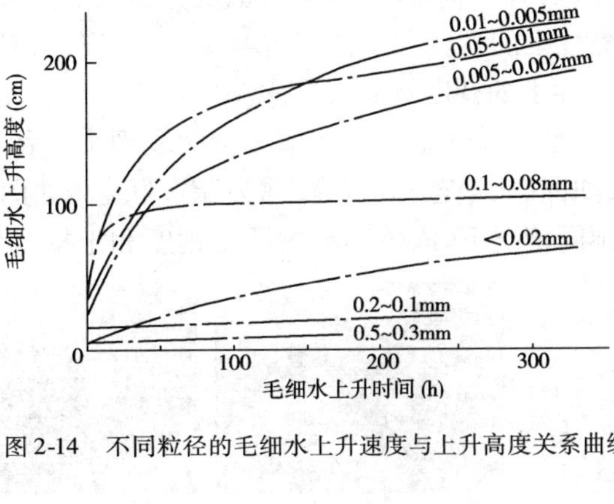

图 2-14　不同粒径的毛细水上升速度与上升高度关系曲线

2）土层中毛细水的分布

在工程上不仅要计算土层中毛细水上升的速度及上升的高度，而且还要了解毛细水在土层中的分布状况。我们把土层中被毛细水所润湿的范围，称为毛细水带。按毛细水带的形成及其分布特征，可将土层中的毛细水划分为三个带见图 2-15：

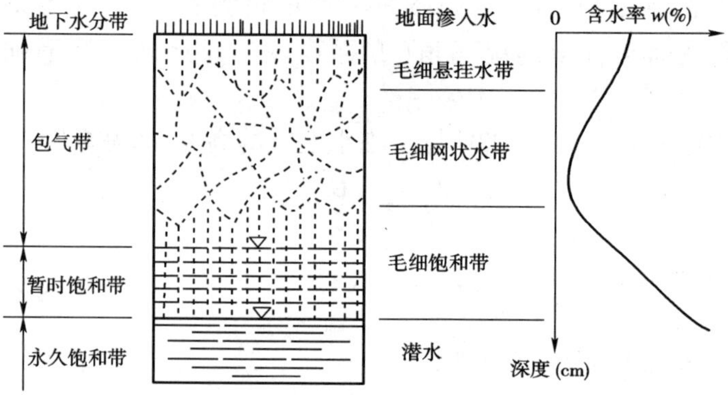

图 2-15　土层中毛细水的分布

①毛细饱和带(又称正常毛细水带)。它位于包气带下部及潜水永久饱和带上部,其分布范围大致与潜水暂时饱和带相同,并稍偏其上;受地下水位季节性升降变化的影响很大。这一毛细水带主要由潜水面直接上升而形成的,毛细水几乎充满了全部孔隙。

②毛细网状水带。它位于土层包气带的中部、毛细饱和带之上。当重力水下渗时,有一部分被局部毛细孔隙所"俘获"而成毛细水;或因地下水位下降时,残留于毛细孔隙中而成毛细水。但在土层的超毛细孔隙中,除土粒表面有结合水外,毛细水随重力水下渗,在孔隙中留下空气泡。在这一带内,分布于局部毛细孔隙中的毛细水,被大量的空气泡所隔离,使之呈网状。毛细网状水带中的水,可以在表面张力和重力作用下向各个方向移动。

③毛细悬挂水带(又称上层毛细水带)。它位于土层包气带的上部。这一带的毛细水是由地表水渗入而形成的,受毛细力的牵引,悬挂于包气带的最上层,它不与中部或下部的毛细水相连。上层毛细水带受地面温度和湿度的影响很大,常发生蒸发与渗透的"对流"作用,使土的表层结构遭到破坏。当地表有大气降水补给时,上层毛细水在重力作用下向下移动。

上述三个毛细水带不一定同时存在,当地下水位很高时,可能只有正常毛细水带,而没有毛细悬挂水带和毛细网状水带;反之,当地下水位较低时,则可能同时出现三个毛细水带。总之土层中毛细水呈带状分布的特征,完全取决于当地的水文地质条件。了解土层中毛细水含水量的变化,对土质路基、地基的稳定分析有着重要意义。

3. 黏性土的稠度和塑性

1)黏性土的稠度及界限含水率

稠度:是指黏性土随含水率多少而表现出的稀稠程度。黏性土在不同稠度时所呈现的物理状态,如固态、塑态、液态等,称为稠度状态(如图 2-16)。黏性土的稠度状态表征着土中含水率在不同情况下,固体颗粒的活动程度和土抵抗外力的能力。

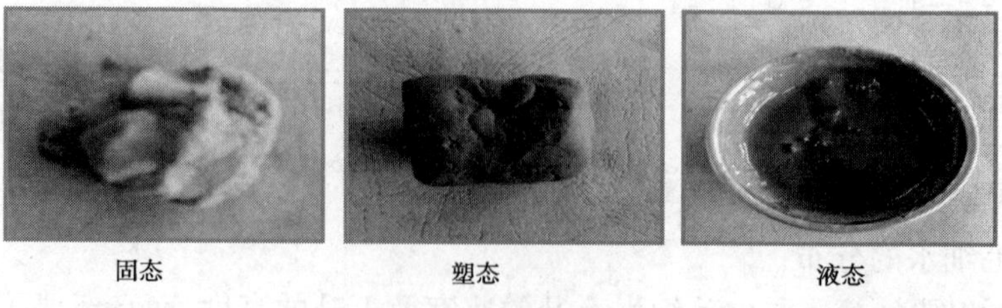

图 2-16　土的稠度状态

在黏性土中,当只含强结合水时,土呈固态,能够抵抗较大的外力而不变形;当土中含水率加大，含有弱结合水时，土呈半固态，在外力作用下易变形；当土中含水率加大到出现极弱结合水时，土呈塑性状态，在外力作用下易变形但不发生断裂；当土中含有自由液态水时，黏粒间距离较大，水胶联结力几乎消失，则土呈液性状态，在土的自重作用下即可发生液流现象。

相邻的两种调度状态虽有明显的区别，但并无截然划分的标准，而是一个连续渐变的过程，当含水率的变化到一定界限时，就会出现质的变化。通常将土从一种稠度状态变为另一种稠度状态的界限，称为稠度界限。由于稠度界限是用含水率表示的，故又称为界限含水率，见表 2-5。

液限（ω_L）——又称塑性上限或液性下限，是指土的液态和塑态之间的界限含水率。

塑限（ω_P）——又称塑性下限，是塑态与半干硬状态之间的界限含水率。

缩限（ω_S）——在干硬状态范围内，是半干硬状态与干硬状态之间的界限含水率；为土的体积收缩与不收缩之间的转变点。

因为黏性土的软硬状态直接决定它的力学性质（变形与强度特征等），故在工程中，测试黏性土的这些界限点，了解其稠度状态是十分重要的。

土的稠度及界限含水率

表 2-5

稠度状态	稠度特征	界限含水率	（稠度界限）	含水率减少方向　土体积缩小方向
流塑的	呈层状流动			
		液限 w_L	（塑性上限）	
可塑的	塑性变形			
		塑限 w_P	（塑性下限）	
半干硬的	不易变形			
		缩限 w_S		
干硬的	坚硬难变形			土体积不变

2）黏性土的塑性及其指标

塑性状态是黏性土的一种特殊状态。因此，黏性土又称为塑性土。土的塑性是指土在一定外力作用下可以塑造成任何形状而不改变其整体性。当外力取消后在一段时间内仍保持其已变形后的形态而不恢复原状的性能，也称为土的可塑性。

测定可塑性强弱的指标是塑性指数（I_P），即土的液限与塑限两个界限含水率之差。如式：

$$I_P = w_L - w_P \tag{2-23}$$

塑性指数 I_P 值愈大，可塑性愈强，反之则愈小。

黏性土的塑性指数大小，主要取决于土中黏粒、胶粒的含量及矿物成分的亲水性。即是说，土中黏粒胶粒含量越多，亲水性越强，土的塑性指数越大，反之则越小。在工程地质实践中常用 I_P 值对黏性土进行分类和命名见表 2-6。

黏性土界限含水率的测试方法很多，过去常用锥式液限仪测定液限，用搓条法测定塑限。现在通常用液塑限联合测定仪同时测定液限和塑限。

土按塑性指数（I_P）的分类

表 2-6

土的名称	砂土（无塑性土）	亚砂土（低塑性土）	亚黏土（中塑性土）	黏土（高塑性土）
塑性指数	$I_P<1$	$1<I_P\leqslant7$	$7<I_P\leqslant17$	$I_P>17$

为了反映黏性土在天然情况下的稠度状态，可以用液性指数（I_L）来表示，即土的天然含水率和塑限之差与塑性指数的比值。如式：

$$I_L = \frac{w - w_P}{I_P} = \frac{w - w_P}{w_L - w_P} \tag{2-24}$$

或者，用相对稠度（I_C）来表示，即土的液限和天然含水率之差与塑性指数的比值。如式：

$$I_C = \frac{w_L - w}{I_P} = \frac{w_L - w}{w_L - w_P} \tag{2-25}$$

由式(2-19)和式(2-20)可知：若某黏性土的 w_L 和 w_P 为已知，则土的稠度状态可用 I_L 或 I_C 求得。式(2-19)中，当 $w = w_P$ 时，$I_L = 0$；当 $w = w_L$ 时，$I_L = 1$。式(2-20)中 $w = w_L$ 时，$I_C = 0$；当 $w = w_P$ 时，$I_C = 1$。无论是 I_L，还是 I_C，都是以 w 的多少而定，但其变化值均为 0 ~ 1 之间，只是两者反映的状态相反。

由此不难得出结论：对某种土而言，其液限 w_L 和塑限 w_P 都是一定值，土的天然含水率 w 愈大，液性指数 I_L 愈大；相对稠度 I_C 愈小。液性指数愈大，土愈稀软；相对稠度 I_C 愈大，土愈干硬。

在土质学中，常用液性指数 I_L 表征土的天然含水率、稠度状态及力学强度等，同时 I_L 也是划分黏性土稠度状态的指标，见表 2-7。

据液性指数(I_L)对黏性土的状态划分 表 2-7

液性指数值	$I_L \leq 0$	$0 < I_L \leq 0.25$	$0.25 < I_L \leq 0.75$	$0.75 < I_L \leq 1$	$I_L > 1$
稠度状态	干硬状态	硬塑状态	易塑状态	软塑状态	流动状态
	半固体状态	塑性状态			液流状态

应当指出，根据液性指数所判定的稠度状态的标准值，是以室内扰动土样测定的，未考虑其土的结构影响，故只能作参考。在自然界中，除少数近代最新沉积的饱水黏性土外，一般黏土都具有较强的结构联结，故天然含水率大于塑限时，并不表现为塑性状态，仍呈半固态；天然含水率超过液限时，也不表现为液流状态。只有天然结构被破坏后才表现出塑态或流态。自然界黏性土的这种现象称为潜塑状态或潜流状态。

根据平衡锥沉入原状土深度确定土的天然稠度 表 2-8

锥体入土深度(mm)	<2	2 ~ 3	3 ~ 7	7 ~ 10	>10
土的天然稠度状态	坚硬的	硬塑的	可塑的	软塑的	流塑的
液性指数 I_L	<0	0 ~ 0.125	0.125 ~ 0.625	0.625 ~ 1.0	>1.0
物理状态	半固态	塑态			液态

对此有些部门的土工试验规程建议在原状土样上直接用锥式液限仪的灌入深度判定土的状态，其划分标准见表 2-8。

三、土的物理性质和水理性质的检测

试验 1 土的比重(土粒密度)试验比重瓶法

1. 目的和适用范围

本试验法适用于粒径小于 5mm 的土。

2. 仪器设备

(1)比重瓶：容量 100(或 50)mL。

(2)天平：称量 200g，感量 0.001g。

(3)恒温水槽：灵敏度 ±1℃。

(4)砂浴。

(5)真空抽气设备。

(6)温度计:刻度为0~50℃,分度值为0.5℃。

(7)比重瓶校正。

(8)其他:如烘箱、蒸馏水、中性液体(如煤油)、孔径2mm及5mm筛、漏斗、滴管等。

①将比重瓶洗净、烘干,称比重瓶重量,准确至0.001g。

②将煮沸后冷却的纯水注入比重瓶。对长颈比重瓶注水至刻度处,对短颈比重瓶应注满纯水,塞紧瓶塞,多余水分自瓶塞毛细管中溢出。调节恒温水槽至5℃或10℃,然后将比重瓶放入恒温水槽内,直至瓶内水温稳定。取出比重瓶,擦干外壁,称瓶、水总质量,准确至0.001g。

③以5℃级差,调节恒温水槽的水温,逐级测定不同温度下的比重瓶、水总质量,至达到本地区最高自然气温为止。每级温度均应进行两次平行测定。两次测定的差值不得大于0.002g,取两次测值的平均值。绘制温度与瓶、水总质量的关系曲线。

3.试验步骤

(1)将比重瓶烘干,将15g烘干土装入100mL比重瓶内(若用50mL比重瓶,装烘干土约12g),称量。

(2)为排除土中空气,将已装有干土的比重瓶,注蒸馏水至瓶的一半处,摇动比重瓶,土样浸泡20h以上,再将瓶在砂浴中煮沸,煮沸时间自悬液沸腾时算起,砂及低液限黏土应不少于30min,高液限黏土应不少于1h,使土粒分散。注意沸腾后调节砂浴温度,不使土液溢出瓶外见图2-17。

图2-17　装有土粒的比重瓶在砂浴中煮沸

(3)如系长颈比重瓶,用滴管调整液面恰至刻度处(以弯月面下缘为准),擦干瓶外及瓶内壁刻度以上部分的水,称瓶、水、土总质量。如系短颈比重瓶,将纯水注满,使多余水分自瓶塞毛细管中溢出,将瓶外水分擦干后,称瓶、水、土总质量,称量后立即测出瓶内水的温度,准确至0.5℃。

(4)根据测得的温度,从已绘制的温度与瓶、水总质量关系曲线中查得瓶水总质量。如比重瓶体积事先未经温度校正,则立即倾去悬液,洗净比重瓶,注入事先煮沸过且与试验时同温度的蒸馏水至同一体积刻度处,短颈比重瓶则注水至满,按本试验(3)步骤调整液面后,将瓶外水分擦干,称瓶、水总质量。

(5)如系砂土,煮沸时砂粒易跳出,允许用真空抽气法代替煮沸法排除土中空气,其余步骤与本试验(3),(4)相同。

(6)对含有某一定量的可溶盐、不亲性胶体或有机质的土,必须用中性液体(如煤油)测定,并用真空抽气法排除土中气体。真空压力表读数宜为100kPa,抽气时间1~2h(直至悬液内无气泡为止)其余步骤同本试验(3)、(4)。

(7)本试验称量应准确至0.001g。

4.结果整理

(1)用蒸馏水测定时,按下式计算比重:

$$G_s = \frac{m_s}{m_1 + m_s - m_2} \times G_{wt}$$

式中:G_s——土的比重。计算至0.001;

m_s——干土质量(g);

m_1——瓶、水总质量(g)；

m_2——瓶、水、土总质量(g)；

G_{wt}——t℃时蒸馏水的比重(水的比重可查物理手册)，准确至0.001。

(2)用中性液体测定时，按下式计算比重：

$$G_s = \frac{m_s}{m'_1 + m_s - m'_2} \times G_{kt}$$

式中：G_s——土的比重。计算至0.001；

m'_1——瓶、中性液体总质量(g)；

m'_2——瓶、土、中性液体总质量(g)；

G_{kt}——t℃时中性液体比重(应实测)，准确至0.001。

试验2　土的含水率试验

一、烘干法

1.目的和适用范围

本试验方法适用于测定黏质土、粉质土、砂类土、有机质土和冻土土类的含水率。

2.仪器设备

(1)烘箱：可采用电热烘箱或温度能保持105～110℃的其他能源烘箱。

(2)天平：称量200g，感量0.01g；称量1000g，感量0.1g。

(3)其他：干燥器、称量盒[为简化计算手续，可将盒质量定期(3～6个月)调整为恒质量值]等。

3.试验步骤

(1)取具有代表性试样，细粒土15～30g，砂类土、有机质土为50g，砂砾石为1～2kg，放入称量盒内，立即盖好盒盖，称质量。称量时，可在天平一端放上与该称量盒等质量的砝码，移动天平游码，平衡后称量结果减去称量盒质量即为湿土质量见图2-18。

(2)揭开盒盖，将试样和盒子放入烘箱内，在温度105～110℃恒温下烘干。烘干时间对细粒土不得少于8h，对砂类土不得少于6h。对含有机质超过5%的土或含石膏的土，应将温度控制在60～70℃的恒温下，干燥12～15h为好。

(3)将烘干后的试样和盒取出，放入干燥器内冷却(一般只需0.5～1h)。冷却后盖好盖，称质量，准确至0.01g。

图2-18　用天平称量土样质

4.结果整理

(1)按下式计算含水率：

$$w = \frac{m - m_s}{m_s} \times 100$$

式中：w——含水率(%)，计算至0.1；

m——湿土质量(g)；

m_s——干土质量(g)。

二、酒精燃烧法

1.目的和适用范围

本试验方法适用于快速简易测定细粒土(含有机质的土除外)的含水率。

2. 仪器设备

(1)称量盒(定期调整为恒质量)

(2)天平;感量0.01g。

(3)酒精:纯度95%。滴管、火柴、调土刀等。

3. 试验步骤

(1)取代表性试样(黏质土5~10g,砂类土20~30g),放入称量盒内,称湿土质量m,准确至0.01g。

(2)用滴管将酒精注入放有试样的称量盒中,直至盒中出现自由液面为止。为使酒精在土样中充分混合均匀,可将盒底在桌面上轻轻敲击。

(3)点燃盒子中酒精,燃至火焰熄灭见图2-19。

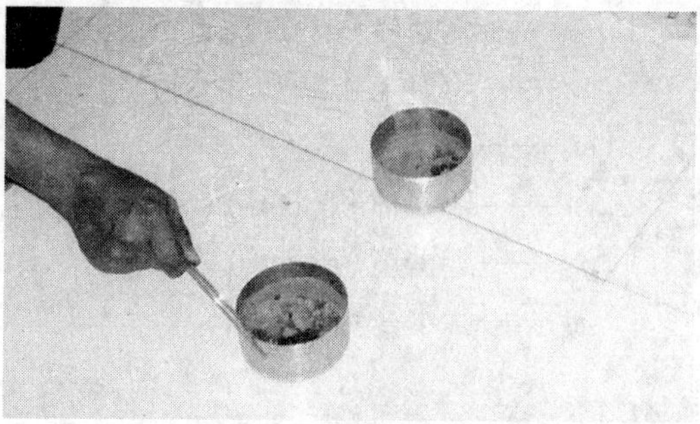

图2-19 酒精燃烧土粒

(4)将试样冷却数分钟,按(3)、(4)再重新燃烧两次。

(5)待第三次火焰熄灭后,盖好盒盖,立即称干土质量m,准确至0.01g。

4. 结果整理

按下式计算含水率:

$$w = \frac{m - m_s}{m_s} \times 100$$

式中:w——含水率(%),计算至0.1;

m——湿土质量(g);

m_s——干土质量(g)。

试验3 土的密度试验——环刀法

1. 目的和适用范围

本试验方法适用于细粒土

2. 仪器设备

(1)环刀:内径6~8cm;高2~5.4cm;壁厚1.5~2.2mm

(2)天平:感量0.1g

(3)其他:修土刀;钢丝锯;凡士林等

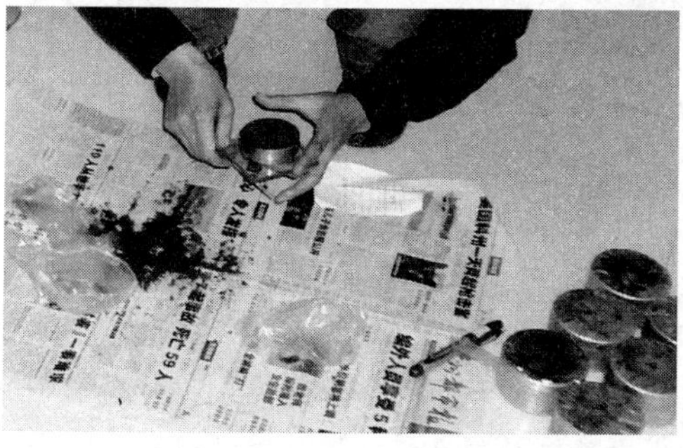

图2-20 削去环刀两端余土

3. 试验步骤

(1)按工程需要取原状土或制备所需状态的扰动土样,整平两端,环刀内壁涂一薄层凡士林,刀口向下放到土样上。

(2)用修土刀或钢丝锯将土样上部削成略大于环刀直径的土柱,然后将环刀垂直下压,边压边削,直至土样伸出环刀上部为止。削去两端余土,使土样与环刀口面齐平,并用剩余土样测定含水率见图2-20。

(3)擦净环刀外壁,称环刀与土和质量m_1。准确至0.1g。

4. 结果整理

按下列公式计算湿密度及干密度：

$$\rho = \frac{m_1 - m_2}{V} \qquad \rho_d = \frac{\rho}{1 + 0.01\omega}$$

式中：ρ ——湿密度(g/cm)，计算至0.01；

m_1——环刀与土和质量(g)；

m_2——环刀质量(g)；

V——环刀体积(cm^3)；

ρ_d——干密度(g/cm^3)，计算至0.01；

w——含水率(%)。

试验4　界限含水率试验

一、液塑限联合测定法

1. 目的

测定土的液限和塑限，为划分土类、计算天然稠度、塑性指数、供公路工程设计和施工使用。

2. 适用范围

使用于粒径不大于0.5mm，有机质含量不大于式样总质量的5%的土。

3. 仪器

(1)LD—100G型数显式液限塑限联合测定仪见图2-21：①圆锥仪：质量100g，锥角30°，精确到0.1g；②盛土杯，直径5cm，深4～5cm；③数显窗口及电器控制部分。

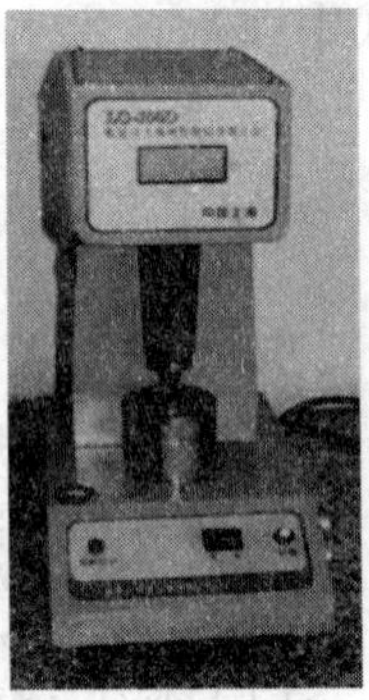

图2-21　液塑限联合测定仪

(2)天平：称量200g，感量0.01g。

(3)烘箱，筛(孔径0.5mm)，调土刀，调土皿，称量盒，研钵，干燥器，凡士林，盛土皿等。

4. 步骤

(1)试样制备：取有代表性的天然含水率后风干土样进行试验，如土中含大于0.5mm的土粒或杂物时，应将风干土样用带橡皮头的研钵研碎或用木棒在橡皮板上压碎，过0.5mm筛。

(2)取样闷土：取0.5mm筛下土样200g，分别放在三个盛土皿中，加不同数量蒸馏水，土样含水率分别按制在液限(a点)，略大于塑限(c点)和二者的中间状态(b点)。

用调土刀调匀，盖上湿布，放置18h以上，测定a点的锥入深度应控制在5mm以下，对于砂类土，测定c点的锥入深度可大于5mm。

(3)将制备的土样充分拌匀，分层装入盛土杯，用力压密，使空气逸出。装满后，刮成与杯边齐平。

(4)调平机身，接通电源，打开电源开关，锥尖涂少许凡士林，提上锥体。

(5)测锥入深度h_1。将装好土样的试杯放在升降座上，转动升降座旋钮，试杯徐徐上升。土样与锥尖接触，“接触”灯亮，按下“放”按钮，圆锥仪下落，并开始计时，发出信号声，5秒后，信号停止，此时读数窗上的读数，即为锥入深度h_1。提上锥体，擦净锥尖，转动平台升降旋钮，使盛土杯下降，取盛土杯。

(6)测锥入深度 h_2，改变锥尖与土接触位置，锥尖两次锥入位置距离不小于1cm，得锥入深度 h_2。

(7)计算锥入深度 h。h_1，h_2 允许误差0.5mm，否则应重新做，取 h_1，h_2 平均值作为该点的锥入深度 h。

(8)测含水率 w。去掉锥尖凡士林，取10g以上的土样两个，分别装入已知质量的称量盒内，测其含水率 w_1，w_2，并计算含水率的平均值 w 见表2-9。

(9)重复3~8步，对其他两个含水率的土样进行试验，测其锥入深度和相应的含水率。

含水率测定的允许平行差　表2-9

含水率(%)	允许平行差值(%)
5以下	0.3
40以下	≤1
40以上	≤2

5. 结果整理

(1)计算含水率 ω

$$w = \frac{m - m_s}{m_s} \times 100，计算至0.1\%$$

式中：m ——湿土质量，g；

m_s——干土质量，g。

(2)绘 h — w 图见图2-22：在双对数坐标纸上，以含水率 w 为横坐标，锥入深度 h 为纵坐标，点绘 a、b、c 三点含水率的 h—w 图，连此三点成一条直线。若三点不共线，过 a 点与 b、c 两点连成两直线。根据液限(a 点的含水率)，在 w_L— h_p图(即液限与塑限时入土深度的关系线)上查得 h_p，以此 h_p，再在 h—w 图上的 ab、ac 两直线上求出相应两个含水率，当两个含水率的差值小于2%时，以该两点含水率的平均值与 a 点连成一直线。当两个含水率的差值大于2%时，应重做。

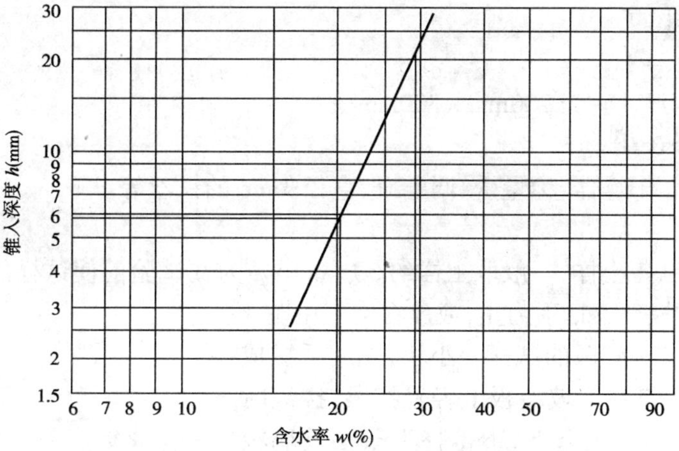

图2-22　h—w 图

(3)求液限 w_L。在 h—w 图上，查得入土深度20mm所对应的含水率 w，即为该土样的液限 w_l。

(4)求塑限 w_p。利用液限 w_l，通过 w_l — h_p 图，查得 h_p，即塑限时入土深度。再由 h—w 图，求出 h_p 对应的含水率，即为该土样的塑限 w_p。

查 w_L — h_p 图时，须先通过简易辨别法及筛分法，把砂类土与细粒土别开。对于细粒土，用双曲线确定 h_p 值。对于砂类土，则用多项曲线取得 h_p 值。

在没有 w_L — h_p 图时，可用下列公式计算 h_p。

砂类土：$h_p = 29.6 - 1.22w_l + 0.017w_L^2 - 0.0000744w_L^3$

细粒土：$h_p = \dfrac{w_L}{0.524w_L - 7.606}$

(5)计算塑限指数 I_p，并利用塑限图划分土类。

$$I_p = w_L - w_p$$

式中：w_L——液限；

w_p——塑限。

6.注意事项

(1)试验时不得在土样下垫绝缘物。

(2)周围不得有强磁场及强风。

(3)保护锥尖，不得空放锥体。

(4)由于土质不同，"接触"灯有时不亮系正常。

补充：建议鉴别砂类土及细粒土，将研散的风干试样摊成一薄层，凭目测估计土中巨、粗、细粒组所占比例，再按以下规定确定其为砂类土或细粒土。

粗粒土：式样中粗粒组质量多于总质量50%土。

砾类土：粗粒土中砾类组质量多于总质量50%土。

砂类土：粗粒土中砾类组质量少于或等于总质量50%的土。

细粒土：试样中细粒组质量多于总质量50%的土。

二、滚搓法测土的塑限

1.目的和适用范围

本试验的目的是按滚搓法测定土的塑限，适用于粒径小于0.5mm以及有机质含量不超过试样总质量5%的土。

2.仪器设备

(1)毛玻璃板：尺寸宜为200mm×300mm

(2)天平：感量0.01g。

(3)其他：烘箱、干燥器、称量盒、调土皿、直径3mm的铁丝等。

3.试验步骤

(1)按试验4制备土样，一般取土样约50g备用。为在试验前使试样的含水率接近塑限，可将试样在手中揉捏至不粘手为止，或放在空气中晾干。

(2)取含水率接近塑限的试样一小块，先用手搓成椭圆形，然后再用手掌在毛玻璃板上轻轻搓滚，搓滚时需以手掌均匀施压力于土条上，不得将土条在玻璃板上进行无压力滚动。土条长度不宜超过手掌宽度，并在滚搓时不应从手掌下任一边脱出。土条在任何情况下不允许产生中空现象。

(3)继续搓滚土条直径达3mm时，产生裂缝并开始断裂为止。若土条搓成3mm时仍未裂缝及断裂，表示这时试样的含水率高于塑限，则将其重新捏成一团，重新滚搓；如土条裂缝大于3mm时即行断裂，表示试样含水率小于塑限，应弃去，重新取土加适量水调匀后再搓，直至合格。若土条在任何含水率下始终搓不到3mm即开始断裂，则认为该土无塑性见图2-23。

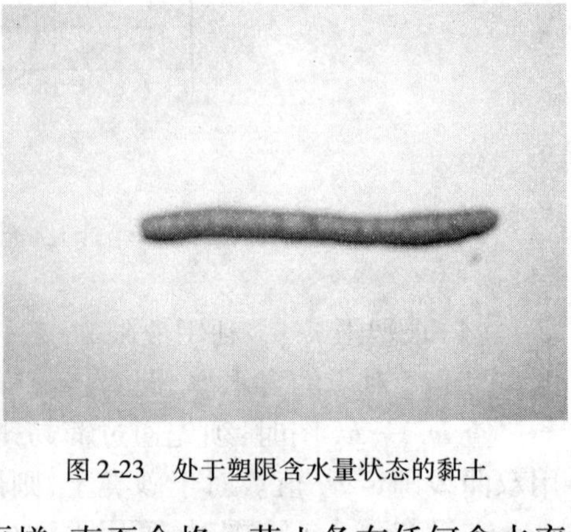

图2-23　处于塑限含水量状态的黏土

(4)收集约3～5g合格的断裂土条，放入称量盒内，随即盖紧盒盖，测定其含水率。

4. 结果整理

(1)按下式计算塑限：$w_p = \left(\frac{m_1}{m_2} - 1\right) \times 100$

式中：w_p——塑限(%)，计算至0.1；

m_1——湿土质量(g)；

m_2——干土质量(g)。

三、液限碟式仪法测土的液限

1. 目的和适用范围

本试验的目的地按碟式液限仪法测定土的液限，适用于粒径小于0.5mm以及有机质含量不大于试样总质量5%的土。

2. 仪器设备

(1)碟式液限仪见图2-24：由土碟和支架组成专用仪器，并有专用划刀，底座应为硬橡胶制成。

(2)天平：称量200g，分度值0.01g。

(3)其他：烘箱、干燥缸、铝盒、调土刀、筛(孔0.5mm)等。

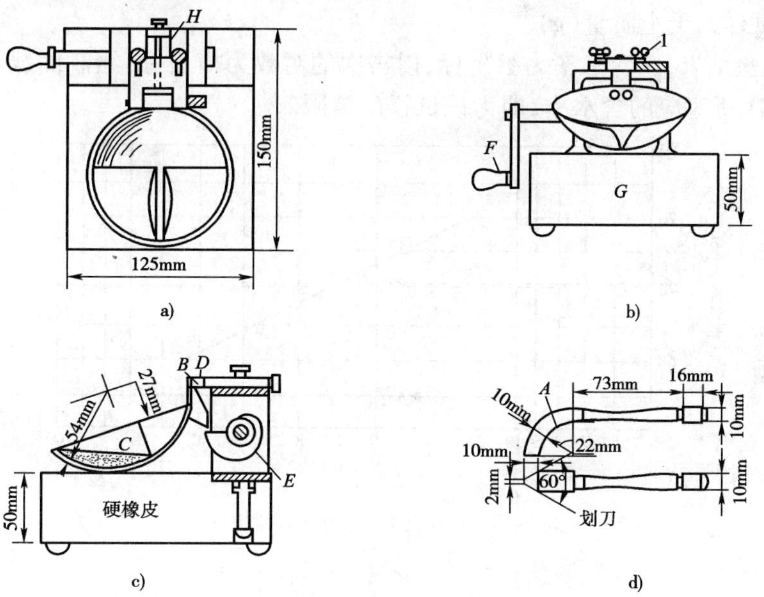

图2-24　碟式液限仪

a)划刀；b)销子；c)土碟；d)支架

3. 试验步骤

(1)取过0.5mm筛的土样(天然含水率的土样或风干土样均可)约100g，放在调土皿中，按需要加纯水，用调土刀反复拌匀。

(2)取一部分试样，平铺于土碟的前半部，见图2-25a)。铺土时应防止试样中混入气泡。用调土刀将试样面修平，使最厚处为10mm，多

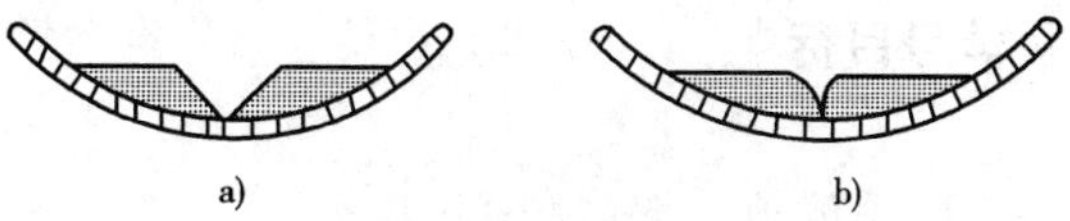

图2-25　划槽及合拢状态

a)试前划成两半；b)试后合拢情况

余试样放回调土皿中。以蜗形轮为中心,用划刀自后至前沿土碟中央将试样划成槽缝清晰的两半[见图2-25b)]。为避免槽缝边扯裂或试样在土碟中滑动,允许从前至后,再从后至前多划几次,将槽逐步加深,以代替一次划槽,最后一次从后至前的划槽能明显的接触碟底,但应尽量减少划槽的次数。

(3)以每秒2转的速率转动摇柄 F,使土碟反复起落,坠击于底座 G 上,数记击数,直至试样两边在槽底的合拢长度为13mm为止,记录击数,并在槽的两边采取试样10g左右,测定其含水率。

(4)将土碟中剩余试样移至调土皿中,再加水彻底拌和均匀,按本试验(1)-(3)的规定至少再做两次实验,这两次土的稠度应合拢长度为13mm时所需击数在15~35次之间。然后测定各击次下试样的含水率。

4. 结果整理

(1)按下列公式计算各击次下合拢时试样的相应含水率:

$$w_n = \left(\frac{m_n}{m_s} - 1\right) \times 100$$

式中:w_N——N 击下试样含水率(%),计算至0.1;

m_N——N 击下试样的质量(g);

m_s——试样的干土质量(g)。

(2)根据试验结果,以含水率为纵坐标,以击次的对数为横坐标,绘制曲线见图2-26,查得曲线上击次25次所对应的含水率,即为该试样的液限。

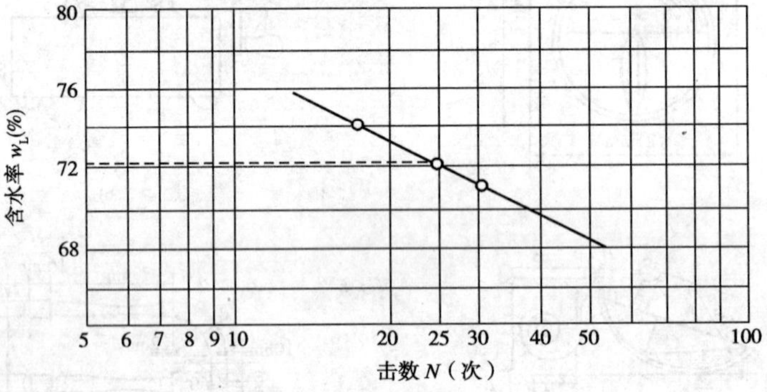

图2-26 含水率与击数关系曲线

单元学习2 识读工程地质图

学习目标

1. 了解地质图的种类;
2. 掌握地质图的比例尺、图例;
3. 学会地质图识读的步骤与要求;
4. 认识公路工程地质图。

任务描述

利用地质图、公路工程地质图的样本及相关多媒体资源和教师的讲解，同学们能识读各种工程地质图。

学习引导

工程地质图与工程地质报告书都将作为工程地质勘察的综合性文件，是建筑物的规划、设计和施工的重要基础资料之一。通过对工程地质图的阅读，可以了解该区域的地质情况，便于为开挖地基、公路和公共设施的修建，本学习任务就是识读工程地质图。

本学习任务沿着一下脉络进行学习：

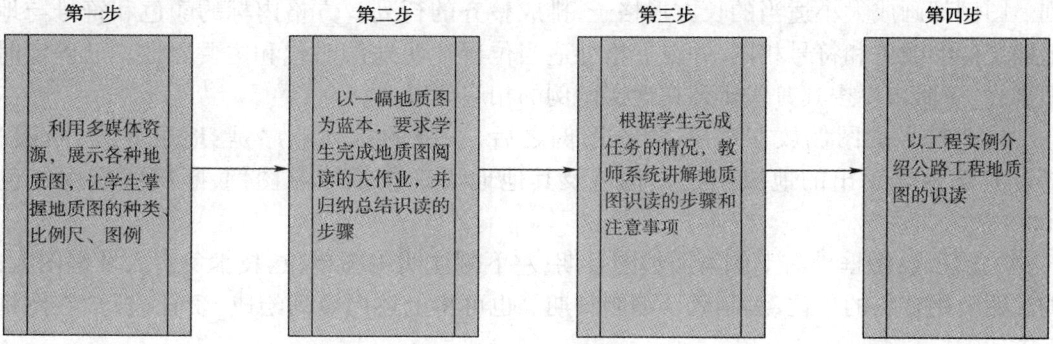

一、地质图

地质图是反映各种地质现象和地质条件的图件，它由野外地质勘探的实际资料编制而成，是地质勘测工作的主要成果之一。

地质图是指以一定的符号、颜色和花纹将某一地区各种地质体和地质现象（如各种地层、岩体、构造等的产状、分布、形成时代及相互关系）按一定比例尺综合概括地投影到地形图上的一种图件。

除了综合表示各基本地质现象的地质图外，还有着重表示某一方面地质现象的专门地质图件。如反映第四纪地层的成因类型、岩性和生成时代以及地貌成因类型和形状特征的地貌及第四纪地质图；反映地下水的类型、埋藏深度和含水层厚度、渗流方向等的水文地质图以及综合表示各种工程地质条件的工程地质图等。

工程建设的规划、设计、施工阶段，都需要以地质勘测资料作为依据，而地质图件是可直接利用且使用方便的主要图表资料。因此，学会编制、分析、阅读地质图件的基本方法是很重要的。

（一）地质图的规格

一副正规的地质图应该有图名、比例尺、方位、图例和责任表（包括编图事位、负责人员、编图日期及资料来源等)在图的左侧为综合地层柱状图,有时还在图的下方附剖面。

(1)图名:表明图幅所在的地区和图的类型。一般以图区内主要城镇、居民点或主要山岭、河流等命名。

(2)比例尺:用以表明图幅反映实际地质情况的详细程度。地质图的比例尺与地形图或地图的比例尺一样,有数字比例尺和线条比例尺。比例尺一般注于图框外上方、图名之下或下方正中位置。比例尺的大小反映图的精度,比例尺越大,图的精度越高,对地质条件的反映越详细。比例尺的大小取决了地质条件的复杂程度和建筑工程的类型、规模及设计阶段。

(3)图例:是一张地质图不可缺少的部分。不同类型的地质图各有其表示地质内容的图例。普通地质图的图例用各种规定的颜色和符号来表明地层、岩体的时代和性质。图例通常是放在图框外的右边或下边,也可放在图框内足够安排图例的空白处。图例要按一定顺序排列,一般按地层、岩石和构造这样的顺序排列。

①地层图例的安排是从上到下、由新到老;如果放在图的下方,一般是由左向右、从新到老排列。图例都画成大小适当的长方形格子,排成整齐的行列。方格内标的颜色和符号与地质图上同层位的颜色和符号相同,并在方格外适当位置注明地层时代和主要岩性。已确定时代的喷出岩、变质岩要按其时代排列在地层图例的相应位置上。

②构造符号的图例放在地层、岩石图例之后,一般的排列顺序是:地质界线、断层、节理等。凡图内表示出的地层、岩石、构造及其他地质现象都应有图例,断层线应用红色线表示。

(4)责任表:图框外右上侧写明编图日期;左下侧注明编图单位、技术负责人及编图人;右下侧注明引用资料的单位、编制者及编制日期。也可将上述内容列绘成“责任表”放在图框外右下方。

(二)地质图上反映的地质条件

1. 不同产状岩层界线的分布特征

(1)水平岩层:岩层界线与地形等高线平行或重合。

(2)倾斜岩层:倾斜岩层的分界线在地质图上是一条与地形等高线相交的“V”字形曲线。当岩层倾向与地面倾斜的方向相同时,在山脊处“V”字形的尖端指向山麓,在沟谷处‘V’字形的尖端指向沟谷上游,但岩层界线的弯曲程度比地形等高线的弯曲程度要小,见图2-28;当岩层倾向与地形坡向一致时,若岩层倾角大于地形坡角,则岩层分界线的弯曲方向和地形等高线的弯曲方向相反,当岩层倾向与地形坡向一致时,若岩层倾角小于地形坡角则岩层分界线弯曲方向和等高线相同,但岩层界线的弯曲度大于地形等高线的弯曲度。

(3)直立岩层:岩层界线不受地形等高线影响,沿走向呈直线延伸。

2. 褶皱

一般根据图例符号识别褶皱,若没有图例符号,则需根据岩层的新、老对称分布关系确定。

3. 断层

一般也是根据图例符号识别断层,若无图例符号,则根据岩层分布重复、缺失、中断、宽窄变化或错动等现象识别。

4. 地层接触关系

整合接触和不整合接触在地质图上的表现是相邻岩层的界线弯曲特征一致,只是前者相邻岩层时代连续，而后者则不连续。角度不整合在地质上图上的特征是新岩层的分界线遮断了老岩层的分界线。侵入接触使沉积岩层界线在侵入体出露处中断，但在侵入体两侧无错动，沉积接触表现出侵入体被沉积岩层覆盖中断。

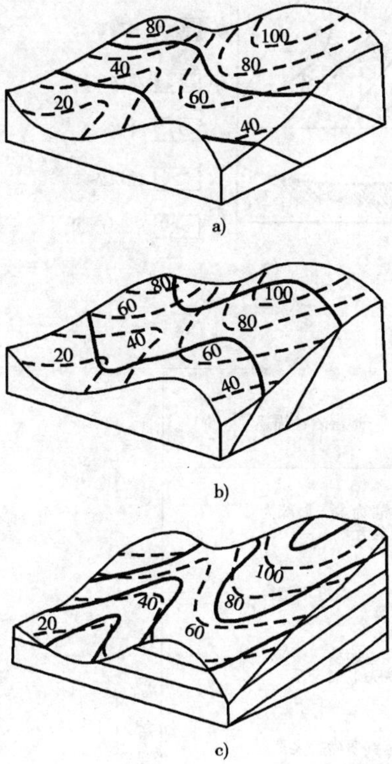

图 2-27　倾斜岩层在地质图上的分布特征（立体图）

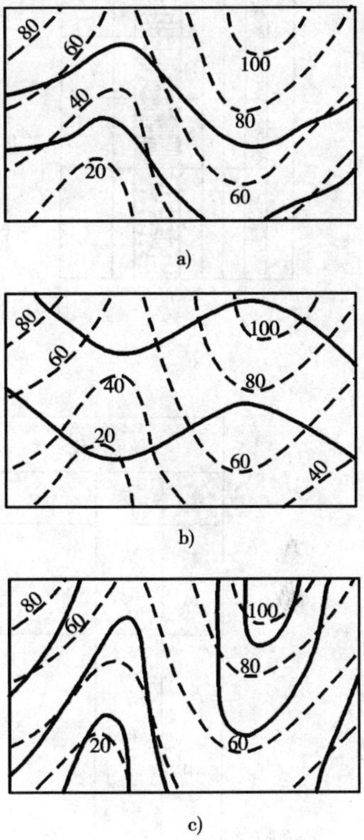

图 2-28　倾斜岩层在地质图上的分布特征（平面图）

（三）地质平面图、剖面图

平面图是反应地表地质条件的图，是最基本的图件（见图 2-29b）。

剖面图是配合平面图（如图 2-29c），反映一些重要部位的地质条件，它对地层层序和地质构造现象的反映比平面图更清晰、更直观。正规地质图常附有一幅或数幅切过图区主要构造的剖面图，置于图的下方。在地质图上标注出切图位置。剖面图所用地层符号、色谱应与地质图一致。

（四）综合地层柱状图

正式的地质图或地质报告中常附有工作区的综合地层柱状图。地层柱状图可以附在地质图的左边，也可以单独绘制。比例尺可根据反映地层详细程度的要求和地层总厚度而定。图名书写于图的上方，一般标为“××地区综合地层柱状图”。

综合地层柱状图是按工作区所有涉及到的地层的新老叠置关系恢复成原始水平状态切出的一个具有代表性的柱形。在柱状图中表示出各地层单位、岩性、厚度、时代和地层间的接触关系等。地层柱状图可以附在地质图的左边也可以单独成一幅图。比例尺可据反映地层详细程度的要求和地层总厚度而定见图 2-30。

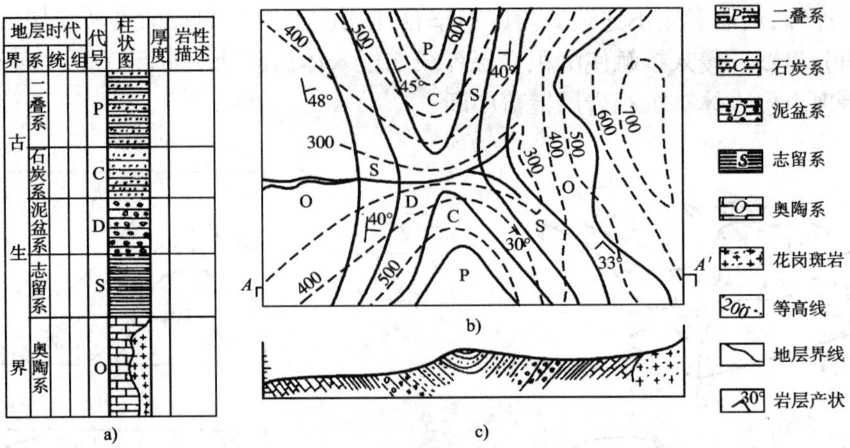

图 2-29　综合地质图

a) 柱状图；b) 平面图；c) 剖面图

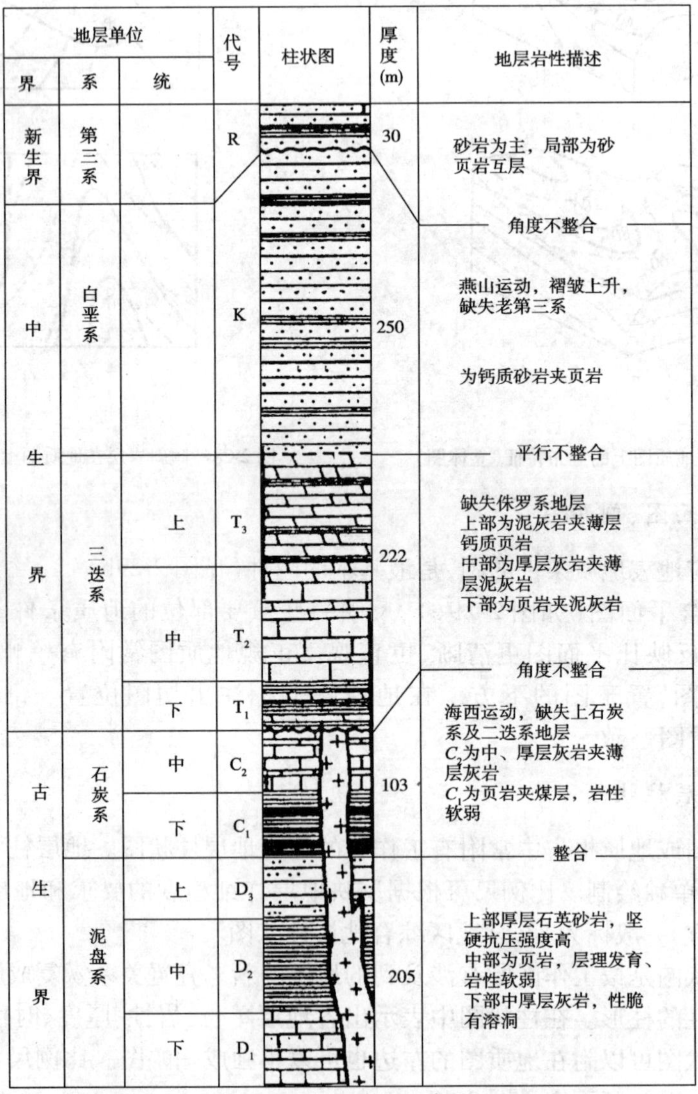

图 2-30　黑山寨地区综合地层柱状图

（五）地质图的阅读分析

1. 读图步骤与要求

一幅地质图反映了该地区各方面地质情况。在一定的地形图和地图知识的基础上，应该按照图名、比例尺和图例的顺序读地质图，综合分析各种地质现象之间的关系及规律性。

从图名和图幅代号、经纬度，了解图幅的地理位置和图的类型；从比例尺可以了解图上线段长度、面积大小和地质体大小及反映详略程度；图幅编绘出版年月和资料来源，便于查明工作区研究史。

在比例尺较大（如大于1∶50000，图比例尺是1∶5000，即图上1cm相当于实地距离50m）的地形地质图上，从等高线形态和水系可了解地形特点。在中小比例尺（1∶10万～1∶50万）地质图上，一般无等高线，可根据水系分布、山峰标高的分布变化，认识地形的特点。看图例、比例尺通过图例可以了解图示地区出露哪些岩层及其新老关系。看图例可以知道缩小的程度。

熟悉图例是读图的基础。首先要熟悉图幅所使用的各种地质符号，从图例可以了解图区出露的地层及其时代、顺序，地层间有无间断以及岩石类型、时代等。读图例时，最好与图幅地区的综合地层柱状图结合起来读，了解地层时代顺序和它们之间的接触关系（整合或不整合）。有的地质平面图往往绘有等高线，可以据此分析山脉的延伸方向、分水岭所在、最高点、最低点、相对高差等。如不带等高线，可以根据水系的分布来分析地形特点，一般河流总是从地势高处流向地势低处，根据河流流向可判断出地势的高低起伏状态。

上述内容仅仅是阅读地质图的一般步骤和方法，至于如何具体分析，必须通过实践来逐步掌握。

2. 普通地质图阅读方法

【案例】以黑山寨地区地质图（见图2-31、图2-32）为例，介绍阅读地质图的方法。

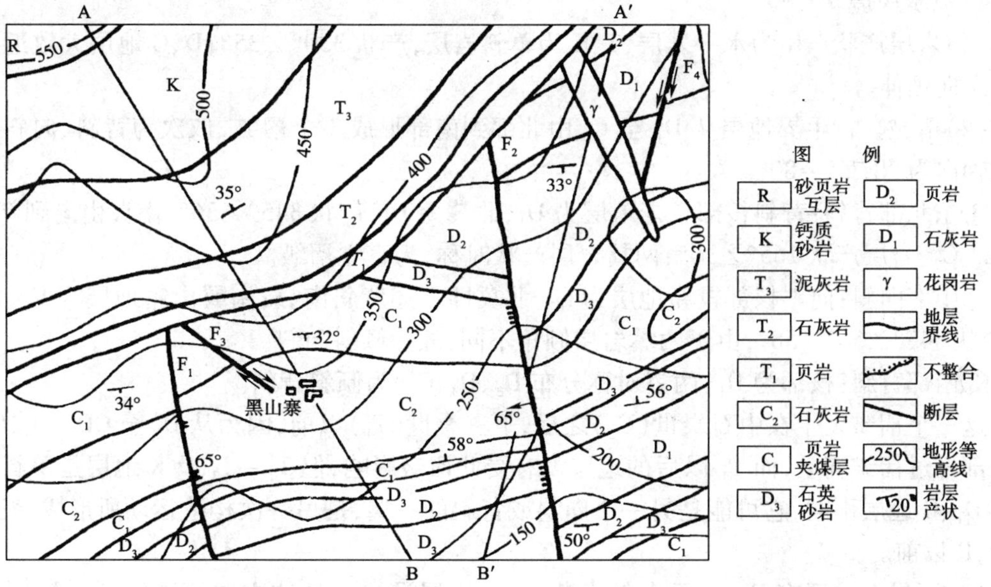

图2-31　黑山寨地区地质图（1∶1000）

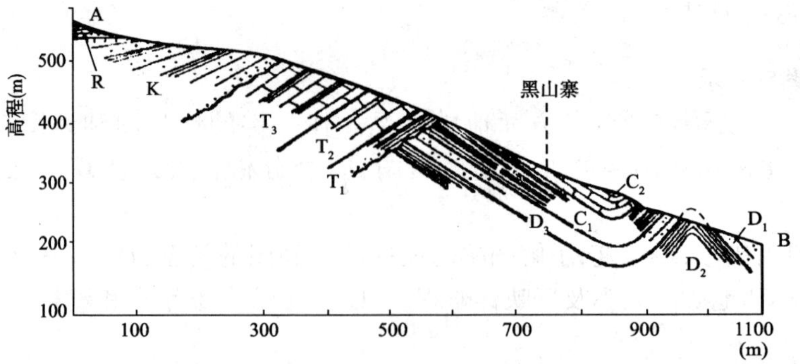

图 2-32　黑山寨地区地质剖面图(1:10000)

1)比例尺

该地质图比例只为 1:10000,即图上 1cm 代表实地距离 100m。

2)地形地貌

本地区西北部最高。高程约为 570m。东南较低,约 100m;相对高差约为 470m。东部有一山冈,高程为 300 多 m。顺地形坡向有两条北北西向沟谷。

3)地层岩性

本区出露地层从老到新有:古生界—下泥盆统(D_1)石灰岩、中泥盆统(D_2)页岩、上泥盆统(D_3)石英砂岩。下石炭统(C_1)页岩夹煤层、中石炭统(C_2)石灰岩;中生界——下三叠统(T_1)页岩、中三叠统(T_2)石灰岩、上三叠统(T_3)泥灰岩,白垩系(K)钙质砂岩;新生界——第三系(R)砂、页岩互层、古生界地层分布面积较大。中生界、新生界地层出露在北、西北部。

除沉积岩层外,还有花岗岩脉侵入,出露在东北部。侵入在三叠系以前的地层中,属海西运动时期的产物。

4)地质构造

(1)岩层产状。R 为水平岩层;T、K 为单斜岩层,产状 330°∠35°;D、C 地层大致近东西或北东东向延伸。

(2)褶皱。古生界地层从 D_1 至 C_2 由北部到南部形成 3 个褶皱,依次为背斜、向斜、背斜。褶皱轴向为 NE75°~80°。

①东北部背斜:背斜核部较老地层为 D_1,北冀为 D_2,产状 345°∠36°;南翼由老到新为 D_2、D_3、C_1、C_2,岩层产状 165°∠36°;两翼岩层产状时称,为直立褶皱。

②中部向斜:向斜核部较新地层为 C_2,北冀即上述背斜南翼;南翼出露地层为 C_1、D_3、D_2、D_1 产状 345°∠56°-58°;由于两翼岩层倾角不同,故为倾斜向斜。

③南部背斜:核部为 D_1,两翼对称分布 D_2、D_3、C_1,为倾斜背斜。

这三个褶皱发生在中石炭世(C_2)之后,下三叠世(T_1)以前,因为从 D_1 至 CD_2、D_3、C_1 的地层全部经过褶皱变动,而 T_1 以后的地层没有受此褶皱影响,但 T_1 - T_3 及 K 地层是单斜构造产状与 D_1、C 地层不同,它可能是另一个向斜或背斜的一翼,是另一次构造运动所形成,发生在 K 以后,R 以前。

(3)断层。本区有 F_1、F_2 两条较大断层,因岩层沿走向延伸方向不连续,断层走向 345°,断层面倾角较陡,F_1:75°∠65°;F_2:225°∠65°,两断层都是横切向斜轴和背斜轴的正断层。另从断层同侧向外核部 C_2 地层出露宽度分析，也可说明断层间的岩层相对下移，所以两断层的组合关系为地堑。

此外尚有 F_3、F_4 二条断层，F_3 走向 300°，F_4 走向 30°，为规模较小的平移断层。断层也形成于中石炭世（C_2）之后，下三叠世（T_1）以前，因为断层没有错断 T_1 以后的岩层。

从该区褶皱和断层分布时间和空间来分析，它们是处于同一构造应力场，受到同一构造运动所形成。压应力主要来自北北西向，故褶皱轴向为北东东。F_1，F_2 两断层为受张应力作用形成的正断层，故断层走向大致与压应力方向平行，而 F_3、F_4 则为剪应力所形成的扭性断层。

5）接触关系

第三系（R）与其下伏白垩系（K）产状不同，为角度不整合接触关系。

白垩系（K）与下伏上三叠统（T_3）之间，缺失侏罗系（J），但产状大致平行，故为平行不整合接触。T_3、T_2、、T_1 之间为整合接触关系。

下三叠统（T_1）与下伏石炭系（C_1、C_2）及泥盆系（D）直接接触，中间缺失二叠系（P）及上石炭统 C_3，且产状呈角度相交，故为角度不整合接触。由 C_2 至 D_1 各层之间均为整合接触关系。

花岗岩脉（γ）切穿泥盆系（D）及下石炭统（C_1）地层并侵入其中，故为侵入接触，因未切穿上覆下三叠统（T_1）地层，故 γ 与 T_1 为沉积接触、说明花岗岩脉（γ）形成于下石炭世（C_1）以后，下三叠世（T_1）以前，但规模较小，产状呈北北西——南南东分布的直立岩墙。

二、工程地质图

工程地质图是按比例尺表示工程地质条件在一定区域或建筑区内的空间分布及其相互关系的图件。是结合地质工程建筑需要的指标测制或编绘的地图。通常包括工程地质平面图、剖面图、地层柱状图和某些专门性图件，有时还有立体投影图。它以工程地质测绘所得图件为基础，并充实以必要的勘探、试验和长期观测所获得的资料编绘而成。它同工程地质报告书一起作为工程地质勘察的综合性文件，是建筑物的规划、设计和施工的重要基础资料之一。

（一）工程地质图的特点与分类

工程地质图是工程地质图测绘、勘探、试验等项工作的综合总结性成果。它不像地质图或地貌图那样主要是通过测绘“制”成的，而是以这些图件为基础图，再把通过勘探对地下地质的了解，以及通过试验取得的资料等综合起来“编”成的。根据图的比例尺，以及工程的特点和要求，还可以编绘一些其他的图作为附件。

工程地质图可按其内容和用途进行分类：

1. 按图的内容可分为工程地质条件图、工程地质分区图和综合工程地质图等

（1）工程地质条件图只反映制图区内主要工程地质条件的分布与相互关系；

（2）工程地质分区图：按照工程地质条件相似程度，把制图范围内划分成为若干个区，并可作几级划分。这种图的图面上只有分区界和各区的代号民，但没有表示工程地质条件的实际资料。常列表说明各区的工程地质特征，作出评价（见图 2-33）。

（3）综合工程地质图：图上既综合表现工程地质条件的有关资料，又有分区，并对各区的建筑适宜性作出评价。一般所指的工程地质图即属此类，见图 2-34。

图 2-33　工程地质分区图

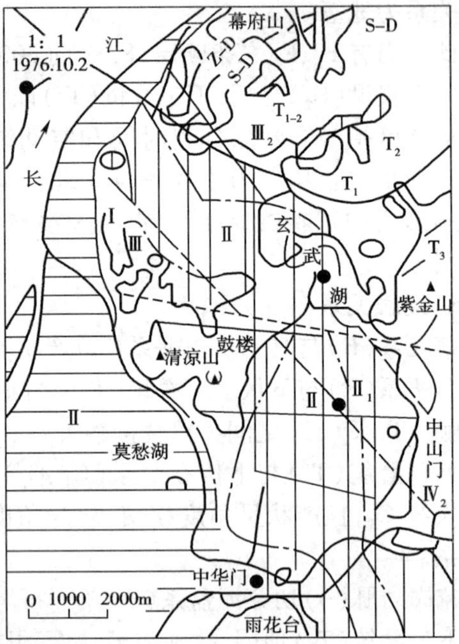

图 2-34　综合工程地质图

2. 按图的用途可分为专用图和通用图两类。

(1)通用工程地质图:通用图适用于各建设部门,系规划用的小比例尺图,主要反映工程地质条件区域性变化规律。它是以区域地质测量完成的1∶20万地质图为基础,参阅区内已有的各种专用图件,在室内编制而成。例如我国1965年出版的《中华人民共和国自然地图集》中的1∶10000000《中国工程地质图》即属此类。

(2)专用工程地质图:专用图只适用于某一建设部门,所反映的工程地质条件和作出的评价均与某种工程的要求紧密结合。如为道路建筑编制的工程地质图只需了解地表以下10～15米深度内的工程地质条件;渠道建筑所需的工程地质图则必须反映土石的渗透性能;为一般工业民用建筑而编制的工程地质图,则还需反映土石的承载能力等。中国以往的工程地质图,大多是各建设部门为各类工程建筑物的设计和施工的需要,经大比例尺工程地质测绘而编制的专用图。这种图适用天各种比例尺,但更多地用于大中比例尺。按其比例尺和表示的内容,专用工程地质图又分为三种:

①小比例尺专用工程地质图:种图适用于某一类建筑的规划,例如城市建筑规划,大、中河流流域规划,铁路线路方案比较等。所谓小比例尺,一般地质测绘是指小于1∶500000。小比例尺专用工程地质图一般是通过搜集已有的测绘勘探资料和航拍片判断,辅以路线踏勘和少量勘探工作成果,编制而成。

②中等比例尺专用工程地质图:比例尺为1∶25000～1∶10000。在生产实际中这种图编绘得很多,应用最广。初步设计阶段所提成果即属此类图,在选择建筑地址和设计建筑物配置方式时,这种图能够提供充分的依据和必要的工程地质评价,使主要建筑物建筑在优良的地基上,并使各附属建筑物配置在合理的位置上。这类图件的内容,大量吸取了勘探和工作的资料,作为分析工程地质问题和提出工程地质评价的论据。

③大比例尺工程地质图:比例尺1∶5000～1∶1000,编制这种图所依据的资料主要是勘探、

试验和长期观测成果。图上反映的内容精确而细致，划分的岩土单元和地貌形态水理和力学性质指针，可用等值表示在图上。据此，可进行工程地质分区并作出具有定量性质的工程地质评价。

（二）工程地质图表示的内容

一般来说，正式的工程地质图（一般为综合分区图）上，都有工程地质条件的综合表现，并进行分区、作出工程地质评价。因此工程地质条件表示的内容主要为：

（1）地形地貌。图上表示有地形起伏，沟谷割切的密度、宽度和深度，斜坡的坡度山地、河谷结构、阶地、夷平面及等级、岩溶地貌形态等。

（2）岩土类型单元、性质、厚度变化。图上应有基岩中的软弱夹层、松软土的厚度等。

（3）地质结构。基岩产状、褶皱及断裂，应在图上用产状符号、褶皱轴线、断层线（在大比例尺上按其实际宽度）加以表示。

（4）水文地质条件。应表示出地下水位，井泉位置，隔水层和透水层的分布，岩土含水性及富水性，地下水的化学成分及侵蚀性等。

（5）物理地质现象。一般表示有各种物理地质现象，如滑坡、岩溶、岩堆、泥石流、地震烈度及其分区、风化壳厚度等。

（三）工程地质图的附件

工程地质图是由一套图组成的，前面所说的是其中的主图，其余的图件则为附图。有了附图就能使主图的内容更易理解，更加清晰，而且共同充分反映场区工程地质条件，说明分区特征。主要附图如下。

1. 岩土单元综合柱状图

与地质图上的地层综合柱状图基本相同，所不同的是这里不是按地层划分，而是工程地质单元划分。对软弱夹层、透水性强烈的单元体还有专门说明。

2. 工程地质剖面图

根据地质剖面图、勘探资料试验成果，编制工程地质剖面图，以揭示一定深度范围内的垂向地质结构。

3. 立体投影图

包含 X、Y、Z 三轴线的投影图，这种图能够清楚地表示出建筑声地的地质结构，对选择建筑物的声地和预测地基稳定性有帮助。

4. 平切面图

用以表示地下某一高程的地质结构的平面图，主要用于重大建筑物的基础底面，拱坝坝肩部位工程地质条件较复杂时。这种图主要是根据勘探和测试资料绘制的。

三、道路工程地质图

道路工程地质图是道路工程专用的地质图，是在普通地质图的基础上，反应一个地区工程地质条件的地质图。根据具体工程项目又可细分为路线工程地质图、桥梁工程地质图，隧道工程地质图，一般比例尺较大。

图 2-35 为某高速公路一段路线工程地质剖面图，其水平方向比例尺为 1:10000，竖直方向比例尺为 1:500。

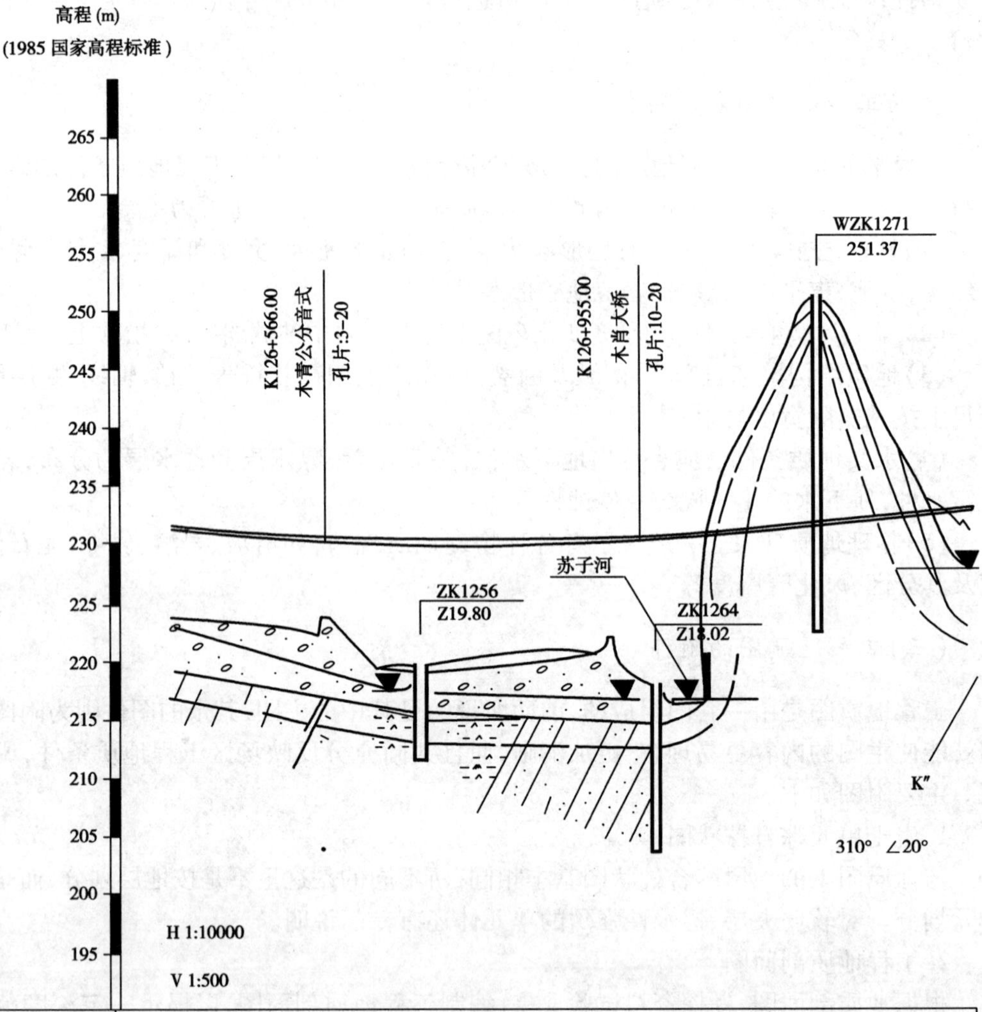

工程地质区										
工程地质段	K124+300–K128+700									
设计高程 (m)	231.36	230.66	230.47	230.08	230.08	230.29	230.70	231.29	231.93	232.53
地面高程 (m)	223.47	223.36	220.69	219.99	220.90	220.01	210.30	241.15	240.06	236.79
里程桩号	4	5	6	7	8	9	K127	1	2	3
工程地质特征	K124+300–K128+700为火山前									
辽宁省交通勘测设计院										

图 2-35 路线工程地质剖面图

单元学习3 道路工程地质勘察报告书和图表

学习目标

1. 工程地质勘察报告的内容；
2. 工程地质勘察报告书文字部分的具体编写和要求；
3. 工程地质勘察报告书图表资料部分的具体编制内容。

任务描述

以规范和公路工程地质勘察报告书的样本案例及相关多媒体资源进行讲解，同学们能收集相关资料编制工程地质勘察报告书。

学习引导

工程地质勘察报告是勘察的主要成果，是纳入设计文件的基础资料，包括文字部分和图表资料部分，它为工程建设的规划、设计和施工提供参考应用。公路中的路、桥、隧、不良地质等各种工程地质勘察，最后都得出工程地质勘察报告书，因此，本学习任务是掌握报告书的编制与相关图表的绘制。

本学习任务沿着一下脉络进行学习：

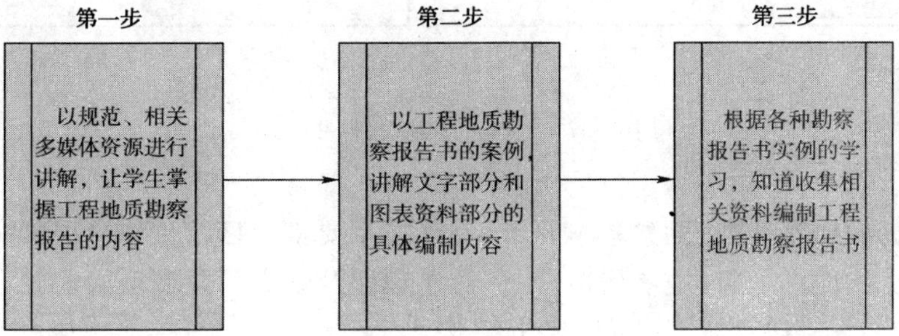

一、工程地质勘察报告书

工程地质勘察报告书是工程地质勘察的文字成果，为工程建设的规划、设计和施工提供参考应用。

（一）工程地质勘察报告的内容

工程地质勘察的最终成果是以《工程地质勘察报告书》的形式提交的（格式见图2-36、图

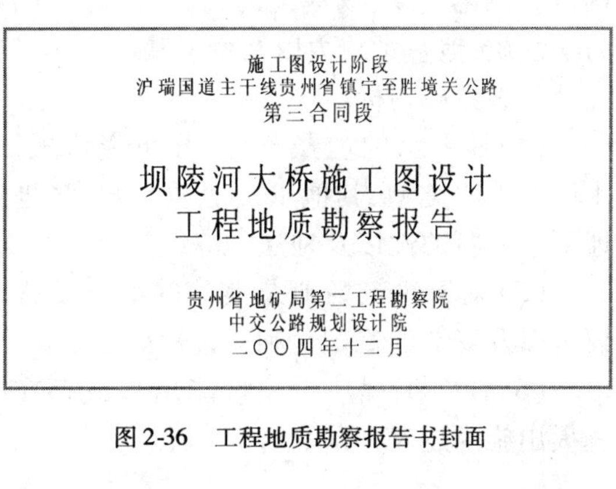
施工图设计阶段
沪瑞国道主干线贵州省镇宁至胜境关公路
第三合同段

坝陵河大桥施工图设计
工程地质勘察报告

贵州省地矿局第二工程勘察院
中交公路规划设计院
二〇〇四年十二月

图2-36 工程地质勘察报告书封面

2-37、图 2-38)。报告书中包含了直接或间接得到的各种工程地质资料;还包含了勘察单位对这些资料的检查校对、分析整理和归纳总结过程、有关场地工程地质条件的评价结论及相关分析评价依据。报告以简要明确的文字和图表两种形式编写而成,具体内容除应满足《岩土工程勘察规范》的相关内容外,还和勘察阶段、勘察任务要求和场地及工程的特点等有关。单项工程的勘察报告书一般包括如下内容。

- 1.前言 1
- 1.1工程概况 1
- 1.2勘察目的、任务及技术要求 2
- 1.3执行标准及工作依据 2
- 1.4已有成果及资料 3
- 1.5勘察工作布设及完成情况 3
- 1.5.1控制点、线测量定位 3
- 1.5.2工程地质钻探 5
- 1.5.3岩、土试样采取及试验 6
- 1.5.4钻孔电磁波CT 6
- 1.5.5钻孔数字摄像 6
- 1.6勘察工作质量评述 7
- 2.自然地理及区域地质概况 9
- 2.1自然地理 9
- 2.1.1气象 9
- 2.1.2水文 10
- 2.2地层与岩性 10
- 2.3地质构造 11
- 2.4新构造运动及地震活动性 12
- 2.4.1新构造运动 12
- 2.4.2地震活动性 13
- 3.桥址区工程地质条件 15
- 3.1地形、地貌 15
- 3.2岩土组构及工程特征 17
- 3.3岩土体单元划分及工程特性 20
- 3.4边坡稳定性分析评价 22
- 3.5岩土体物理力学性质 23
- 3.5.1统计方法及精度评述 23
- 3.5.2统计成果 23
- 3.6岩溶 34
- 3.6.1桥址区岩溶现象综述 34
- 3.6.3岩溶发育的基本特征 38
- 3.6.3桥区岩溶发育特征分析 40
- 3.7水文地质条件 41
- 4.基础方案分析与评价 43
- 4.1基础方案选择 43
- 4.2基础设计参数的确定 44
- 5.结论与建议 47
- 5.1结论 47
- 5.2建议 48

图 2-37 工程地质勘察报告书目录

1. 文字部分

(1)工程概况、勘察任务、勘察基本要求、勘察技术要求及勘察工作简况。

(2)场地位置、地形地貌、地质构造、不良地质现象及地震设防烈度等。

(3)场地的岩土类型、地层分布、岩土结构构造或风化程度、场地土的均匀性、岩土的物理力学性质、地基承载力以及变形和动力等其他设计计算参数或指标。

(4)地下水的埋藏条件、分布变化规律、含水层的性质类型、其他水文地质参数、场地土或地下水的腐蚀性以及地层的冻结深度。

(5)关于建筑场地及地基的综合工程地质评价以及场地的稳定性和适宜性等结论。

(6)针对工程建设中可能出现或存在的问题提出施工建议并采取合理措施。

- 附图目录
- 附图1 坝陵河大桥施工图设计阶段工程勘察地质图 1:5000
- 附图2 坝陵河大桥东岸工程地质图 1:2000
- 附图3 坝陵河大桥西岸工程地质图 1:2000
- 附图4 坝陵河大桥施工图设计阶段工程勘察地质纵剖面图 1:2000
- 附图5 坝陵河大桥施工图设计阶段工程勘察地质横断面图 1:500
- 附图6 坝陵河大桥施工图设计阶段工程勘察钻孔地质柱状图 1:300~400
- 附表目录
- 坝陵河大桥施工图设计阶段工程勘察岩石试验成果表

图 2-38 工程地质勘察报告书附录

2. 图表部分

(1)勘察点(线)的平面位置图及场地位置示意图;钻孔柱状图;工程地质剖面图;综合地质柱状图。

(2)土工试验成果总表和其他测试成果图表(如现场载荷试验、标准贯入试验、静力触探试验等原位测试成果图表)。

上述报告书的内容并不是每一份勘察报告都必须全部具备的;具体编写时可视工程要求和实际情况酌情简化。

勘探点平面布置图及场地位置示意图是在勘察任务书所附的场地地形图的基础上绘制的,图中应注明建筑物的位置,各类勘探、测试点的编号、位置(力求准确),并用图例表将各勘探、测试点及其地面高程和探测深度表示出来。图例还应对剖面连线和所用其他符号加以说明。

(二)工程地质报告书的编写

工程地质报告书的编写是在综合分析各项勘察工作所取得的成果基础上进行的,必须结合建筑类型和勘察阶段规定其内容和格式。各类勘察规范中虽然载有编写工程地质报告书的提纲,但也要根据实际情况适当灵活,不可受其拘束、强求统一。

1. 工程地质报告书文字部分的编写

报告书的任务在于阐明工作地区的工程地质条件,分析存在的工程地质问题,从而对建筑地区作出工程地质评价,得出结论,适应任务的要求。报告书在内容结构上一般分为结论、通论、专论和结论几个部分。每一部分的内容虽各有侧重,但各部分是紧密联系着的。

(1)绪论的内容主要是说明勘察工作的任务、勘察阶段和需要解决的问题、采用的勘察方法及其工作量,以及取得的成果,附以实际材料图。为了明确勘察的任务和意义,应先说明建筑的类型和规模,以及它的国民经济意义。

(2)通论是阐明工作地区的工程地质条件、区域地质地理环境和各种自然因素,如大地构造、地势、气候等,对该区工程地质条件形成的意义。因而通论一般可分为区域自然地理概述、区域地质、地貌、水文地质概述以及建筑地区工程地质条件概述等,其内容应当既能阐明当地工程地质条件的特征及其变化规律,又须紧密联系工程目的。

(3)专论是工程地质报告书的中心内容。因为它既是结论的依据,又是结论内容选择的标准。专论的内容是对建设中可能遇到的工程的制裁问题进行分析,并回答设计方面提出的地质问题与要求,对建筑地区作出定性的以到定量的工程地质评价;作为选定建筑物位置、结构形式和规模的地质依据,并在明确不利的制裁条件的基础上,考虑合适的处理措施。专论部分的内容与勘察阶段的关系特别密切,勘察阶段不同,专论涉及的深度和定量评价的精度也有差别。

(4)结论的内容是在专论的基础上对各种具体问题作出简要明确的回答。态度要明朗,措辞要简练,评价要具体,对问题不要含糊其辞,模棱两可。

我们用以下《×××公路工程地质勘察报告》中的结论与建议的具体内容来看看它的评价与措辞:

第九章　结论与建议

一、结论

1. 桥涵基础类型及埋置深度

段内覆土及基岩全强风化层普遍较薄，桥涵的墩台建议多采用明挖基础，个别桥址区覆土较厚，可采用桩基，基础均应置于基岩的弱风化带（W_2）一定深度内；施工时注意加强基坑排水和临时支护，河谷地段基坑施工应预防涌泥涌砂，到持力层以后及时清底和下基封闭，严禁长期暴晒和浸泡，以免降低持力层强度。

2. 隧道工程

段内隧道进出口普遍存在风化土层，岩层节理发育，围岩类别低，施工时应加强进出口临时支护和地表的排水工作，洞内施工时加强通风和监测工作。

3. 路基工程

段内路基填方地段，覆土一般无软弱土及液化土，地基土一般不会产生不均匀沉降问题；局部丘间洼地、河谷平原、水田地段和浸水湿地及陡坡地段设计施工时应考虑对表层软土和杂草的清除，必要时对较厚软土层进行清除换填或碎石桩等加固处理；施工时需分层夯实填筑并控制填筑速度，做好表水排水工作。

段内挖方地段，地层岩性为砂岩、花岗岩类及泥质粉砂岩、砾、页岩，花岗岩区段风化层较厚，节理较发育，岩体破碎，边坡不宜过陡，应分级预留平台，同时加强高边坡的挡护和绿化，做好天沟和边沟的排水工作。

段内分布的一些土质浅层滑坡和崩塌，一般规模较小，对构筑物影响小或无影响，个别路线附近滑坡可采用挖方清除、抗滑及排水等措施处理。

二、存在的问题

由于本阶段勘探和勘测同时进行，路线方案根据工程数量不断优化，致使部分钻孔偏离路线中心，个别工点无钻探孔控制，工点地质资料只能参考附近钻探孔填绘。

三、下阶段应注意事项

1. 进一步采用综合勘察手段，查明段内覆土、浅层软土分布范围、厚度及埋深等，以便为工程设计和处理提供可靠的地质依据。

2. 加强地下水、地表水水质复查，取样密度应加大。

（5）案例

我们用几个实例来看看勘察报告的文字部分内容，具体如下：

【实例1】：×××场地岩土工程勘察报告——内容目录

目　录

一、前言
1. 委托单位
2. 场地地理位置
3. 工程简况
4. 勘察目的任务（要求）
5. 勘察工作日期
二、勘察方法及工作布置
1. 勘察技术依据
2. 勘察工作布置
三、场地岩土工程
1. 地形地貌
2. 气象与水文
3. 地层结构及岩土特征
4. 岩土物理力学性质
5. 地下水
6. 不良地质现象
四、场地工程地质评价
1. 场地稳定性评价
2. 场地地震效应评价（场地类别、抗震设计参数）
3. 边坡稳定性评价（分析方法、定性分析与评价、定量分析与评价）
4. 场地岩土物理力学性质评价
5. 地基均匀性评价
五、地基基础设计方案论证
1. 天然地基
2. 其他地基
3. 论证分析结果
4. 边坡治理方案及论证结论
附录：图表及其他资料
1. 工程勘察平面布置图
2. 综合工程地质图或工程地质分区图
3. 工程地质剖面图
4. 地质柱状图或综合地质柱状图
5. 有关测试图表
6. 有关编录描述及照片或影像资料

【实例2】:×××公路桥梁检测工程勘察报告——内容目录

目　　录	附图(表)
第一章　勘察概况	1. 图例与符号
第一节　工程概况	2. 全线工程地质综合平面图
第二节　勘察目的与要求	3. 工程地质纵断面图
第三节　勘察工作执行及参照的技术规范、规程	4. 工程地质柱状图
第四节　工作概况及完成的工作量	5. 十字板剪切试验成果图表
第五节　勘察手段与方法	6. 全线工作量及勘探点数据一览表附表1
第六节　利用资料	7. 全线各岩土层厚度、埋深、高程统计表附表2
第二章　区域工程地质条件	8. 全线各岩土层标准贯入试验成果统计表附表3
第一节　气象、水文	9. 全线各岩土层土工试验统计表附表4
第二节　地形、地貌	10. 全线软土三轴剪切试验统计表附表5
第三节　水文地质条件	11. 全线岩石抗压强度试验统计表附表6
第四节　地层岩性	12. 沿线不良地质与特殊性岩土一览表附表8
第五节　地质构造与地震	13. 土工试验报告
第三章　线路工程地质特征	14. 岩石抗压强度试验报告
第一节　岩土分层及其特征	15. 水质分析报告
第二节　沿线不良地质、特殊性岩土及其评价	16. 三轴剪切试验
第三节　岩土物理力学性质统计指标及参数建议	17. 固结试验成果
第四章　环境工程地质	18. 颗粒分析试验
第五章　基础类型及参数	19. 无侧限抗压强度试验
第六章　原勘察资料与本次勘察差异	20. 岩芯彩色照片
第七章　结论与建议	

【实例3】:×××路线工程地质勘察报告——内容目录

目　　录	图　表　资　料
1.0 序　言 1.1 工程概况	工程地质图例
1.2 勘察工作目的、依据、起讫时间、完成的工作量 1.3 勘察工作的主要方法	综合地层柱状图
2.0 自然地理 2.1 地形、地貌	路线工程地质平面图 1:2000
2.2 交通、气候 2.3 水文及河流	路线工程地质纵断面图横 1:2000　竖 1:500
3.0 工程地质条件 3.1 地层岩性	工程地质横断面图 1:400 ~ 1:1000
3.2 地质构造与地震烈度 3.3 水文地质特征	路基工程地质条件分段说明表
3.4 不良地质和特殊岩土 4.0 岩土主要物理力学指标	小桥、涵洞工程地质条件表
5.0 筑路材料 5.1 储量、质量及运输条件	道路交叉地质条件表
6.0 工程地质评价 6.1 道路工程地质条件及主要问题与处理建议	不良地质地段表
6.2 桥、隧主要场地工程地质评价 6.3 填、挖方高边坡稳定性评价	沿线筑路材料料场表
	高边坡(挖、填方)稳定性评价表
	各类测试成果资料表
	勘探成果资料汇总表
	工程地质照片

【实例4】：×××公路工程地质详细勘察报告——内容目录

目　录	附图(表)
第一章　勘察概况 ……………………………	1. 图例与符号
第一节　工程概况 ……………………………	2. 全线工程地质综合平面图
第二节　勘察目的与要求 ………………………	3. 工程地质纵断面图
第三节　勘察工作执行及参照的技术规范、规程………	4. 工程地质柱状图
第四节　工作概况及完成的工作量 …………………	5. 十字板剪切试验成果图表
第五节　勘察手段与方法 ………………………	6. 全线工作量及勘探点数据一览表附表 1
第六节　利用资料 ……………………………	7. 全线各岩土层厚度、埋深、高程统计表附表 2
第二章　区域工程地质条件 …………………………	8. 全线各岩土层标准贯入试验成果统计表附表 3
第一节　气象、水文……………………………	9. 全线各岩土层土工试验统计表附表 4
第二节　地形、地貌……………………………	10. 全线软土三轴剪切试验统计表附表 5
第三节　水文地质条件 ………………………	11. 全线岩石抗压强度试验统计表附表 6
第四节　地层岩性及碎屑岩 ………………………	12. 全线各砂土层统计及判别附表
第五节　地质构造与地震 ………………………	13. 沿线不良地质与特殊性岩土一览表附表
第三章　线路工程地质特征 …………………………	14. 土工试验报告
第一节　岩土分层及其特征 ………………………	15. 岩石抗压强度试验报告
第二节　岩土分类及土石可挖性分级 …………………	16. 水质分析报告
第三节　沿线不良地质、特殊性岩土及其评价……………	17. 三轴剪切试验
第四节　岩土物理力学性质统计指标及参数建议 ……	18. 固结试验成果
第四章　环境工程地质 ……………………………	19. 固结曲线
第五章　天然建筑材料 ……………………………	20. 颗粒分析试验
第六章　路基工程地质评价 …………………………	21. 无侧限抗压强度试验
第一节　路基工程概况 ………………………	22. 委托方提供《路线平面图》
第二节　基础类型及参数 ………………………	23. 岩芯彩色照片
第七章　涵洞基础类型建议 …………………………	
第一节　涵洞工程概况 ………………………	
第二节　涵洞基础类型建议 ………………………	
第八章　桥梁工程地质评价 …………………………	
第九章　结论与建议 ……………………………	
第一节　结论 ………………………………	
第二节　对下一步工作的建议 ………………………	

从以上四个实例可以看出，工程地质报告书常常是按勘察规范中编写工程地质报告书的提纲进行编写。但建筑类型和勘察阶段不同，其报告书的内容也有所不同。我们要根据实际情况，在综合分析各项勘察中所取得的成果基础上进行编写。

2. 附录部分—图表

工程地质报告必须与工程地质图一致，互相照应，互为补充，共同达到为工程服务的目的。

(1)钻孔柱状图是根据钻孔的现场记录整理出来的，记录中除了注明钻进所用的工具、方法和具体事项外，其主要内容是关于地层的分布和各层岩土特征和性质的描述。在绘制柱状图之前，应根据室内土工试验成果及保存的土样对分层的情况和野外鉴别记录加以认真的校核。当现场测试和室内试验结果与野外鉴别不一致时，一般应以测试试验结果为准，只有当样本太少且缺乏代表性时，才以野外鉴别为准，存在疑虑较大时，应通过补充勘察重新确定。绘制柱状图时，应自下而上对地层进行编号和描述，并按公认的勘察规范所认定的图例和符号以一定比例绘制，在柱状图上还应同时标出取土深度、标准贯入试验等原位测试位置，地下水位等资料。柱状图只能反映场地某个勘探点的地层竖向分布情况，而不能说明地层的空间分布情况,也不能完全说明整个场地地层在竖向的分布情况。

(2)工程地质剖面图是通过彼此相邻的数个钻孔柱状图得来,它能反映某一勘探线上地层竖向和水平向的分布情况(空间分布状态)。剖面图的垂直距离和水平距离可采用不同的比例尺。由于勘探线的布置常与主要地貌单元或地质构造轴线相垂直,或与建筑物的轴线相一致,故工程地质剖面图是勘察报告的最基本图件之一。

(3)绘制工程地质剖面图时,应首先将勘探线的地形剖面线画出,并标出钻孔编号,然后绘出勘探线上各钻孔中的地层层面,并在钻孔符号的两侧分别标出各土层层面的高程和深度。再将相邻钻孔中相同的土层分界点以直线相连。当某地层在邻近钻孔中缺失时。该层可假定于相邻两孔中间消失。剖面图中还应标出原状土样的取样位置、原位测试位置及地下水的深度。

(4)综合工程地质剖面图是通过场地所有钻孔柱状图而得,比例为1:50~1:200,须清楚表示场地的地层新老次序和地层层次,图上应注明层厚和地质年代,并对各层岩土的主要特征和性质进行概括描述,以方便设计单位进行参数选取和图纸设计。

(5)土工试验成果总表和其他测试成果图表是设计工程师最为关心的勘察成果资料,是地基基础方案选择的重要依据,因此应将室内土工试验和现场原位测试的直接成果详细列出。必要时,还应附以分析成果图(例如静力载荷试验 p—s 曲线、触探成果曲线等)。

总的说来,报告书就当简明扼要,切合主题,内容安排应当合乎逻辑顺序前后连贯,成为一个严密的整体;所提出的论点应有充分的实际资料为依据,并附有必要的插料,能起到节省文字,加强对比的作用,但对问题来说,文字说明仍应作为主要形式,因而,以"表格化"代替报告书是不可取的。

下面我们以某公路为例,来看看勘察报告的主要图表资料内容,具体如下:

(1)工程地质图例

凡是图内出现的地层、岩性、土、构造、不良地质界线、不良地质、钻孔、岩层产状及其他地质现象都应在图例中表示出来见图2-39。

(2)综合地层柱状图

柱状图中从地面往下不同深度要有厚度标注,对应有岩性描述和工程地质特性描述见图2-40。

(3)路线工程地质平面图

在路线工程地质平面图中,沿公路路线两侧应标明岩性、地层年代、覆盖层情况、岩层产状、钻孔位置及不良地质等见图2-41。

(4)路线工程地质纵断面图

在路线工程地质纵断面图中,同样应标明岩性、地层年代、覆盖层情况、岩层产状、钻孔位置及不良地质等,并且在断面图下方还应有地质概况说明见图2-42。

(5)不良地质地段表

不良地质地段表需要根据野外勘察调查的资料填写不同的起讫桩号所对应的长度(m)/位置、不良地质类型、不良状况描述和处理措施,见表2-10的描述。

不良地质地段表 表2-10

起讫桩号	长度(m)/位置	类　型	不　良　状　况	处　理　措　施
K44+620~K44+740	120/右侧	汇水岩溶洼地	山间溶蚀洼地,其地形为四周相对高,成为汇集坡面雨水的洼地,排水不畅,雨季洼地常常集水,集水深度1米左右,并通过洼地底部岩溶裂隙和落水洞缓慢排泄,排泄时间3~4天,对填方路基稳定性不利	①清除洼地黏土覆盖层;②路堤底部填石;③设置排水沟将坡面汇水排至K44+600右侧垭口排除

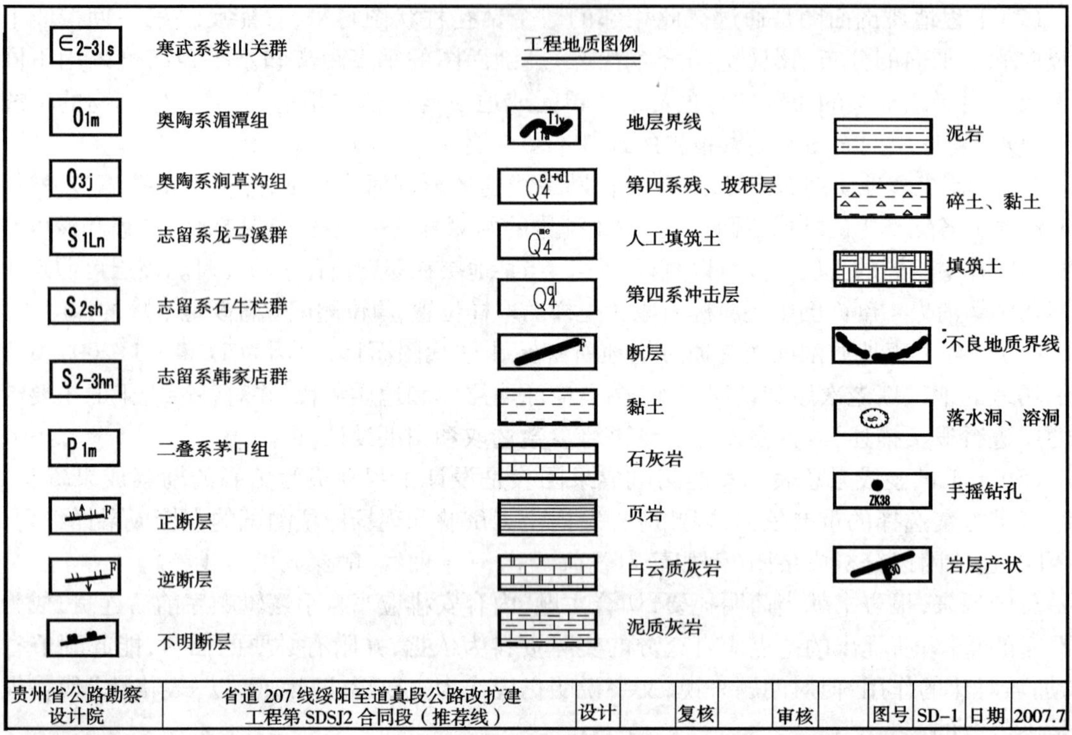

图 2-39　工程地质图例

(6)沿线筑路材料料场表

沿线筑路材料料场表需要根据野外勘察调查的资料填写不同的筑路材料名称所对应的料场编号、位置桩号、上路桩号、上路距离(km)、材料及料场、储量(km^3)、覆盖层厚度(m)、成料率(%)、开采方式、运输方式、便道(km)、便桥(km)见表 2-11 描述。

沿线筑路材料料场表　　表 2-11

贵州省板坝(桂黔界)至江底(黔滇界)高速公路第 T11 合同段

材料名称	料场编号	位置桩号	上路桩号	上路距离(km)	材料及料场	储量($k \cdot m^3$)	覆盖层厚(m)	成料率(%)	开采方式	运输方式	便道(km)
块片石、碎石、砂	L－1	K43 + 590 中心	K43 + 590	0.0	利用 K43 + 500 ~ K43 + 680 挖余石方作料场,岩石为中~厚层状灰白色~深灰色白云质灰岩,风化轻微,石质强度高可开采块片石,机器加工碎砂	32	0	85	人工爆破	机运	

(7)勘探成果资料汇总表

勘探成果资料汇总表是根据实际钻孔勘探资料进行填写,内容有:不同钻孔位置所对应的深度、构造物类型、地层岩性见图 2-43、图 2-44。

地层时代 界	系	统	地方性地层名	符号	柱状图	厚度（米）	岩性描述	工程地质特性及水文地质特征
新生界	第四系			Q		0~6	第四系残坡积物以黏土、亚黏土、碎石为主	岩性软、承载力低，地下水主要为上次滞水及孔隙水
古生界	二叠系	上统	长兴组	P_{3c}		60~100	灰至深灰色中至厚层石灰岩夹薄层炭质页岩	工程地质条件一般较好，地下水主要为基岩裂隙水及孔隙水
			吴家坪组	P_{3W}		133	上部为灰色厚层块状灰岩夹薄层硅质岩，下部为灰、灰绿色黏土岩、局部夹硅质岩	软质岩，强度差，工程地质条件差 地下水主要为岩溶水及基岩裂隙水
		中统	茅口组	P_{2m}		42~57	浅灰色厚层状块状灰岩	岩性单一，强度高，工程地质条件较好 地下水主要为岩溶水和裂隙水
			栖霞组	P_{2q}		54~70	深灰色厚层块状石灰岩、含碎石结核及条带	工程地质条件一般较好， 地下水主要为岩溶水和裂隙水
			梁山组	P_{2L}		0~26	上部为褐红、紫红、浅灰色薄层块状砾岩、砂岩，下部为紫红色黏土岩、砂质粘土岩	软质岩易风化塌落，工程地质条件差 地下水主要为基岩裂隙水及孔隙水
	石炭系	上统	马平群	C_{3mp}		0~215	浅灰至灰白色厚层状灰岩	岩性单一，强度高，工程地质条件较好 地下水主要为岩溶水和裂隙水
		中统	黄龙群	C_{2hn}		88~210	灰至浅灰色中厚层至厚层状灰岩，夹白云质灰岩及生物碎屑灰岩	岩性单一，强度高，工程地质条件较好 地下水主要为岩溶水和裂隙水
		下统	摆佐－大塘组上段	C_{1b+d}		0~21	上部为块状白云岩夹灰岩，中部为页岩，下部为砾岩、含砾砂岩	工程地质条件一般较好， 地下水主要为岩溶水和裂隙水
	震旦系	下统	长安组	Z_{ac}		945~979	变余砂岩、板岩	软质岩，强度差，工程地质条件差 地下水主要为岩溶水及基岩裂隙水
	前震旦系	板溪群	隆里组	ptbn1		560~930	变余砂岩、板岩	软质岩，强度差，工程地质条件差 地下水主要为岩溶水及基岩裂隙水
			清水江组	ptbnbq		>1000	变余砂岩、板岩	软质岩，强度差，工程地质条件差 地下水主要为岩溶水及基岩裂隙水

图 2-40　综合地层柱状图

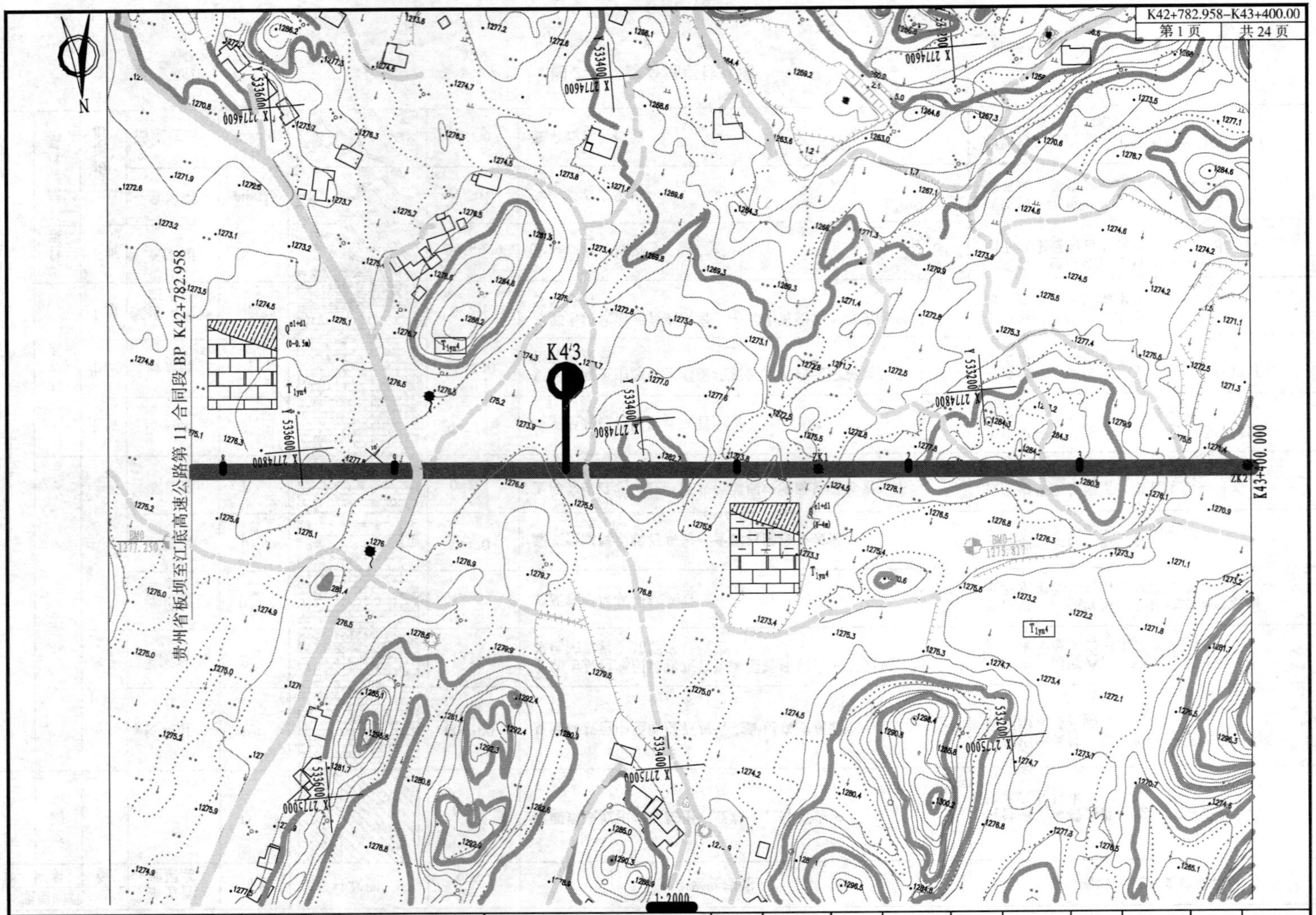

贵州省交通规划勘察设计研究院	贵州省板坝（桂黔界）至江底（黔滇界）高速公路第 T11 合同段	工程地质路线平面图	设计		复核		审核		图号	B11-3	日期	2008.9

图 2-41　路线工程地质平面图

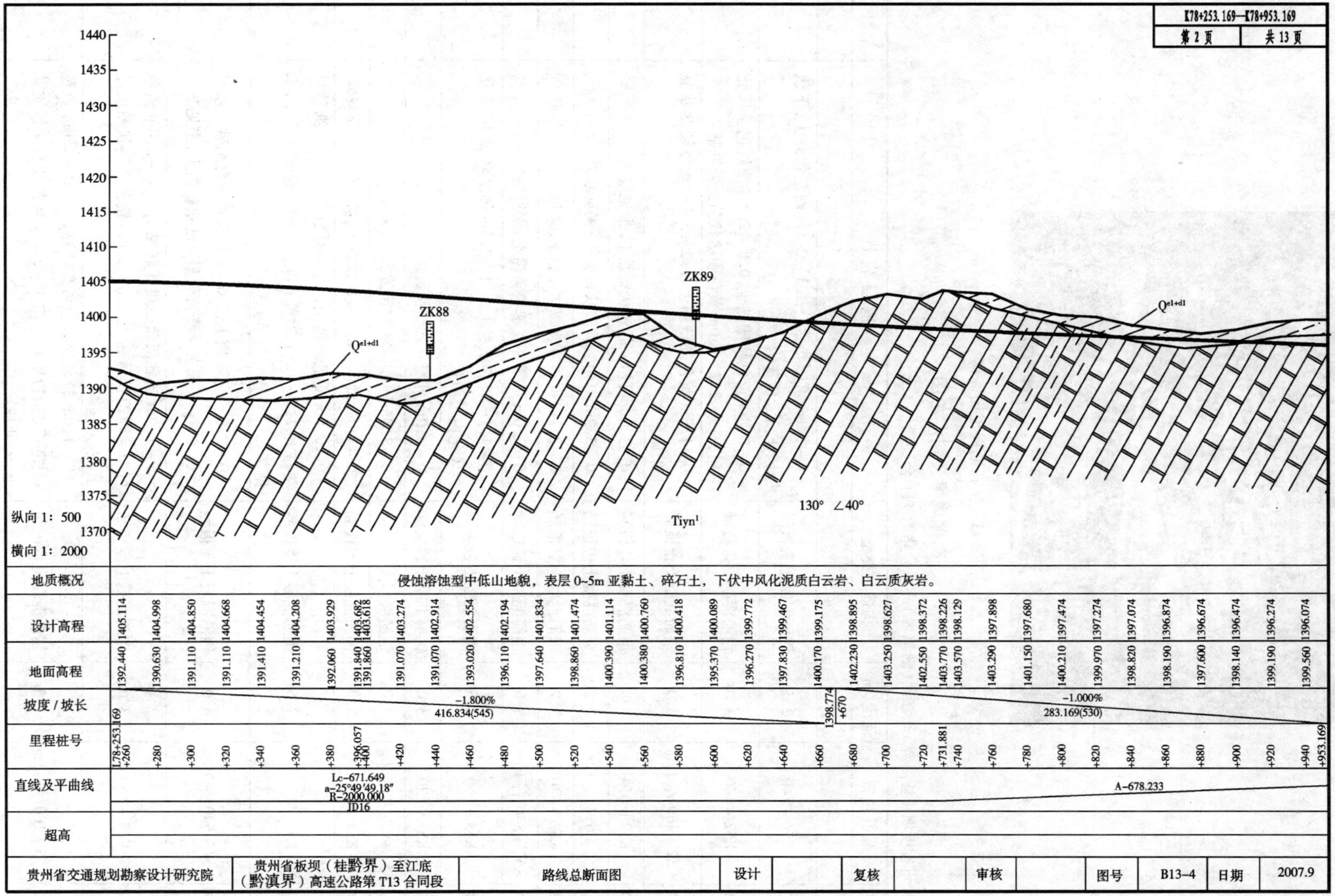

图 2-42　路线工程地质纵断面图

图 2-43　钻孔勘探现场资料

勘探成果资料汇总图

贵州省板坝（桂黔界）至江底（黔滇界）高速公路第 T11 合同段

序号	钻孔位置	深度(m)	构造物类型	地 层 岩 性	备注
1	2	3	4	5	6
ZK27	K51 +740	2.5	钢筋混凝土盖板涵	0 - 1.1m 可塑状黏土，1.1 - 2.5m 硬塑状黏土，下伏微风化白云质灰岩	
ZK28	K52 +460	3.0	钢筋混凝土盖板涵	0 - 0.8m 黄色硬塑黏土，0.8 - 2.2m 紫红色全风化夹层，有水，2.2 - 3.0m 黄色硬塑状黏土未见基岩	
ZK29	K52 +460 左 12m	3.0	钢筋混凝土盖板涵	0 - 1.2m 黄色硬塑黏土，1.2 - 3.0m 黄色硬塑状黏土未见基岩	
ZK30	K52 +614	3.0	钢筋混凝土盖板涵	0 - 3.0m 可塑 - 软塑状黄黏土，未见基岩	
ZK31	K52 +614 左 12m	3.2	钢筋混凝土盖板涵	0 - 3.2m 可塑 - 软塑状黄黏土，未见基岩	
ZK32	K52 +840	3.2	钢筋混凝土盖板涵	0 - 3.2m 可塑 - 软塑状黄黏土，未见基岩	
ZK33	K52 +840 右 10m	3.0	钢筋混凝土盖板涵	0 - 3.0m 可塑 - 软塑状黄黏土，未见基岩	
ZK34	K53 +160	2.5	钢筋混凝土盖板涵	0 - 1.1m 可塑状黏土，1.1 - 2.5m 硬塑状黏土，下伏微风化白云质灰岩	
ZK35	K53 +920	3.0	钢筋混凝土盖板涵	0 - 3.0m 可塑 - 软塑状黄黏土，未见基岩	
ZK36	K53 +920 左侧 10m	3.0	钢筋混凝土盖板涵	0 - 3.0m 可塑 - 软塑状黄黏土，未见基岩	
ZK37	K54 +220	2.0	钢筋混凝土盖板涵	0 - 2.0m 黄色可塑 - 硬塑状黏土，微风化白云质灰岩	
ZK38	K54 +540	3.5	钢筋混凝土盖板涵	0 - 0.5m 褐色耕植土，0.5 - 1.5m 褐黄色含细砂可塑黏土，1.5 - 3.5m 褐黄 - 淡黄可塑 - 硬塑状黏土，未见基岩	
ZK39	K54 +540 左 10m	4.0	钢筋混凝土盖板涵	0 - 0.6 褐色耕植土，0.6 - 1.0 褐黄色含细砂可塑黏土，1.0 - 4.0 褐黄 - 淡黄可塑 - 硬塑状黏土，未见基岩	
ZK40	K55 +160	3.0	钢筋混凝土盖板涵	0 - 1.0m 较软淡黄色可塑状黏土，1.0 - 2.0m 黄色可塑 - 硬塑粉质黏土，2.0 - 3.0m 换色硬塑状粉质黏土，未见基岩	
ZK41	K55 +160 左 15m	3.0	钢筋混凝土盖板涵	0 - 1.0m 较软淡黄色可塑状黏土，1.0 - 2.0m 黄色可塑 - 硬塑粉质黏土，2.0 - 3.0m 换色硬塑状粉质黏土，未见基岩	

图 2-44

序号	钻孔位置	深度(m)	构造物类型	地 层 岩 性	备注
1	2	3	4	5	6
ZK42	K55 +728	3.2	钢筋混凝土盖板涵	0-0.7m 褐色软塑耕植土,0.7-2.0m 含细砂褐色黏土,软塑,2.0-3.2m 淡黄色可塑-硬塑状黏土,未见基岩	
ZK43	K55 +755	3.0	钢筋混凝土盖板涵	0-2.0m 含细砂褐色黏土,软塑,2.0-3.0m 淡黄色可塑-硬塑状黏土,未见基岩	
ZK44	K57 +550	6.0	钢筋混凝土盖板涵	0-1.0m 褐色砂土,1.0-3.0m 黄色可塑-软塑状黏土,3.0-6.0m 软塑状黄黏土,稀泥状,未见基岩	
ZK45	K57 +590	3.0	钢筋混凝土盖板涵	0-3.0m 黄色可塑-软塑状黏土,未见基岩	
ZK46	K58 +220	3.6	钢筋混凝土盖板涵	0-1m 褐色耕植土,1-3.6m 淡黄色可塑-硬塑黏土,下伏强风化白云质灰岩	
ZK47	K58 +220 右 15m	2.8	钢筋混凝土盖板涵	0-0.8m 褐色耕植土,0.8-2.8m 淡黄色可塑-硬塑黏土,下伏强风化白云质灰岩	
ZK48	K58 +230	2.3	钢筋混凝土盖板涵	0-0.2m 褐色砂土,0.2-2.3m 褐黄色可塑-软塑状黏土,下伏强风化白云质灰岩	
ZK50	K58 +240	3.5	钢筋混凝土盖板涵	0-0.5m 褐色耕植土,0.5-3.5m 淡黄色可塑-硬塑状黏土,未见基岩	
ZK49	K58 +240 左 10m	4.5	钢筋混凝土盖板涵	0-0.4m 褐色耕植土,0.4-4.5m 淡黄色可塑-硬塑状黏土,未见基岩	
ZK51	K58 +382 左 5m	3.0	钢筋混凝土盖板涵	0-1.0m 褐色耕植土,1.0-2.0m 褐色可塑-硬塑砂砾黏土,2.0-3.0m 含砂砾褐黄色硬塑状黏土,无法钻入,未见基岩	

编制：　　　　　　　　复核：　　　　　　　　审核：

图 2-44　勘探成果资料汇总表

(8)高边坡(挖、填方)稳定性评价表

高边坡(挖、填方)稳定性评价表是根据设计计算作出的评价,具体内容为:起讫桩号所对应的工程概况与工程地质条件以及工程地质评价与处理措施见表 2-12 的描述。

高边坡(挖、填方)稳定性评价表　　表 2-12

贵州省板坝(桂黔界)至江底(黔滇界)高速公路第 T11 合同段

起讫桩号	工程概况与工程地质条件	工程地质评价与处理措施
K45 +520 ~ K45 +620	1. 工程概况:该段位于 K45 +520 ~ K45 +620 左侧,坡长 100m,路基设计高程 1218.416 ~ 1217.576m,左侧挖方边坡最大高度 43m,设计坡率 1:0.5 2. 地形、地貌:属岩溶化山原峰丛洼地地貌,路堑斜穿一高山地,相对高差 10 ~ 60m,山坡地面横坡下缓上陡,坡度 15° ~ 30°,为圆顶山,坡面植被较发育,分布灌木及林木 3. 地质条件:山体坡面分布 0 ~ 1.5m 褐黄色亚黏土,基岩为灰 ~ 灰白色,弱 ~ 微风化中厚层状白云质灰岩,岩质坚硬,呈层状,局部大块状构造,溶蚀沟、槽发育,基岩大部出露,全、强风化层厚度小于 2m,岩层主导层理产状:185° ∠19°;路堑所在山体水文地质条件简单,地下水类型为基岩风化裂隙水,受地形条件控制,地下水富水性弱,来源为季节性大气降水补给,通过坡面径流,就近坡脚排泄	边坡整体稳定性较好,但边坡高度较大,受开挖坡面、层理面、裂隙面影响,坡面可能产生小规模掉块、落石现象。采取主动防护网防止落石及种植藤蔓植物绿化

学习情境三

公路工程地质病害的防治

核心技能：

知道常见道路地质病害的形成条件，能处理公路地质病害和特殊土。

单元学习1　公路工程地质病害的防治

学习目标

1. 认识常见道路地质病害的类型、现象；
2. 知道常见道路地质病害的形成条件和影响因素；
3. 分析常见道路地质病害对道路施工和运营的危害；
4. 掌握病害的防治原则和措施；
5. 能根据地质病害的特征选择合适的防治措施。

任务描述

利用大量的图片、相关的多媒体资源和教师的讲解，学生能够认识常见的道路地质病害现象；知道其形成条件及对道路的危害；掌握常见道路地质病害的防治原则和措施，并能根据病害的特征提出有效的防护措施或治理方案。

学习引导

由于国民经济的发展和路网完善的需求，高速公路逐步进入山区。高速公路由于其线形指标高，工程艰巨，投资巨大，对自然环境的破坏也非常严重。山区一般地形地质条件复杂，地质环境脆弱，地质灾害多发，高速公路的建设不可避免的要切坡、填沟、打洞（隧道），对地质环境造成严重破坏，处理不好还会诱发和加剧各种地质灾害，增加公路建设投资，影响工期，甚至给运营阶段带来严重的安全隐患。因此山区高速公路的环保主要是地质环境的保护和地质灾害的防治。本 学习任务是掌握公路地质病害防治。

本工作任务沿着以下脉络进行学习：

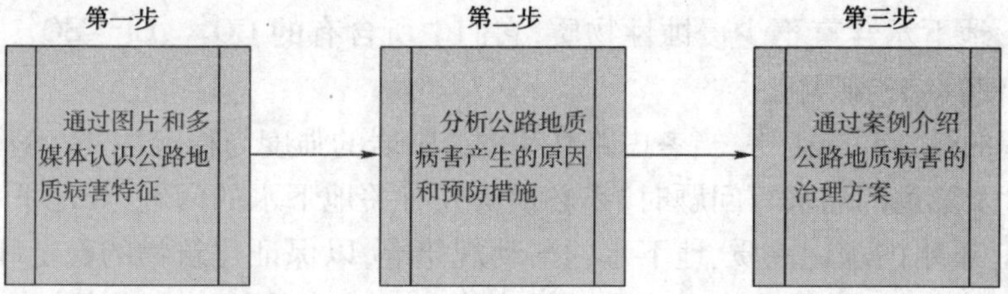

一、公路水毁与路基翻浆

在危害公路的众多因素之中，水是主要的自然因素之一，影响公路工程的水可分为地面水和地下水两类。来自不同水源的水对路基、路面、桥梁造成的破坏是不同的：暴雨径流直接冲毁路肩、边坡和路基；积水的渗透和毛细水的上升可导致路基湿软，强度降低，重者会引起路基冻胀、翻浆或边坡塌方，甚至整个路基沿倾斜基底滑动，进入结构层内的水分可以浸湿无机结合料处治的粒料层，导致基层强度下降，使沥青面层出现剥落和松散；水泥混凝土路面由于接缝多，从接缝中渗入的水分聚集在路面结构中，在重载的反复作用下，产生很大的动水压力，导致接缝附近的细颗粒集料软化，形成唧泥，产生错台、断裂等病害。桥梁受洪水冲击，墩台基础冲空危及安全或产生桥头引道缺、断，乃至桥梁倒塌。总之，水的作用加剧了路基路面结构和桥梁的破坏，加剧了公路使用性能的变坏，缩短了公路的使用寿命。

（一）自然界的水的存在形式

自然界的水以气态、固态和液态三种不同的形式存在于大气层、地表和地表以下的岩土孔隙、裂隙和空洞中，并分别被称为大气水、地表水和地下水。

①大气水：是以云、雾、雨、雪和冰雹等形式存在于大气层中的水分称为大气水，降落到地壳表面上时，称为大气降水。

陆地上的水主要分为：地表水、地下水（见图3-1）。

②地表水：以液态或固态的形式存在于江河、湖泊、海洋、南北两极以及高山地区的水称为地表水。

③地下水：地下水是以固态、液态或水气形式存在于岩石以及土的裂隙、孔隙和空洞中的水。

- 陆地水
  - 地表水
    - 江河水
    - 湖沼水
    - 冰川
  - 地下水
    - 浅层地下水——潜水
    - 深层地下水——承压水

图3-1　陆地上水存在的形式

其中地表水在学习情境一中已经介绍，本学习单元着重介绍地下水。

（二）地下水

地下水是构成水圈的重要水体之一，其水量仅次于海洋，约为地球上各种水体总量的4.1%，地下水是水资源的重要组成部分，对社会经济发展具有重要意义。在世界范围内，全球淡水总量400万km^3，地下水占95%，而湖、河水等仅占3.5%。由此可见，地下水在全世界各国经济发展中都占有举足轻重的地位。

地下水分布很广，与人们的生产、生活和工程活动的关系也很密切。由于地下水水质好，分布广，供水延续时间长、往往是可贵的供水水源。

地下水的活动不仅对岩石和土产生机械破坏，而且作为一种溶剂还会使岩石产生化学侵蚀，尤其是对可溶性岩石的溶蚀作用更强烈。由于地下水的活动，能使土体和岩体的强度和稳定性削弱，以致产生滑坡、地基沉陷、道路冻胀和翻浆等不良现象，给公路工程建筑和正常使用造成危害；同时，地下水含有不少侵蚀性物质，它们中所含有的 CO_3^{2-}、Cl^-、SO_4^{2-} 对混凝土产生化学侵蚀作用，使其结构破坏。

在公路工程的设计和施工中，当考虑路基和隧道围岩的强度与稳定性、桥梁基础的砌置深度和基坑开挖深度及隧道的涌水等问题时，都必须研究有关地下水的问题，如地下水的埋藏条件、地下水的类型、地下水的理化性质、地下水的活动规律等，以保证建筑物的稳定和正常使用。工程上把与地下水有关的问题称为水文地质问题，把与地下水有关的地质条件称为水文地质条件。

1. 地下水的存在形式和形成条件

1）地下水的存在形式

地下水的存在形式主要为气态、固态和液态三种形式。

（1）气态水：以水蒸气状态和空气一起存在于岩石和土层的孔隙、裂隙中，常由水汽压力大的地方向水汽压力小的地方移动。气态水对岩土体的强度和性质无太大的影响。

（2）固态水：埋藏在常年稳定 0°以下的冻土中的冰。水的冻结与融化影响着土的工程性质。

（3）液态水：分为结合水、毛细水和重力水三种。

①结合水：牢固吸附在颗粒表面的水称为吸着水；在吸着水外围，被吸附在颗粒表面构成水膜，称为薄膜水。吸着水和薄膜水统称结合水，它们具有一定的抗剪强度，必须施加一定的外力才能使其发生变形，结合水的抗剪强度由内层向外层逐渐减弱。

②毛细水：在岩石、土体细小孔隙、裂隙中，由于受表面张力和附着力的支持而充填的水，称毛细水，当两者的力量超过重力时，毛细水能上升到地下水面以上的一定高度。毛细水对土体的性质影响较大。

③重力水：当岩石、土体中孔隙、裂隙完全被水充满时，在重力作用下能够自由流动的水，称重力水。重力水是构成地下水的主要部分。

2）地下水的形成条件

地下水是在一定自然条件下形成的，它的形成与岩石、地质构造、地貌、气候、人为因素等有关。地下水的形成条件见表 3-1、地下水的埋藏见图 3-2。

地下水的形成条件 表 3-1

形成条件	描　述
岩性条件	岩石中的空隙和裂隙大，形成含水层，比如砂岩层、砾岩层、石灰岩层等。孔隙和裂隙少而小，相对致密的岩土层，称为不透水层或称隔水层，如页岩层、泥岩层等
地质构造条件	地质构造发育地带，岩层透水性增强，常形成良好的蓄水空间，如致密的不透水层，当其位于褶曲轴附近时可因裂隙发育而强烈透水，断层破碎带是地下水流动的通道
气候条件	对地下水的形成有着重要的影响，如大气降水、地表径流、蒸发等方面的变化将影响到地下水的水量
地貌条件	在不同的地貌部位对地下水的形成关系密切。一般在平原、山前区易于储存地下水，形成良好的含水层；在山区一般很难储存大量的地下水
人为因素	比如大量抽取地下水，会引起地下水位大幅下降；修建水库，可促使地下水位上升等

2. 地下水的基本类型

地下水按埋藏条件可划分为包气带水、潜水和承压水三类见表 3-2。根据含水层性质的不同可将地下水划分为孔隙水、裂隙水和岩溶水三类，见表 3-3。

地下水根据埋藏条件分类 表3-2

分类	特征	补给和排泄	分布
包气带水	在包气带局部隔水层上积聚具有自由水面的重力水,称为上层滞水。其隔水层主要是弱透水或不透水的透镜体黏土或亚黏土,它们能阻止水的下渗而成季节性的地下水。包气带中还有一部分水称为毛细水	分布最接近地表,接受大气降水的补给,以蒸发形式排泄或向隔水底板边缘排泄	分布范围很小,水量一般不大,随季节变化很显著
潜水	是饱和带中第一个稳定隔水层之上、具有自由水面的含水层中的重力。潜水在重力作用下,由水位高的地方向水位低的地方径流。水质变化较大,且易受到污染	通过包气带接受大气降水、地表水等补给;排泄方式:一种是水平排泄,以泉的方式排泄或流入地表水等;另一种是垂直排泄,通过包气带蒸发进入大气	一般情况下分布区与补给区一致,随季节不同而有明显变化
承压水	是充满于两个稳定隔水层之间、含水层中具有承压性质的地下水。承压性是其重要特征,如果受地质构造影响或钻孔穿透隔水层时,地下水就会受到水头压力而自动上升,甚至喷出地表形成自流水。由于受隔水层的覆盖,其受气候及其他水文因素的影响较小,故其水质较好	在含水层直接出露的补给区,接受大气降水或地表水补给;排泄可以由补给区流向地势较低处,或者由地势较低处向上流至排泄区,以泉的形式出露地表,或者通过补给该区的潜水或地表水而排泄	分布区和补给区不一致,一般补给区远小于分布区。动态比较稳定,水量变化不大

地下水根据含水层的性质分类 表3-3

<table>
<tr><th colspan="2">分类</th><th>分布及特征</th></tr>
<tr><td rowspan="2">孔隙水</td><td>冲积物中的地下水</td><td>— 河流上游峡谷内常形成砂砾、卵石层分布的河漫滩,厚度不大,地下水由河水补给,水量丰富,水质好,是良好的含水层,可做供水水源
— 河流中游河谷变宽,形成宽阔的河漫滩和阶地,沉积物呈上细(粉细砂、黏性土)下粗(砂砾)的二元结构,上层构成隔水层,下层为承压含水层。地下水由河水补给,水量丰富,水质好,也是很好的供水水源
— 河流下游常形成滨海平原,松散沉积物很厚,上部常为潜水,埋深很浅。下部常为砂砾石与黏性土互层,存在多层承压水。水量丰富,水质好,是很好的开采层</td></tr>
<tr><td>洪积物中的地下水</td><td>— 潜水深埋带:位于洪积扇的顶部,地形较陡,沉积物颗粒粗,多为卵砾石、粗砂,径流条件好,是良好的供水水源
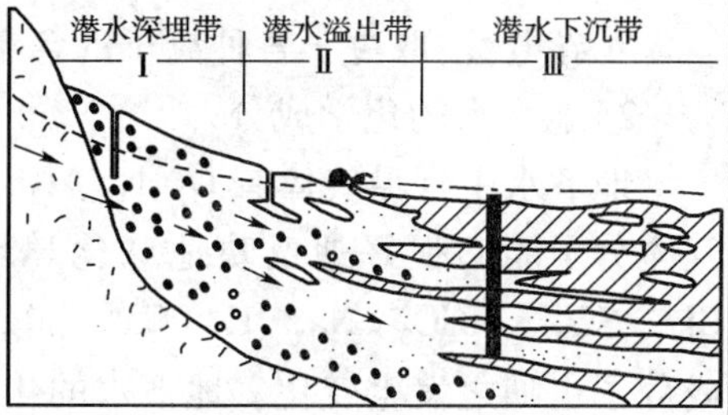

— 潜水溢出带:位于洪积扇中部,地形变缓,沉积物颗粒逐渐变细,由砂土变为粉砂、粉土。上部为潜水,埋深浅,常以泉或沼泽的形式溢出地表,下部为承压水
— 潜水下沉带:处于洪积扇边缘与平原的交接处,地形平缓,沉积物为粉土、粉质黏土与黏土。潜水埋藏变深,因径流条件较差,矿化度高,水质也变差</td></tr>
<tr><td rowspan="2">裂隙水</td><td>面状裂隙水</td><td>— 埋藏在各种基岩表层的风化裂隙中,又称为风化裂隙水。风化裂隙水的水量,随岩性、地形而变。风化裂隙分布的下界取决于风化带的深度</td></tr>
<tr><td>层状裂隙水</td><td>— 埋藏在成岩裂隙和构造裂隙中的地下水,其分布一般与岩层的分布一致,因而具有一定的成层性。在不同的部位和不同的方向上,因裂隙的密度、张开程度和连通性有差异,其透水性和涌水量有较大的差别,具有不均一的特点。层状裂隙水的分布受岩层产状的控制,在岩层出露的浅部可形成潜水,在地下水深处埋藏在隔水层之间可形成承压水。层状裂隙水的水质受埋深控制,总矿化度也随深度增加而增高</td></tr>
</table>

续上表

分　类	分　布　及　特　征	
裂隙水	脉状裂隙水	—　埋藏于构造裂隙中，其沿断裂带呈脉状分布，长度和深度远比宽度为大，具有一定的方向性；可切穿不同时代、不同岩性的地层，并可通过不同的构造部位，因而导致含水带内地下水分布的不均一性；地下水的补给源较远，循环深度较大，水量、水位较稳定，有些地段具有承压性；脉状裂隙水水量一般比较丰富，常常是良好的供水水源
岩溶水	—　富水性在水平和垂直方向的变化显著，与岩溶发育程度、各种形态岩溶通道的方向性以及连通情况在不同方向上的差异有关 —　当岩层某一个方向岩溶发育比较强烈，通道系统发育比较完善，水力联系好时，这个方向就成为岩溶水运动的主要方向；在另一些方向上则相反，因此，在岩溶含水层不同的方向上出现水力联系各向异性的特点 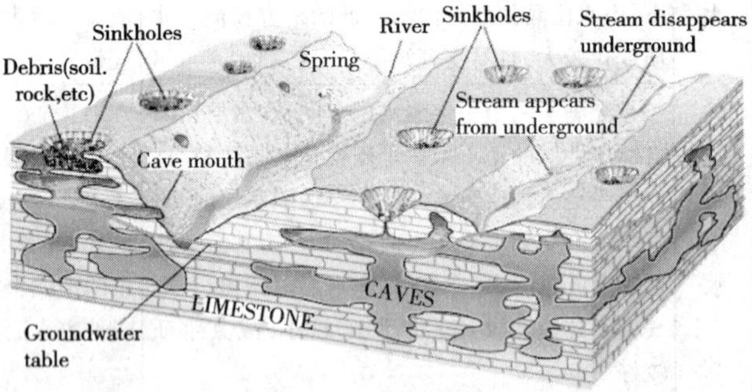 —　动态变化非常显著，特点之一是变化幅度大，例如水位的年变化幅度，一般可达数十米，流量的变化幅度可达数十倍，甚至数百倍。特点之二是对大气的反应灵敏，有的在雨后一昼夜甚至几小时就出现峰值	

3.地下水的物理性质和化学性质

1）地下水的物理性质

①温度：受各地区的地温条件所控制，常随埋藏深度不同而异，埋藏越深的，水温越高。

②颜色：无色透明。但当水中含有某些元素或悬浮质时，便会带有各种颜色而显得浑浊。如含有高价铁的水多呈褐红色，含腐殖质的水呈暗黑褐色。

③味：无嗅、无味。但含硫化氢气体时，为臭鸡蛋味，含氯化钠的水味咸，含镁的硫酸盐的水味苦。

④导电性：取决于各种离子的含量与离子价，含量越多，离子价越高，则水的导电性越强。

2）地下水的化学成分

地下水中常见气体有 O_2、N_2、H_2S 和 CO_2 等。一般情况下，地下水中气体含量不高，但是，气体分子能够很好地反映地球化学环境。地下水中分布最广、含量较多的离子共七种，即 CL^-、SO_4^{2-}、HCO_3^-、Na^+、K^+、Ca^{2+}、Mg^{2+}。地下水矿化类型不同，地下水中占主要地位的离子或分子也随之发生变化。地下水的化合物有 Fe_2O_3、Al_2O_3、H_2SiO_3 等。

水的矿化度、pH 值、硬度对水泥混凝土的强度有影响，还有水中侵蚀性 CO_2、SO_4^{2-}、Mg^{2+} 的含量也影响着地下水对混凝土等的侵蚀性。

地下水的化学成分详见表3-4。

（三）道路水毁成因

1.沿河路基水毁成因

沿河（溪）公路受洪水顶冲和淘刷，路基发生坍塌或缺断，影响行车安全，乃至中断交通，沿河路基水毁，它常发生在弯曲河岸和半填半挖路段。主要成因有下列几种：

地下水的化学成分表　　表3-4

化学成分	分类				
矿化度(g/L)	淡水	低矿化水	中等矿化水	高矿化水	卤水
	<1	1~3	3~10	10~50	>50
pH值	强酸性水	弱酸性水	中性水	弱碱性水	强碱性水
	<5	5~7	7	7~9	>9
硬度	极软水	软水	微硬水	硬水	极硬水
	$<1.5\times10^{-3}$	$1.5\times10^{-3}\sim3.0\times10^{-3}$	$3.0\times10^{-3}\sim6.0\times10^{-3}$	$6.0\times10^{-3}\sim9.0\times10^{-3}$	$>9.0\times10^{-3}$

(1)路线与河道并行,一面傍山,一面临河,许多路基是半挖半填或全部为填方筑成。路基边坡多数未做防冲刷加固措施,路基因洪水顶冲与淘刷发生坍塌破坏,出现许多缺口和坍塌半个以上路基(见图3-2)。

(2)路基防护构造物因基础处理不当或埋置深度不足而破坏,引起路基水毁。

(3)半填半挖路基地面排水不良,路面,边沟严重渗水,路基下边坡坡面渗流、普遍出露、局部管涌引起路基坍垮。

(4)洪水位骤降,在路基半坡内形成自路基向河道的反向渗流,产生渗透压力和孔隙压力,造成边坡失稳。

(5)不良地质、地形路段,山体滑坡或路基滑移。

(6)道路防洪标准低,路面设计洪水位高程不够,或涵洞孔径偏小,道路排水系统不完善,造成洪水漫溢路面,水洗路面甚至冲毁路基(见图3-3)。

图3-2　路基坍塌

图3-3　冲毁路基

(7)原有道路施工质量不佳,挡墙砌筑砂浆强度达不到设计要求,砂浆砌筑不饱满,石料偏小。砌体整体强度不够。

(8)原有路基边坡坡度太陡,没有达到设计要求。

(9)较陡的山坡填筑路基,原地面未清除杂草或挖人工台阶,坡脚未进行必要支撑,填方在自重或荷载作用下,路基整体或局部下滑。

(10)填方填料不佳,压实不够,在水渗入后,重度增大,抗剪强度降低,造成路基失稳。

(11)植被破坏,水土流失,在强降雨形成的地面径流冲击下,造成边坡坍方。

(12)道路养护工作跟不上,涵洞淤塞,导致排水不畅,造成水洗路面甚至冲毁路基。

2. 桥梁水毁成因

1)桥梁排洪能力不足

早些时期,受财力、物力的限制,有些桥梁的设计孔径不是按科学的计算确定,而是行政行为根据投资来确定桥梁孔径,使桥梁排泄能力满足不了相应等级公路规定的排泄频率,致使桥梁冲毁或将防护工程引道冲毁见图3-4。

2)养护不到位

检查和维修不够及时,没有根据历年洪水规律添建和改建必要调治结构物,对已建成的木桥,定期防腐注意不够;对大中型桥梁,汛期缺乏组织专门力量,进行防险措施。受养护资金限制,桥梁养护费用严重不足,使桥梁锥坡及防护工程的轻微损坏如沉陷或勾缝脱落不能及时得到处理,洪水来临不能抵抗洪水侵袭,造成锥坡和防护工程毁坏,造成桥梁局部冲毁。

图3-4 桥梁水毁

3)桥梁墩台基础埋深不够

调查显示,冲毁的桥梁大部分为70年代以前修建,受当时财力、物力等原因的限制尤其是钢材短缺,桥梁设计多为浅基防护基础,且桥梁从设计到施工各阶段普遍存在重主体轻防护的现象。另一方面,由于小桥不作水力计算,埋深只是从原河床算起,一些桥梁未做护底。近年来众多河流上游流域自然环境破坏,常降雨年限水流比以前集中,流速快,冲刷加深,基础埋深相对降低,一旦洪水来临,必将使墩台基础淘空而倾覆。

4)桥梁调治与防护设施不完善

桥梁调治构造物的功能是调治水流,使桥孔通畅泄洪。如果桥梁缺乏必要的调治与防护设施,洪水主流摆动往往偏离桥孔中心,使桥下有效泄洪面积减小,加剧了墩台的局部冲刷。桥梁防护工程是桥梁的组成部分,起到了保护桥或导流,阻止、减少水流冲刷等作用,必须得到重视。

5)河道变迁的影响

一般桥位上游大都是耕种用地,水土流失量大,河床上容易沉积泥沙,形成各式各样的岛状河滩,增加了环流强度。一方面继续冲刷凹岸,另一方面更加促使凸岸推进使河道变迁,改变了原建桥时河水的流向,使水流方向与桥梁形成偏角,直接冲击墩台,冲刷增深,基础外露,洪水来临,墩台很难再承受水流的冲刷而倾覆。

6)河道内漂浮物造成桥梁水毁

洪水夹带大量漂浮物,主要是树木和杂草,漂浮物堵塞桥孔,造成过高的桥前壅水,对桥梁产生过大推力和浮力,使桥梁被推倒或冲走。特别对小跨径桥和拱桥影响尤为严重。大型漂浮物还会撞击墩台,使桥遭到破坏。

(四)道路水毁防治

1. 沿河路基水毁防治措施

防治沿河路基水毁的常用方法有:铺草皮、植树、抛石、石笼及浸水挡土墙等见表3-5。

2. 桥梁水毁防治

1)确定合理的墩台结构形式及其埋置深度

墩台型式直接影响到墩台的局部冲刷深度。一般情况下,由于柱式墩台在抗冲刷方面较重力式墩台更优越,所以应优先选择钻孔灌注桩基础及柱式墩台。过去,低等级公路修建的桥梁多为浅基桥梁,因基础埋深不足发生水毁的频率较高;目前,新建大中型桥梁一般采用灌注桩基础,有效解决了墩台埋深不足使桥梁遭受水毁问题。因此,桥梁基础埋深应根据水文水力计算,并结合桥位工程地质,确定桥梁在通过设计洪水流量时的墩台基础安全埋置深度,保证桥梁在遭遇设计洪水时不发生水毁。

路基水毁的常用防治措施 表 3-5

<table>
<tr><th colspan="2">防治措施</th><th>适用条件</th><th>图示</th></tr>
<tr><td rowspan="3">植物防护</td><td>种草</td><td>土质路堤、路堑有利于草类生长的边坡，可以防止雨水冲刷坡面</td><td rowspan="3">
</td></tr>
<tr><td>铺草皮</td><td>当河床比较宽阔，铺设处只容许季节性浸水，流速小于1.8m/s，水流方向与路线近于平行条件下可以使用</td></tr>
<tr><td>植树</td><td>在路基斜坡上和沿河路堤之外漫水河滩上种植，直接加固了路基和河岸，并使水流速度降低，防止和减少水流对路基或河岸的冲刷</td></tr>
<tr><td rowspan="2">砌石防护</td><td>干砌</td><td>用以防护边坡免受大气降水和地面径流的侵蚀，以及保护浸水路堤边坡免受水流冲刷作用，一般有单层铺砌、双层铺砌</td><td rowspan="2"></td></tr>
<tr><td>浆砌</td><td>当水流流速较大（如4～5m/s），波浪作用较强，以及可能有流冰、流木等冲击作用时，宜采用浆砌片石护坡</td></tr>
<tr><td colspan="2">抛石防护</td><td>用于防护水下部分的边坡和坡脚，免受水流冲刷及掏刷，也可用于防止河床冲刷，最适用于砾石河床、盛产石料之处</td><td rowspan="2"></td></tr>
<tr><td colspan="2">石笼防护</td><td>使用范围比较广泛，可用于防护河岸或路基边坡、加固河床，防止淘刷</td></tr>
<tr><td colspan="2">浸水挡土墙</td><td>用来支撑天然边坡或人工边坡，以保证土体稳定的建筑物</td><td></td></tr>
<tr><td colspan="2">丁坝、顺坝</td><td>坝根与岸滩相接，坝头伸向河槽，坝身与水流方向成某一角度，能将水流挑离河岸的结构物，用来束水归槽、改善水流状态、保护河岸等</td><td></td></tr>
</table>

续上表

防治措施	适用条件	图示
综合排水	在地下渗水严重影响路基稳定地段,可采用纵横填石渗沟(盲沟),形成地下排水网,利用边沟将地面水汇集在一起,引到涵洞,排出路基范围以外	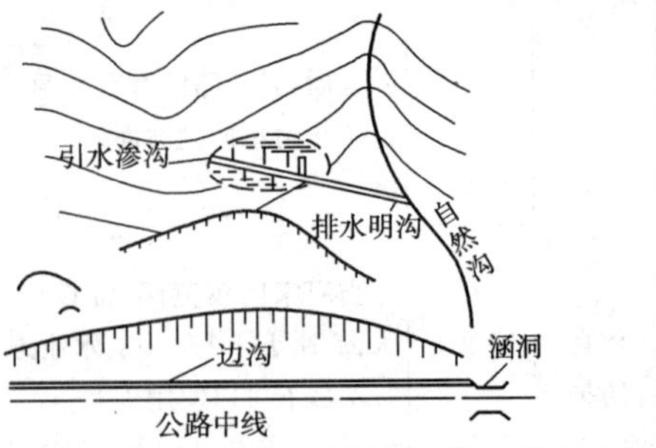

再者,在桥梁设计中应验算桥梁在可能遇到的最不利水力条件下的冲刷情况。漫水桥的冲刷试验表明,桥梁遇到的水力条件(墩台冲刷、动水压力及浮力等)在洪水位与桥面齐平时最不利,若洪水继续上涨淹没桥面,桥梁遭遇的水力条件一般不比水位与桥面齐平时更不利。因此,在桥梁设计中,如果将洪水与桥面齐平时的水力条件考虑进去,则桥梁在遭遇任何洪水条件下的安全问题就得到了保障。

2)完善桥梁的调治与防护工程

桥梁的调治与防护工程具有稳定河岸、改善水流流态、减轻水流冲刷、保障桥梁安全的作用。特别是宽浅变迁性河流,应将桥梁的调治与防护工程视为桥梁设计的重要组成部分。否则,河道变迁使洪水主流斜向冲击墩台及锥坡基础,易造成桥梁水毁。

(1)桥梁排洪能力检查。汛期应根据河道上游汇水面积大小及气象部门的汛情预报,做好降雨量及河道洪峰流量的预测,检验桥梁的排洪能力。若桥孔不能满足排洪需求,应采取分流、导流、清淤等工程措施进行治理,确保桥梁安全度汛。

(2)桥梁及其防护设施的安全质量检查。汛期应对桥梁及其调治与防护设施进行雨前、雨中、雨后的"三雨"检查。即检验桥梁墩台是否沉陷、开裂;墩台外表是否风化剥落;锥坡及翼墙基础是否发生裂缝、倾斜;桥梁的其他调治与防护工程设施是否完好。如有破损应及时修补,防止桥梁因出现安全质量问题发生水毁。

(3)墩台的防护与加固。汛期应检查桥梁墩台及桥址河床的冲刷情况。因为很多桥梁水毁是河床冲刷下切以及墩台局部冲刷加剧使桥梁基础埋深不足所致。因此,应及时采取措施进行防护与加固,具体见表3-6。

墩台主要的防护与加固措施 表3-6

拦淤墙防冲刷	若河床持续冲刷下切,应在桥位下游50~100 m的河槽内修筑拦淤墙对桥梁墩台进行冲刷防护。拦淤墙基础埋深应根据冲刷情况确定,其顶面高程一般与现有河槽底面高程一致;若墩台埋深较浅,拦淤墙顶面可略高于主河槽底面高程,这样更有利于拦洪落淤
河床铺砌加固	河床持续冲刷使桥梁墩台基础埋深不足。为防止河床冲刷下切,应对桥下河床进行铺砌加固。综合运用抛石防护、石笼截水墙、丁坝等
桥墩局部冲刷防护	桥墩局部冲刷防护包括平面冲刷防护及立面冲刷防护。平面防护主要是按冲刷坑尺寸范围采用抛石防护、干砌或浆砌片石防护;立面防护是在冲刷坑内按冲刷坑深度要求设置防护围幕。上述防护措施均应将其顶面设置于最大自然冲刷水深床面以下。否则,若防护设施顶面凸出河床顶面会加剧墩台局部冲刷,引发更严重的桥梁水毁

3）生物防护与工程防护相结合

桥梁的生物防护为工程防护无法替代。在河两岸植树能降低河水流速、拦洪落淤、稳固河岸，有效遏制河道变迁导致桥梁水毁。特别是将桥梁的生物防护与工程防护完美结合，能使二者的防护作用相互完善、相互融合。

（1）桥位河湾的防护。洪水淘刷河岸易形成河湾，河湾引发洪水主流偏离桥孔中心，对桥孔通畅泄洪极为不利，应及时采取生物防护与工程防护相结合的综合措施进行治理。具体做法：①在河湾凹岸布设丁坝、顺坝等导流构造物，待丁坝、顺坝间落淤稳定，再于其间配植树木进行生物防护；②在易形成河湾的桥头引道两侧及导流堤与锥坡附近植防水林，这样随着树木成长，河湾区域会逐年淤积增高，并形成稳定的新河岸，能有效防止因河道变迁导致桥梁水毁。

（2）桥位河段的防护。由于洪水泛滥，桥位河段往往是冲沟交错、滩石裸露，生态环境十分脆弱。解决这一矛盾的有效措施就是结合公路绿化对桥位河段实施生物防护，这样不仅能减少桥梁的防护工程规模，还能有效防护这类工程设施免遭水毁。

（3）桥位流域的综合治理。桥梁水毁的综合防治是一项系统工程，公路部门应与农牧林水等部门相配合，搞好桥位上游流域的综合治理，改善生态环境，从根本上实现桥梁防灾减灾。

（五）路基翻浆成因

1. 路基翻浆产生的原因及条件

路基翻浆主要发生在季节性冰冻地区的春融时节，以及盐渍、沼泽等地区。因为地下水位高、排水不畅、路基土质不良、含水过多，经行车反复作用，路基会出现弹簧、裂缝、冒泥浆等现象。

（1）土基冻胀与翻浆的条件，见表3-7。

土基冻胀与翻浆的发生条件 表3-7

条件	
土质	粉性土具有最强的冻胀性，最容易形成翻浆，构成了冻胀与翻浆的内因。粉性土毛细水上升速度快，作用强，为水分向上积聚创造了条件。黏性土的毛细水上升虽高，但速度慢，只在水游供给充足且冻结速度缓慢的情况下，才能形成比较严重的冻胀与翻浆
水	冻胀与翻浆的过程，实质上就是水在路基中迁移、相变的过程。地面排水困难，路基填土高度不足，边沟积水或利用边沟做农田灌溉，路基靠近坑塘或地下水位较高的路段，为水分积聚提供了充足的水源
气候	多雨的秋天，暖和的冬天，骤热的晚春，春融期降雨等都是加剧湿度积聚和翻浆现象的不利气候
行车荷载	公路翻浆是通过荷载的作用最后形成和暴露出来的。通过过大的交通量或过重的汽车，能加速翻浆发生
养护	不及时排除积水，弥补裂缝，会促成或加剧翻浆的出现

（2）路基翻浆形成与发生的过程

秋季是路基水的聚积时期。由于降水或灌溉的影响，地面水下渗，地下水位升高，使路基水分增多。

冬季，气温下降，路基上层的土开始冻结，路基下部土温仍较高。水分在土体内，由温度较高处向温度较低处移动，使路基上层水分增多，并冻结成冰，使路面冻裂或隆起，发生冻胀，见图3-5。

春季（有的地区延至夏季），气温逐渐回升，路基上层的土首先融化，土基强度很快降低，以至失去承载能力，在行车作用下形成翻浆，见图3-6。

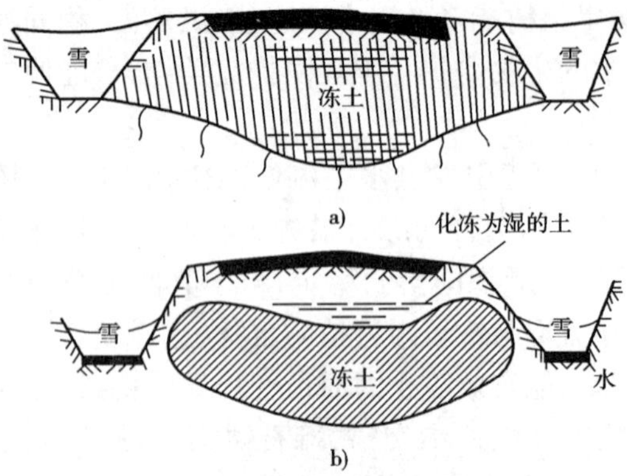

图 3-5 路基冻胀示意图

图 3-6 路基翻浆

天气渐暖，蒸发量增大，冻层化透，路基上层水分下渗，土变干，土基强度又能逐渐恢复，这就是路基翻浆发展的全过程。

2. 路基翻浆的分类和分级

根据导致路基翻浆的水类来源不同，翻浆可分为五类，见表 3-8，根据翻浆高峰期路基、路面的变形破坏程度，翻浆又可分为三个等级，见表 3-9。

翻浆分类表 表 3-8

翻浆类型	导致翻浆的水类来源
地下水类	受地下水的影响，土基经常潮湿，导致翻浆。地下水包括上层滞水、潜水、承压水、裂隙水、泉水、管道漏水等。潜水多见于平原区，承压水、裂隙水、泉水多见于山区
地表水类	受地表水的影响，使土基潮湿，地表水主要指季节性积水，也包括路基、路面排水不良而造成的路旁积水和路面渗水
土体水类	因施工遇雨或用过湿的土填筑路基，造成土基原始含水量过大，在负温度作用下使上部含水量显著增加导致翻浆
气态水类	在冬季强烈的温差作用下，土中水主要以气态形式向上运动，聚集于土基顶部和路面结构层内，导致翻浆
混合水类	受地下水、地表水、土体水或气态水等两种以上水类综合作用产生的翻浆。此类翻浆需要根据水源主次定名

翻浆分级表 表 3-9

翻浆等级	路面变形破坏程度
轻型	路面龟裂、湿润，车辆行驶时有轻微弹簧现象
中型	大片裂纹、路面松散、局部鼓包、车辙较浅
重型	严重变形、翻浆冒泥，车辙很深

3. 防治原则

翻浆地区的路基设计，要贯彻以防为主，防治结合的原则。

(1)路线应尽量设置在干燥地段，当路线必须通过水文及水文地质条件不良地段时，就要采取措施，预防翻浆。

(2)防治翻浆应根据地区特点、翻浆类型和程度，按照因地制宜、就地取材和路基路面综合设计的原则，提出合理防治方案。

(3)翻浆地区路基设计,在一般情况下,应注意对地下水及地面水的处理,并注意满足路基最小填土高度的要求。

(4)对于高级和次高级路面,除按强度进行结构层设计外,还需允许冻胀的要求进行复核。

4. 防治措施

1)做好路基排水

良好的路基排水可防止地面水或地下水浸入路基,使路基保持干燥,减少冻结过程中水分聚留的来源。

路基范围内的地面水、地下水都应通过顺畅的途径迅速引离路基,以防水分停滞及浸湿路基。为此应重视排水沟渠的设计,注意沟渠排水纵坡和出水口的设计;在一个路段内重视排水系统的设计,使排水沟渠与桥涵组成一个通畅的排水系统。为降低路基附近的地下水位,设置盲沟以降低地下水位,截断地下水潜流,使路基保持干燥。

2)提高路基填土高度

提高路基填土高度是一种简便易行、效果显著且比较经济的常用措施。同时也是保证路基路面强度和稳定性,减薄路面,降低造价的重要途径。

提高路基填土高度,增大了路基边缘至地下水或地面水位间的距离,从而减小了冻结过程中水分向路基上部迁移的数量,使冻胀减弱,使翻浆的程度和可能性变小。

路线通过农田地区,为了少占农田,应与路面设计综合考虑,以确定合理的填土高度。在潮湿的重冻区粉性土地段,不能单靠提高路基填土高度来保证路基路面的稳定性,要和其他措施,如砂垫层、石灰土基层等配合使用。

3)设置透水性隔离层

隔离层的位置应在地下水位以上,一般在土基 50 ~ 80cm 深度处(在盐土地区的翻浆路段,其深度应同时考虑防止盐胀和次生盐渍化等要求),用粗集料(碎石或粗砂)铺筑,厚度约 10 ~ 20cm,分别自路基中心向两侧做成 3% 的横坡。为避免泥土堵塞,隔离层的上下两面各铺 1 ~ 2cm 厚的苔藓、泥炭、草皮或土工布等其他透水性材料作防淤层。连接路基边坡部位,应铺大块片石防止碎落。隔离层上部与路基边缘之高差不小于 50cm,底部高出边沟底 20 ~ 30cm,见图 3-7。

4)设置不透水隔离层

在路面不透水的路基中,可设置不透水隔离层,设置深度与透水隔离层相同。当路基宽度较窄,隔离层可横跨全部路基,称为贯通式;当路基较宽时,隔离层可铺至延出路面边缘外50 ~ 80cm,称为不贯通式,见图 3-8。

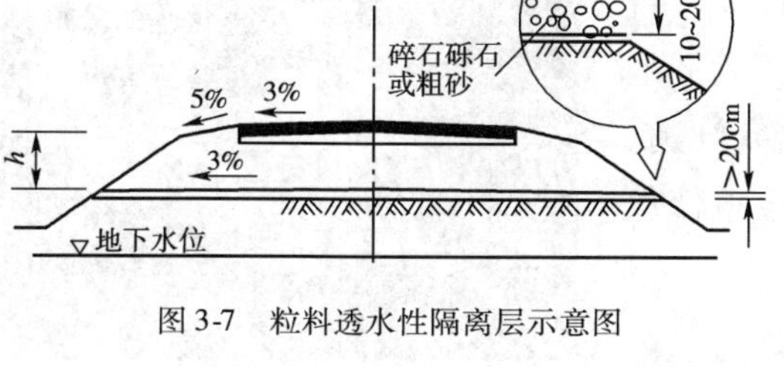

图 3-7　粒料透水性隔离层示意图

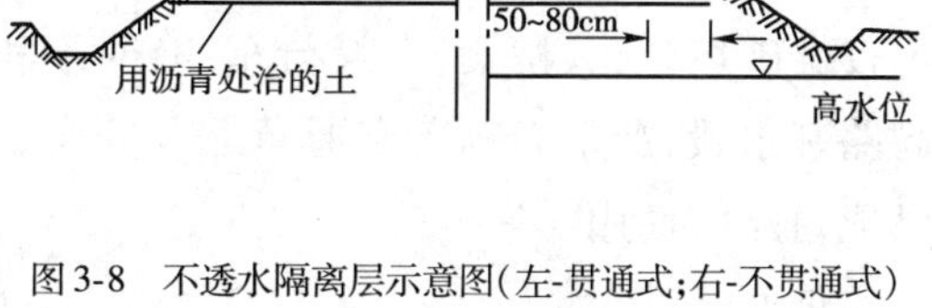

图 3-8　不透水隔离层示意图(左-贯通式;右-不贯通式)

(1)不透水隔离层所用材料和厚度。不透水隔离层采用 8% ~10% 的沥青土或者 6% ~

8%的沥青砂，厚度2.5～3.0cm；沥青或柏油，直接喷洒，厚度2～5cm；油毡纸、不透水土工布（一般为2～3层）或不易老化的特制塑料薄膜摊铺（盐渍土地区不可用塑料薄膜）。

（2）隔离层的适用条件。隔离层对新旧路线翻浆均可采用，特别适用于新线；不透水隔离层适用于不透水路面的路基中；在透水路面下只能设透水隔离层；在盐渍土地区的翻浆路段，隔离层深度应同时考虑防止盐胀和次生盐渍化等要求。

5）隔温层

为防止水的冻结和土的膨胀，可在路基中设置隔温层（一般为北方严重冰冻地区），以减少冰冻深度。厚度一般不小于15cm，隔温材料可用泥炭、炉渣、碎砖等，直接铺在路面下。宽度每边宽出路面边缘30～50cm，见图3-9。

6）换土

采用水稳定性好、冰冻稳定性好、强度高的粗颗粒土换填路基上部，可以提高土基的强度和稳定性。换土的厚度一般可根据地区情况、公路等级、行车要求以及换填材料等因素确定换土厚度。一些地区的经验认为，在路基上部换填60～80cm厚的粗粒土，路基可以基本稳定。换土厚度也可以根据强度要求，按路面结构层厚度的计算方法计算确定。适用条件是：因路基高程限制，不允许提高路基，且附近有粗粒土可用时；原有路基土质不良，需铺设高级路面时。

7）加强路面结构

铺设砂（砾）垫层以隔断毛细水上升，增进融冰期蓄水、排水作用，减小冻结或融化时水的体积变化，减轻路面冻胀和融沉作用。砂垫层的铺设厚度见表3-10。砂垫层的材料可选用砂砾、粗砂或中砂，要求砂中不含杂质、泥土等。铺设水泥稳定类、石灰稳定类、石灰工业废渣类等路面基层结构层以增强路面的板体性、水稳定性和冻稳定性，提高路面的力学强度。

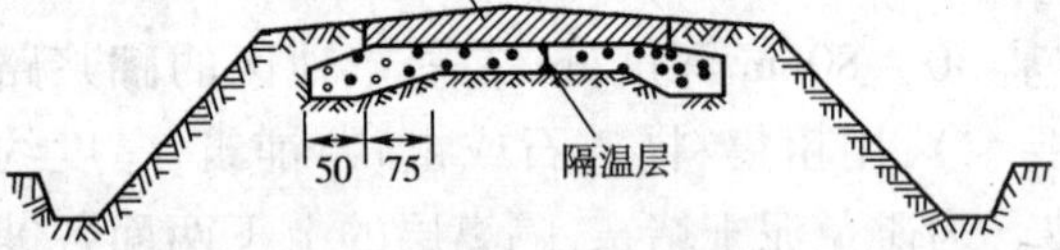

图3-9　隔温层的样式（尺寸单位：cm）

砂（砺）垫层的经验厚度　　表3-10

土基湿度类型	砂垫层厚度（cm）
中湿	15～20
潮湿	20～30

二、崩塌

（一）崩塌发生的条件

崩塌是指陡峻斜坡上的岩土体在重力作用下，脱离母岩，突然而猛烈的由高处崩落下来，堆积在坡脚（或沟谷）的地质现象（见图3-10、图3-11）。崩塌物下坠的速度很快，一般为5～200m/s，有的可达自由落体的速度。崩塌是山区公路常见的一种突发性的病害现象，小的崩塌对行车安全及路基养护工作影响较大；大的崩塌不仅会破坏公路、桥梁，击毁行车，有时崩积物堵塞河道，引起路基水毁，严重影响着交通营运及安全，甚至会迫使放弃已成道路的使用。

图3-10　公路上方山体崩塌

1.坡面条件

江、河、湖（水库）、沟的岸坡及各种山坡，铁路、公路边坡等各类人工边坡都是有利崩塌产生的地貌部位，一般在陡崖临空面高度大于30m，坡度大于50°的高陡斜坡、孤立山嘴或凸形陡坡及阶梯形山坡均为崩塌形成的有利地形，见图3-12。

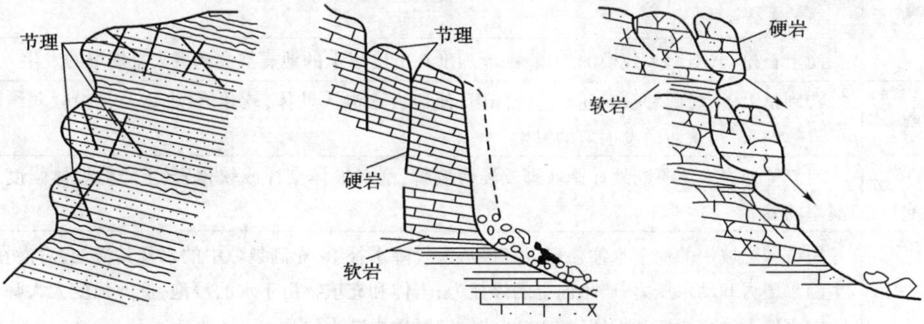

图3-11　崩塌形成示意图

图3-12　高陡斜坡易形成崩塌

2. 岩土条件

岩土是产生崩塌的物质条件。通常岩性坚硬的岩浆岩、变质岩及沉积岩类中的石灰岩、石英砂岩等能形成规模较大的崩塌，在软硬互层的悬崖上，因差异风化硬质岩层常形成突出的悬崖，软质岩层易风化形成凹崖坡，使其上部硬质岩失去支撑而引起较大的崩塌。

3. 地质构造

各种结构面，如裂隙面、岩层层面、断层面、软弱夹层及软硬互层的坡面对坡体的切割、分离，为崩塌的形成提供脱离母体（山体）的边界条件。当其软弱结构面倾向于临空面且倾角较大时，易于发生崩塌（见图3-13）。或者坡面上两组呈楔形相交的结构面，当其组合交线倾向临空面时，也会发生崩塌。

图3-13　切割严重的岩体易形成崩塌

坡面条件、岩土条件、地质构造三个条件，又统称地质条件，它是形成崩塌的基本条件。

4. 诱发崩塌的外界因素(见表3-11)

崩塌的诱发因素 表3-11

诱发因素	描述
地震	使土石松动,引起大规模的崩塌;一般烈度在七度以上的地震都会诱发大量崩塌的发生
融雪、降雨	特别是大雨、暴雨和长时间的连续降雨,使地表水渗入坡体,软化岩、土体及其中软弱结构面,增加了岩体的重量,从而诱发崩塌的发生
地表水的冲刷、浸泡	河流等地表水体不断地冲刷坡脚或浸泡坡脚,削弱坡体支撑或软化岩、土降低坡体强度,也能诱发崩塌的发生
地下水	边坡和山坡中的地下水往往可以直接从大气降水补给,充满裂隙中的水及其流动,对潜在崩塌体产生静水压力和动水压力;产生向上的浮托力;岩体和充填物由于水的浸泡,抗剪强度大大降低;充满裂隙的水使不稳定岩体和稳定岩体之间的侧向摩擦力减小
风化作用	强烈的物理风化作用如剥离、冰胀、植物根压等都能促使斜坡上岩体发生崩塌
人为因素	边坡设计过高过陡,不适宜的采用大爆破,施工程序不当等也会导致崩塌发生。 作为公路工程技术人员,还应注意在山区修筑公路,如果改变了原来较稳定的斜坡外形,使斜坡变陡,当某些软弱结构面裸露或使部分被切割的岩体失去支撑时,也会引起崩塌

(二)确定崩塌体的边界

崩塌体的边界特征决定崩塌体的规模大小。崩塌体边界的确定主要依据坡体地质结构。

(1)应查明坡体中所发育的裂隙面、岩层面、断层面等结构面的延伸方向、倾向和倾角大小及规模、发育密度等,即构造面的发育特征。通常情况下,平行斜坡延伸方向的陡倾构造面,易构成崩塌体的后部边界;垂直坡体延伸方向的陡倾构造面或临空面常形成崩塌体的两侧边界;崩塌体的底界常由倾向坡外的构造层或软弱带组成,也可由岩、土体自身折断形成。

(2)调查各种构造面的相互关系、组合形式、交切特点、贯通情况及它们能否将或已将坡体切割,并与母体(山体)分离。

(3)综合分析调查结果,那些相互交切、组合可能或已经将坡体切割与其母体分离的构造面就是崩塌体的边界面。其中,靠外侧、贯通(水平及垂直方向上)性较好的构造面所围的崩塌体的危险性最大。

例如,1980 年 6 月 3 日发生在湖北省远安县盐池河磷矿区的大型岩石崩塌体,它的边界面就是由后部垂直裂缝、底部白云岩层理面及其他两个方向的临空面组成的(见图3-14)。黄土高原地区常见的黄土崩塌体的边界面多由 90°交角的不同方向的垂直节理面、临空面及底面黄土与其他相异岩性的分界面组成。此外,明显地受断层面控制的崩塌体也是非常多见的。

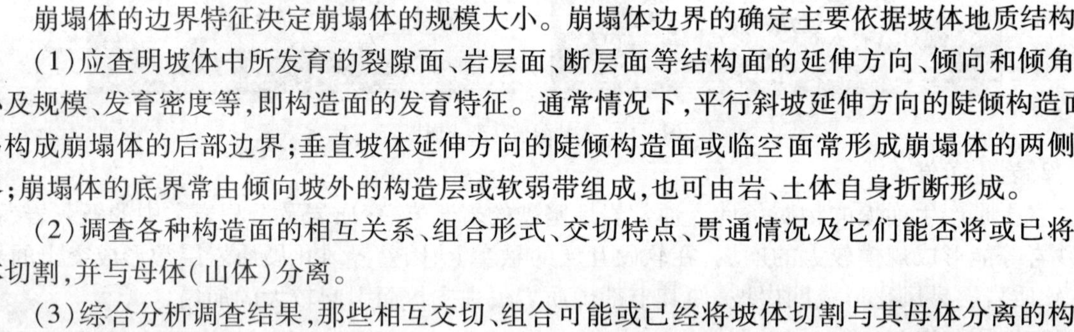

图3-14 湖北远安盐池河磷矿山体崩塌(左图为照片、右图为工程地质剖面图)

(三)勘察调查要点

要有效地防治崩塌、必须首先进行详细的调查研究,掌握崩塌形成的基本条件及其影响因素根据不同的情况,采取相应的措施。调查崩塌时要注意以下几个方面:

(1)查明斜坡的地形条件——坡度、高度、外形等;

(2)查明斜坡的岩性和构造条件——岩土的类型、风化程度、主要构造面的发育情况;

(3)查明地下水对斜坡稳定性的影响;

(4)查明当地地震烈度。具体勘察调查要点见表3-12:

崩塌与岩堆勘察调查要点 表3-12

方法	目的	要点
测绘	查明崩塌与岩堆的地貌形态,水文地质特征等	— 峭壁高度、长度、坡度(包括各变坡点的高程); — 崖壁新近崩塌、坍塌、剥落的痕迹并估算其体积; — 坠石冲击点、跳跃距离、滚动距离及其最大石块的体积、形状; — 岩堆的分布范围、形状、各部位的坡度变化; — 岩堆各部位颗粒分选状况,地表最大颗粒体积; — 岩堆体各部位固结(或松散)程度、稳定状况等; — 冲沟发育状况,如各部位切割深度、纵坡、横断面类型、沟壁稳定坡度、坡高、溯源侵蚀、泥石流发育状况; — 岩堆体各部位植被覆盖程度,并区分乔木、灌木、蒿草等的分布范围
勘探	了解崩塌与岩堆的地层结构、软弱结构面、含水层的性质、地下水位以及取样试验	— 探明堆床形状、岩堆体地层结构、岩性,尤其细颗粒夹层、含腐朽植物夹层、地下水位、地质构造; — 勘探线应按崩塌(含坍塌、剥落)岩堆活动中心,贯穿崖顶、锥顶、岩堆前缘弧顶布置; — 连续分布,无明显锥顶、前缘弧顶的岩堆,应垂直地形等高线走向布置勘探线; — 勘探线间距不大于50m。每个岩堆体至少有1条勘探线。勘探线上勘探点不少于3个(含露头); — 岩石峭壁一般只采用地层岩性描述、节理统计方法,不宜布置勘探点; — 岩堆体勘探以物探为主,辅以钻探验证,并有一定数量挖探,取得岩堆体地层层理产状资料及试样; — 钻探孔深宜钻至堆床以下2m,并应采取适当钻探工艺,以查明岩土软弱夹层、含腐植物夹层和地下水等资料
工程地质试验	为崩塌与岩堆防治工程的设计提供依据和计算参数	— 崩塌范围一般取岩样做密度、相对密度、天然含水率、吸水率、抗压强度、软化系数、泊松比、抗剪强度(c、ϕ值)试验。抗剪强度试验侧重在软弱夹层和不利的节理面; — 岩堆体试验项目有:密度、相对密度、含水量、抗剪强度、天然休止角。也可用天然陡坎坍塌、滑塌反算c、ϕ值或综合ϕ角,代替抗剪强度试验。也可在附近有类比条件的陡坎坍塌处进行类比反算c、ϕ值

(四)防治原则

由于崩塌发生得突然而猛烈,治理比较困难而且十分复杂,所以一般应采取以防为主的原则。

在选线时,应根据斜坡的具体条件,认真分析发生崩塌的可能性及其规模。对有可能发生大、中型崩塌的地段,应尽量避开。若完全避开有困难,可调整路线位置,离开崩塌影响范围一定距离，尽量减少防治工程；或考虑其他通过方案（如隧道、明洞等），以确保行车安全。对可能发生小型崩塌或落石的地段，应视地形条件，进行经济比较，确定绕避还是设置防护工程。

在设计和施工中，避免使用不合理的高陡边坡，避免大挖大切，以维持山体的平衡稳定。在岩体松散或构造破碎地段，不宜使用大爆破施工，避免因工程技术上的失误而引起崩塌。

（五）防治措施

1. 排水

在有水活动的地段，布置排水构筑物，以进行拦截疏导，防止水流渗入岩土体而加剧斜坡的失稳。排除地面水可修建截水沟、排水沟；排除地下水，可修建纵、横盲沟等，见图3-15。

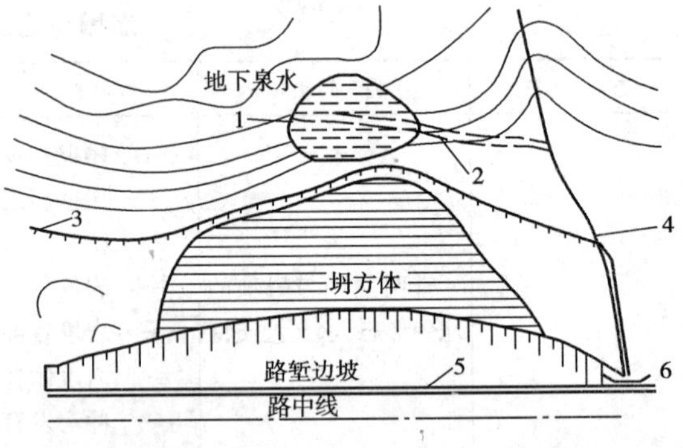

图3-15 边坡塌方路段综合排水图示

1-渗沟；2-排水沟；3-截水沟；4-自然沟；5-边沟；6-涵洞

2. 刷坡清除

山坡或边坡坡面崩塌岩块的体积及数量不大，岩石的破碎程度不严重，可采用全部清除并放缓边坡，见图3-16、图3-17。

3. 坡面加固

边坡或自然坡面比较平整、岩石表面风化易形成小块岩石呈零星坠落时，宜进行水泥砂浆封面、护面等坡面防护，以阻止风化发展，防止零星坠落。易引起崩塌的高边坡，宜采用边坡加固工程，必要地段修建挡墙、边坡锚杆、多级护墙和护面，见图3-18、图3-19。

图3-16 刷坡

图3-17 清除危岩

图3-18 公路坡面喷锚支护

4. 拦截防御

岩体严重破碎，经常发生落石路段，宜采用柔性防护系统或拦石墙与落石槽等拦截构造物，见图3-20、图3-21、图3-22。拦石墙与落石槽宜配合使用，设置位置可根据地形合理布置，落石槽的槽深和底宽通过现场调查或试验确定。拦石墙墙背应设缓冲层，并按公路挡土墙设计，墙背压力应考虑崩塌冲击荷载的影响。

图 3-19　长江三峡链子崖危岩体喷锚支护

图 3-20　拦石格栅

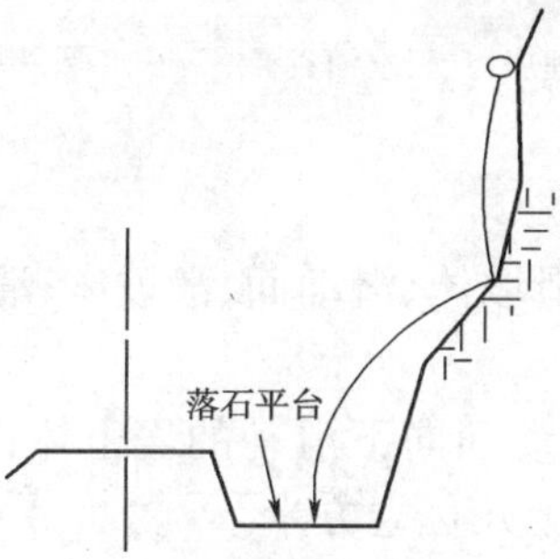

图 3-21　落石平台（槽）

图 3-22　拦石网

5. 支顶工程

对在边坡上局部悬空的岩石，但是岩体仍较完整，有可能成为危岩石，可视具体情况采用钢筋混凝土立柱、浆砌片石支顶或柔性防护系统，见图 3-23。

6. 遮挡工程

当崩塌体较大、发生频繁且距离路线较近而设拦截构造物有困难时，可采用明洞、棚洞等遮挡构造物处理，见图 3-24。

图 3-23　危岩支顶

图 3-24　防落石棚洞

三、滑坡

斜坡上岩体或土体在重力作用下沿一定的滑动面（或滑动带）整体地向下滑动的现象叫

滑坡,俗称“走山”、“垮山”、“地滑”等。

滑坡是山区公路的主要病害之一。由于山坡或路基边坡发生滑坡,常使交通中断,影响公路的正常运输。大规模的滑坡能堵塞河道、摧毁公路、破坏厂矿、掩埋村庄,对山区建设和交通设施危害很大(见图3-25)。西南地区为我国滑坡分布的主要地区,该地区滑坡类型多、规模大、发生频繁、分布广泛、危害严重,已经成为影响国民经济发展和人身安全的制约因素之一。西北黄土高原地区,以黄土滑坡广泛分布为其显著特征。东南、中南的山岭、丘陵地区滑坡、崩塌也较多。

图3-25 滑坡危害(摧毁交通设施、掩埋房屋、阻塞河谷)

(一)滑坡的形态

发育完整的滑坡,一般都有下列的基本组成部分:滑坡体、滑动面、滑坡床、滑坡后壁、滑坡台阶、滑坡舌、滑坡裂隙等,见图3-26。

(1)滑坡体。指滑坡的整个滑动部分,即依附于滑动面向下滑动的岩土体,简称滑体(见图3-27)。滑体的规模大小不一,大者达几亿立方米到十几亿立方米。

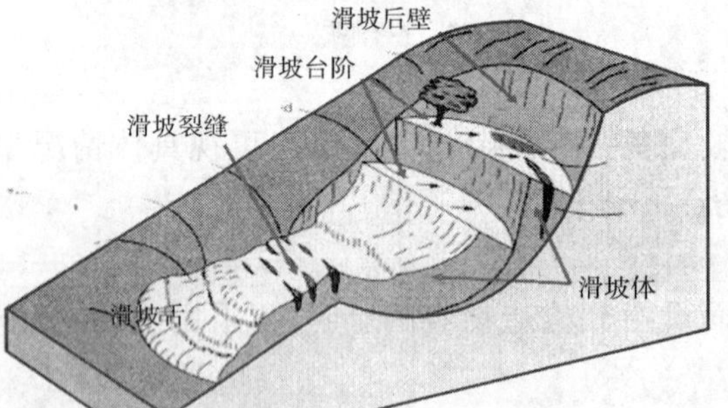

图3-26 滑坡要素示意图

图3-27 滑坡体

(2)滑动面。指滑坡体沿着滑动的面称为滑动面。滑动带指平行滑动面受揉皱及剪切的破碎地带,简称滑带;滑动面(带)是表征滑坡内部结构的主要标志,它的位置、数量、形状和滑动面(带)土石的物理力学性质,对滑坡的推力计算和工程治理有重要意义。滑动面的形状,因地质条件而异一般说来,发生在均质黏性土和软质岩体中的滑坡,一般多呈圆弧形;沿岩层层面或构造裂隙发育的滑坡,滑动面多呈直线形或折线形,见图3-28。

(3)滑坡后壁。指滑坡发生后,滑坡体后缘和斜坡未动部分脱开的陡壁称为滑坡后壁。有时可见擦痕(见图3-29),以此识别滑动方向。滑坡后壁在平面上多呈圈椅状,后壁高度自几厘米到几十米,陡坡一般为60°~80°。

(4)滑坡台阶。指滑体滑动时由于各段土体滑动速度的差异,在滑坡体表面形成台阶状的错台,称为滑坡台阶,见图3-30。

(5)滑坡舌。指滑坡体前缘形如舌状的凸出部分。见图3-31。

(6)滑坡鼓丘。指滑坡体前缘因受阻力而隆起的小丘。

(7)滑坡裂隙。由于各部分移动的速度不等,在其内部及表面所形成的一系列裂隙。位于滑体上(后)部多呈弧形展布者称拉张裂隙;位于滑体中部两侧又常伴有羽毛状排列的裂隙称剪切裂隙;滑坡体前部因滑动受阻而隆起形成的张性裂隙称鼓张裂隙;位于滑坡体中前部、尤其滑舌部呈放射状展布者称扇状裂隙。

图3-28　滑动面

图3-29　滑坡后壁

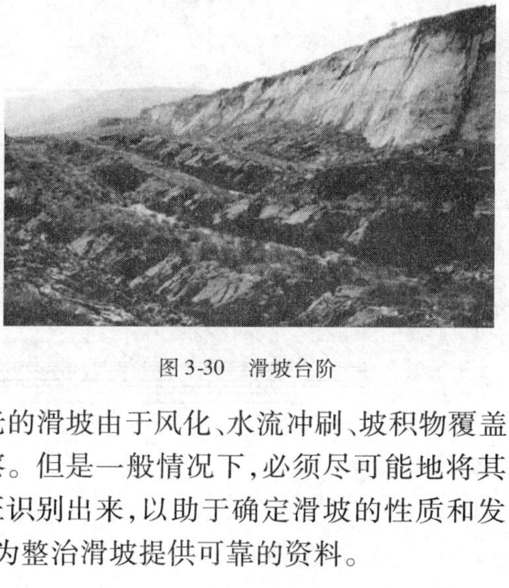

图3-30　滑坡台阶

图3-31　滑坡舌和滑坡裂缝

较老的滑坡由于风化、水流冲刷、坡积物覆盖,使原来的构造、形态特征往往遭到破坏,不易被观察。但是一般情况下,必须尽可能地将其形态特征识别出来,以助于确定滑坡的性质和发展状况,为整治滑坡提供可靠的资料。

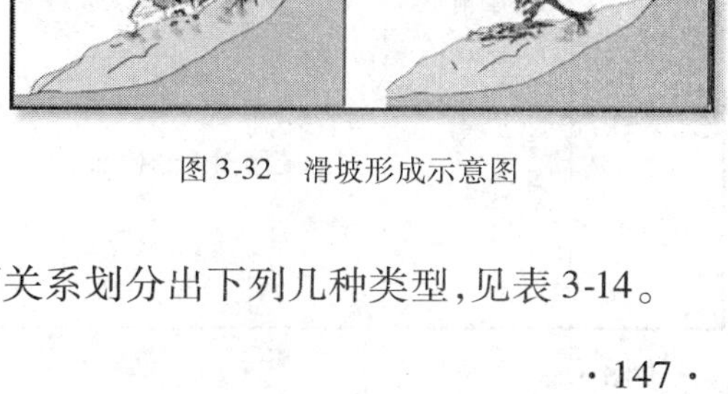

图3-32　滑坡形成示意图

(二)滑坡形成的条件

滑坡的发生,是斜坡岩土体平衡条件遭到破坏的结果,形成过程见图3-32;其形成条件和影响因素见表3-13。

(三)滑坡的类型

依滑坡体物质组成、滑坡体厚度、滑动面与层面关系划分出下列几种类型,见表3-14。

(四)滑坡的野外识别和稳定性判断

在野外,从宏观角度观察滑坡体,可以根据一些外表迹象和特征,粗略地判断它的稳定性,见表3-15。

滑坡的形成条件和影响因素 表3-13

形成条件	岩土体	— 黏土:颗粒细而均匀,地表裂隙发育,遇水后呈软塑或流动状态,抗剪强度急剧降低; — 黄土:遇水不稳定,垂直节理发育,具湿陷性; — 堆积层:坡积、洪积及其他重力堆积层中,产生往往与水有关,滑坡面一般是基岩顶面; — 岩石:软质岩石(页岩、泥岩)、软硬相间岩层或浅变质岩(千枚岩、片岩)地区
	地质构造	— 结构面形成滑动面:滑动面常发生在顺坡的层面、大节理面、不整合面、断层面(带)等软弱结构面上,因其抗剪强度较低,当斜坡受力情况突然改变时,都可能成为滑动面; — 结构面为降雨等进入斜坡提供了通道,当平行和垂直斜坡的陡倾构造面及顺坡缓倾的构造面发育时,易发生滑坡(见下图)
	地形地貌	— 具备临空面和滑动面,多在丘陵、山坡和河谷地貌发生
影响因素	水	— 地表水:侧向侵蚀斜坡或掏空斜坡坡脚
		— 地下水:降低岩、土体强度;潜蚀岩、土;增大岩、土容重;对透水岩石产生浮托力等
		— 降雨:大部分滑坡发生在久雨之后,俗有"大雨大滑、小雨小滑"之说
	地震	— 地震产生的加速度使斜坡岩土体承受巨大的惯性力,并使地下水位发生强烈变化,在高山区极易诱发地震(见下图)
	人为活动	— 如开挖坡脚、坡体堆载、爆破、水库蓄(泄)水、矿山开采等都可诱发滑坡

滑 坡 分 类 表 表3-14

分类依据	分类名称	特 征	典 型 实 例
物质组成	黏土滑坡	久雨后发生,多为中、浅层滑坡。分布于云贵高原、四川东部、广西及鄂西、湘西等地	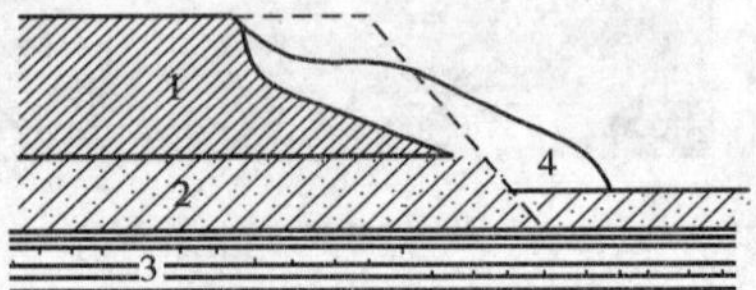 1-黏土;2-砂砾层;3-页岩;4-滑落黏土
	岩层滑坡	顺层滑坡——发育在软弱岩层或具有软弱夹层的岩层中,滑动面为岩层的层面	意大利瓦仪昂特水库,库容10亿 m^3,坝高267m,是当时世界上最高的双曲拱坝。1963年10月19日,2.6亿 m^3 的石灰岩以20m/s以上的速度滑入水库。涌浪高250m,库水泻向下游,摧毁了5个村庄,3000人死亡。
		切层滑坡——发育在硬质岩层的陡倾面或结构面上	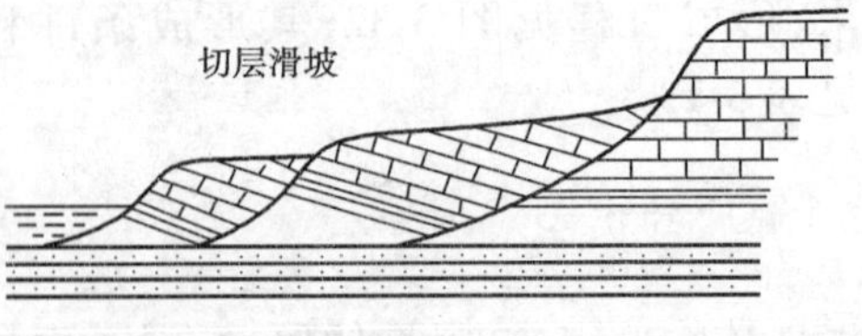

续上表

分类依据	分类名称	特征	典型实例
力学条件	牵引式滑坡	由于斜坡坡脚处任意挖方、切坡或流水冲刷，下部失去原有岩土的支撑而丧失其平衡引起的滑坡	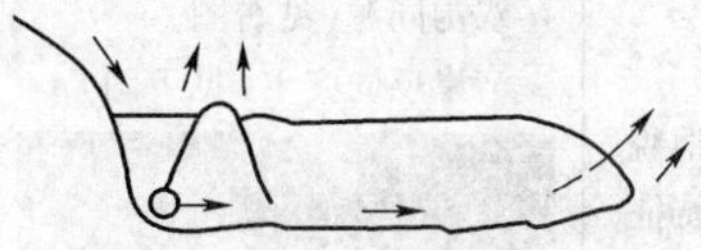
	推移式滑坡	由于斜坡上方给以不恰当的加载(修建建筑物、填方、堆放重物等)使上部先滑动，挤压下部，因而使斜坡丧失平衡引起的滑坡	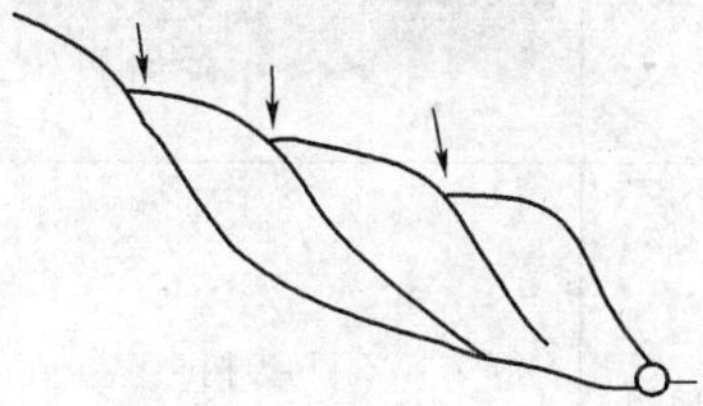
滑体厚度	浅层滑坡	滑体厚度 <6m	
	中层滑坡	滑体厚度在 6 ~ 20m	
	深层滑坡	滑体厚度 >20m	
滑坡体的规模	小型滑坡	滑坡体积小于 3 万 m^3	
	中型滑坡	滑坡体积在 3 ~ 50 万 m^3	
	大型滑坡	滑坡体积在 50 ~ 300 万 m^3	
	巨型滑坡	滑坡体积大于 300 万 m^3	
滑体厚度	浅层滑坡	滑体厚度 <6m	
	中层滑坡	滑体厚度在 6 ~ 20m	
	深层滑坡	滑体厚度 >20m	

滑坡的野外识别 表 3-15

滑坡先兆现象识别	边坡变形特征	在滑坡体前缘土石零星掉落，坡脚附近土石被挤紧，并出现大量鼓张裂缝。这是滑坡向前推挤的明显迹象	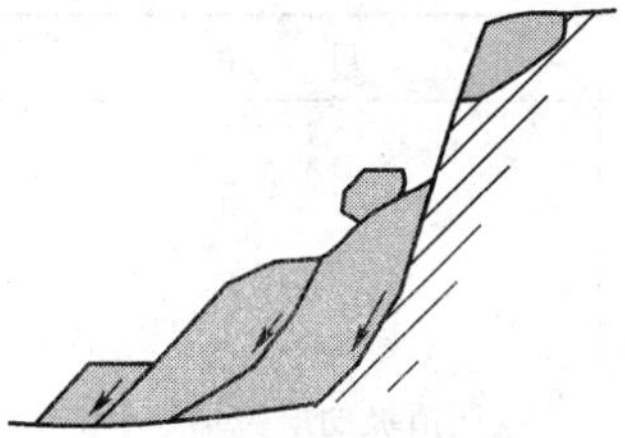
	水文地质特征	在滑坡前缘坡脚处，有堵塞多年的泉水复活现象，或者出现泉水(水井)突然干枯、井(钻孔)水位突变等类似的异常现象	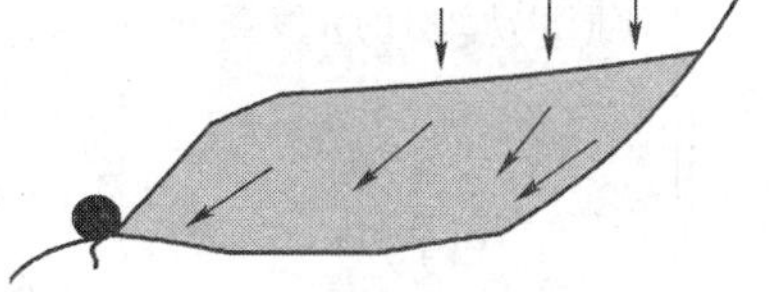

续上表

古滑坡外貌特征识别	地貌特征	圈椅状地形（见右图） 双沟同源（见右图） 河岸反向突出（见下图） 	 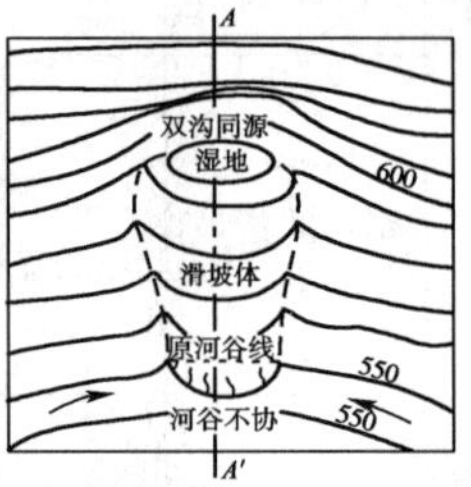
	地物特征	马刀树 树木歪倒 醉汉林	
	水文地质特征	在滑体两侧坡面洼地和上部常有喜水植物茂盛生长	

（五）勘察调查要点

为了有效地防治滑坡，首先必须对滑坡进行详细的工程地质勘察，查明滑坡形成的条件及原因，滑坡的性质、稳定程度及其对公路工程的危害性，并提供防治滑坡的措施与有关的计算参数。为此，需要对滑坡进行勘测、勘探和试验工作，有时还需要进行滑坡位移的监测工作，见表3-16。

滑坡勘察调查要点 表3-16

方法	目的	要点
测绘	查明滑坡的地貌形态，水文地质特征，弄清滑坡界及滑坡界内不同滑动部分的界线等	— 滑坡壁的形状、位置、高差及坡度； — 滑坡台阶的形状、位置、高差、坡度及其形成次序； — 滑坡体隆起和洼地范围及形成特征； — 滑坡裂隙分布范围、密度、特征及其力学性质； — 滑坡舌前缘隆起、冲刷、滑塌与人工破坏状况； — 滑体各部位（主轴线上）的稳定状态，如蠕动、挤压、初滑、滑动、速滑、终止； — 滑体上冲沟发育部位、切割深度、切割地层岩性、沟槽横断面形状、泉水的形成、沟岸稳定状况； — 坡脚破坏的原因与破坏速度等

续上表

方 法	目 的	要 点
勘探	了解滑体与滑床的地层结构、软弱结构面、含水层的性质、地下水位、滑动特征以及取样试验	— 查明滑坡体的厚度； — 下伏基岩表面的起伏及倾斜情况； — 判断滑动面的个数、位置和形状； — 了解滑坡体内含水层和湿带的分布情况和范围，地下水的流速及流向等； — 查明滑坡地带的岩性分布及地质构造情况等
工程地质试验	为滑坡防治工程的设计提供依据和计算参数	— 水文地质试验：测定地下水的流速、流向流量和各含水层的水力联系及渗透系数等； — 物理力学试验：做劈裂试验确定滑动带土石的内摩擦角和黏聚力参数

（六）防治原则

滑坡的防治，贯彻“以防为主，整治为辅”的原则。在选择防治措施前一定要查清滑坡的地形、地质和水文地质条件，认真研究和确定滑坡的性质及其所处的发展阶段，了解产生滑坡的原因，结合工程建筑的重要程度、施工条件及其他情况进行综合考虑。

（1）由于大型滑坡的整治工程量大，技术上也很复杂，因此，在勘测阶段应尽可能采用绕避方案。若建成后路基不稳定，是治理还是绕避需要周密分析其经济和安全两方面的得失。

（2）对于中、小型滑坡的地段，一般情况下不必绕避，但是应注意调整路线平面位置以求得工方案程量小、施工方便、经济合理的路线方案。

（3）路线通过古滑坡时，应对滑坡体的结构、性质、规模、成因等做详细勘察后，再对路线的平、纵、横作出合理布设；对施工中开挖、切坡、弃方、填土等都要作通盘考虑，防止古滑坡的复活。

总的来讲，路线通过滑坡地带时应做方案选择，见图3-33。

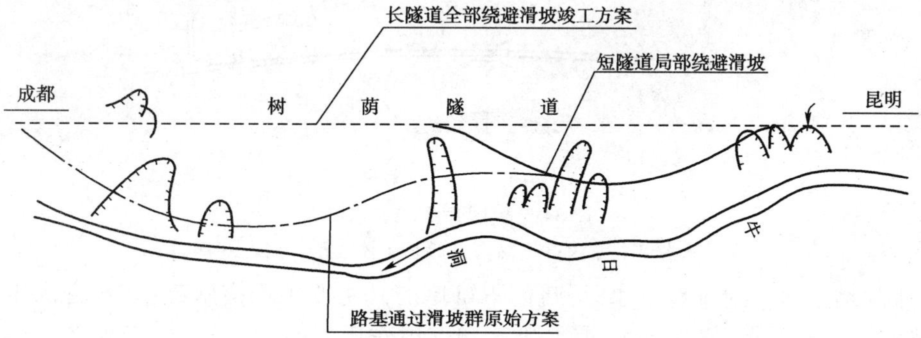

图3-33 路基通过滑坡群方案选择

（七）防治措施

整治滑坡的工程措施很多，归纳起来分为三类：一是消除或减轻水的危害；二是改变滑坡体外形、设置抗滑建筑物；三是改善滑动带土石性质，见表3-17。

1. 消除或减轻水的危害——排水

（1）排除地表水。排除地表水是整治滑坡中不可缺少的辅助措施，而且应是首先采取并长期运用的措施。其目的在于拦截、旁引滑坡外的地表水，避免地表水流入滑坡区；或将滑坡范围内的雨水及泉水尽快排除，阻止雨水、泉水进入滑坡体内。

滑坡的防治措施 表3-17

序　号	种　　类	措　　施	适　用　条　件
1	排水	地表排水	地表径流较大的滑坡区
		地下排水	地下水比较发育的滑坡区
		冲刷防护	沿河滑坡区
2	减重和反压	减重	推移式滑坡
		反压	牵引式滑坡
3	支挡工程	抗滑桩	深层滑坡和各类非塑性流滑坡
		抗滑挡墙	滑坡中、下部有稳定的岩土锁口者
		锚(杆)索挡墙	规模较大的非岩质滑坡体
4	改善土石性质	焙烧法	含水量较大的土体滑坡
		浆砌护坡	地表径流较大的滑坡区
		化学加固	土体滑坡

主要工程措施有：在滑坡体周围修截水沟；滑坡体上设置树枝状排水系统，汇集旁引坡面径流于滑坡体外排出，整平地表，填塞裂缝和夯实松动地面。筑隔渗层，减少地表水下渗并使其尽快汇入排水沟内，防止沟渠渗漏和溢流于沟外，见图3-34。

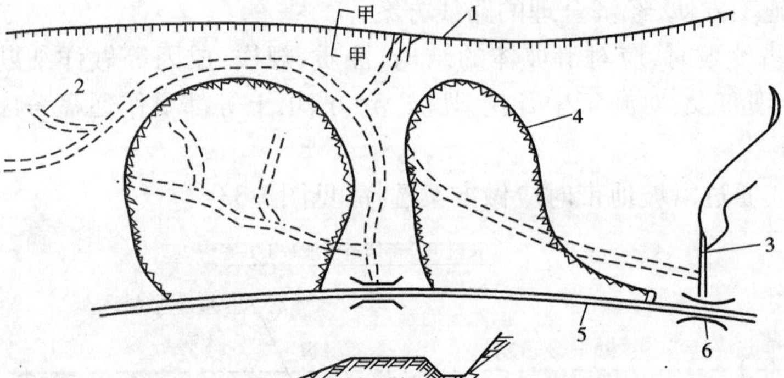

图3-34　滑坡路段综合排水图示

1-截水沟；2-排水沟；3-自然沟；4-滑坡土体边界；5-路线；6-涵洞

(2)排除地下水。对于地下水，可疏而不可堵。其主要工程措施有：截水盲沟用于拦截和旁引滑坡外围的地下水；支撑盲沟，兼具排水和支撑作用；仰斜孔群用近于水平的钻孔把地下水引出。此外还有盲洞、渗管、渗井、垂直钻孔等用于排除滑体内地下水的工程措施，见图3-35、图3-36。

(3)冲刷防护。为了防止河水、库水对滑坡体坡脚的冲刷，可采用的主要工程措施有：护坡、护岸、护堤，在滑坡前缘抛石、铺设石笼等防护工程或导流构造物，见图3-37、图3-38。

2. 减重和反压

对推移式的滑坡，在上部主滑地段减重，常起到根治的效果。对其他性质的滑坡，在主滑地段减重也能起到减小下滑力的作用。减重一般适用于滑坡床为上陡下缓、滑坡后壁及两侧有稳定的岩土体，不至于因减重而引起滑坡向上和向两侧发展造成后患的情况。对于错落转变成的滑坡，采用减重使滑坡达到平衡，效果比较显著。对有些滑坡的滑带土或滑坡体，具有卸荷膨胀的特点，减重后使滑带土松弛膨胀，尤其是地下水浸湿后，其抗滑力减小，引起滑坡。因此具有这种特点的滑坡，不能采用减重法。另外减重后将增大暴露面，有利于地面水渗入坡体和使坡体岩石风化，这些不利因素应充分考虑。

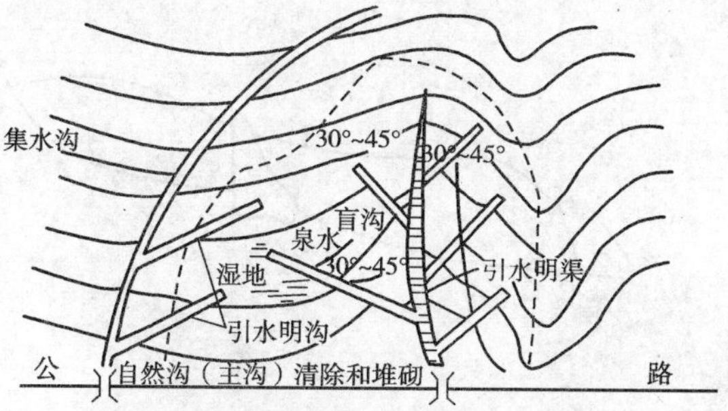

图 3-35 用渗沟拦截流向滑坡体的地下水

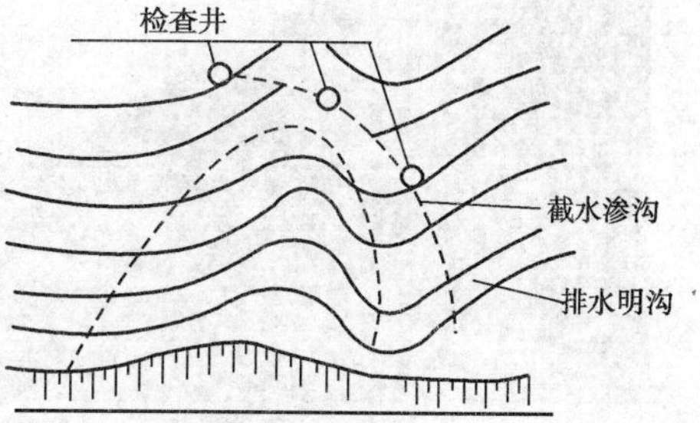

图 3-36 排除滑坡地表水和地下水示意图

图 3-37 冲刷防护工程

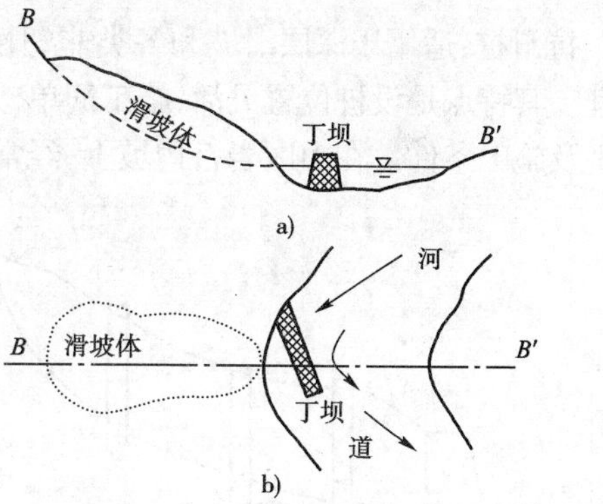

图 3-38 河岸防护堤示意图

a）平面图；b）剖面图

在滑坡的抗滑段和滑坡体外前缘堆填土石加重，如做成堤、坝等，能增大抗滑力而稳定滑坡。但是必须注意只能在抗滑段加重反压，不能填于主滑地段。而且填方时，必须做好地下排水工程，不能因填土堵塞原有地下水出口，造成后患。

对于某些滑坡可根据设计计算后，确定需减少的下滑力大小，同时在其上部进行部分减重和下部反压。减重和反压后，应检验滑面从残存的滑体薄弱部位及反压体底面滑出的可能性，见图 3-39。

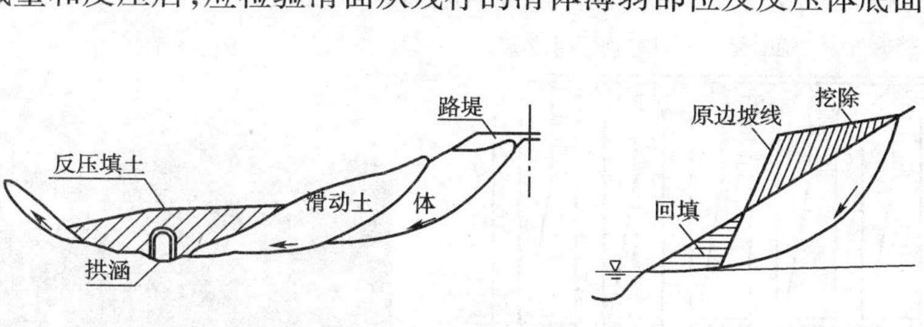

图 3-39 滑坡体上方减压和下方回填反压示意图

3. 修筑支挡工程

因失去支撑而引起滑动的滑坡，或滑坡床陡、滑动可能较快的滑坡，采用修筑支挡工程的办法，可增加滑坡的重力平衡条件，使滑体迅速恢复稳定。

支挡建筑物有抗滑桩、抗滑挡墙、锚杆和锚固桩等，见图 3-40。

抗滑挡墙：一般是重力式挡墙，挡墙的设置位置一般位于滑体的前缘；滑坡中、下部有稳定的岩土锁口者，设置于锁口处；如滑坡为多级滑动（见图 3-41），当推力太大，在坡脚一级支挡施工量较大时，可分级支挡。

图 3-40 抗滑挡墙

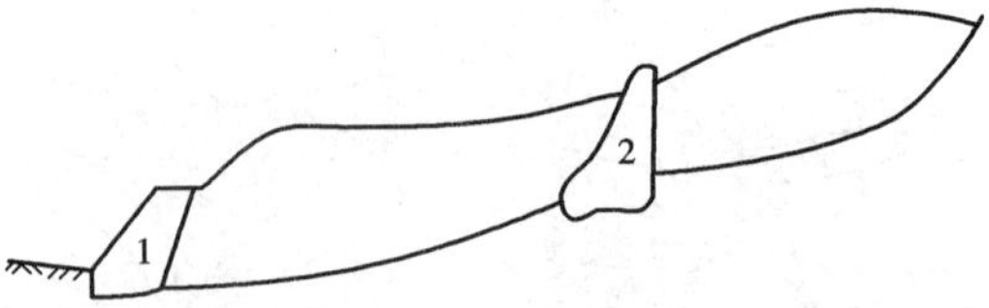

图 3-41 分级抗滑挡墙示意图

1-一级挡土墙；2-二级挡土墙

抗滑桩：适用于深层滑坡和各类非塑性流滑坡，对缺乏石料地区和处理正在活动的滑坡，更为适宜。其特点是设桩位置灵活，施工简单，开挖面积小。抗滑桩布置取决于滑体密实程度、滑坡推力大小及施工条件。在山区岩石边坡上，经常采用预应力锚索（杆）抗滑（见图 3-42、图 3-43）。

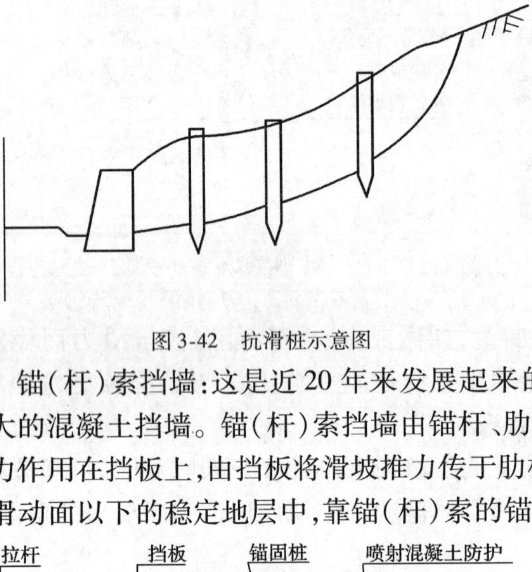

图 3-42 抗滑桩示意图

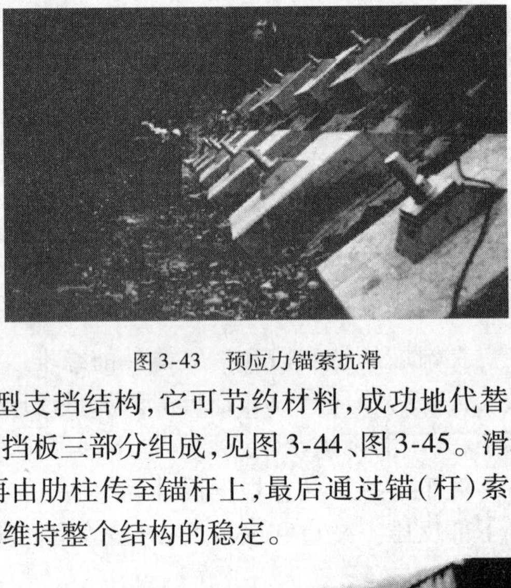

图 3-43 预应力锚索抗滑

锚（杆）索挡墙：这是近 20 年来发展起来的新型支挡结构，它可节约材料，成功地代替了庞大的混凝土挡墙。锚（杆）索挡墙由锚杆、肋柱和挡板三部分组成，见图 3-44、图 3-45。滑坡推力作用在挡板上，由挡板将滑坡推力传于肋柱，再由肋柱传至锚杆上，最后通过锚（杆）索传到滑动面以下的稳定地层中，靠锚（杆）索的锚固来维持整个结构的稳定。

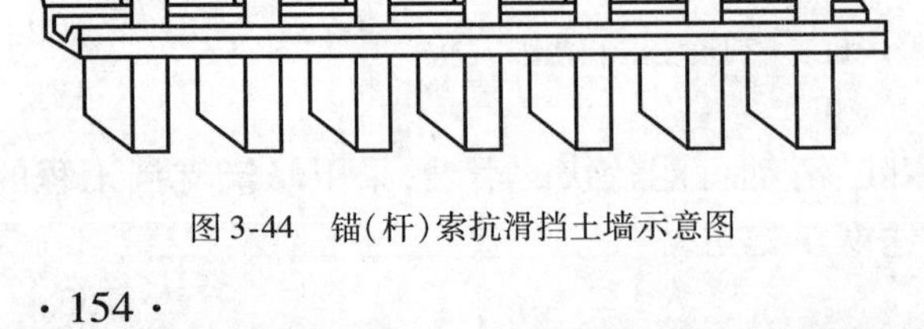

图 3-44 锚（杆）索抗滑挡土墙示意图

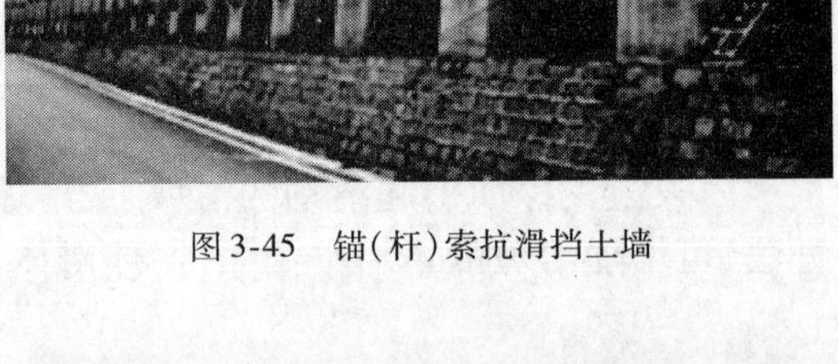

图 3-45 锚（杆）索抗滑挡土墙

4. 改善滑动带土石性质

一般采用焙烧法（＞800℃）、压浆及化学加固等物理化学方法对滑坡进行整治，见图3-46、图3-47。

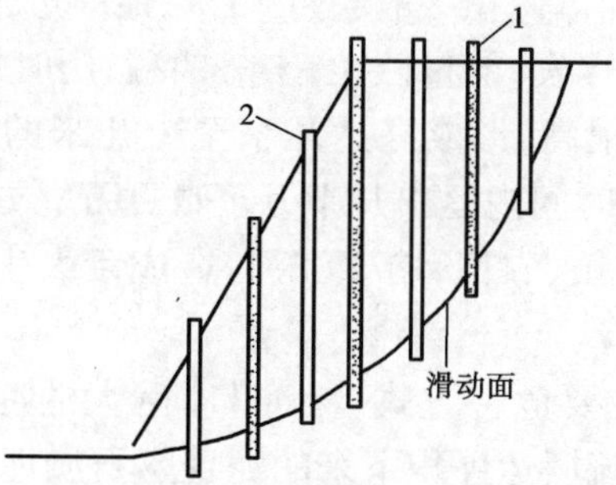

图 3-46　电化学加固法

1-铁棒；2-铁管

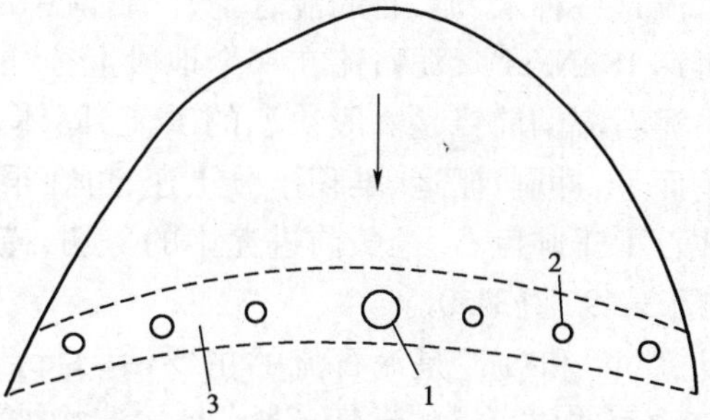

图 3-47　焙烧导洞

1-中心烟道；2-垂直风道；3-焙烧导洞

由于滑坡成因复杂、影响因素多，因此常常需要上述几种方法同时使用、综合治理，方能达到目的。见图 3-48 展现的三峡库区黄蜡石滑坡防治工程，其中采用了地表排水沟、截水沟、地下排水仰斜孔群、锚固桩、化学加固等多种治理方法，该滑坡治理效果很好。

图 3-48　黄蜡石滑坡防治工程

四、泥石流

泥石流是山区特有的一种不良地质现象，系山洪水流挟带大量泥砂、石块等固体物质突然以巨大的速度从沟谷上游奔腾直泻而下，来势凶猛，历时短暂，具有强大破坏力的一种特殊洪流。

泥石流的地理分布广泛，据不完全统计，泥石流灾害遍及世界 70 多个国家和地区，主要分布在亚洲、欧洲和南、北美洲。我国的山地面积约占国土总面积的 2/3，自然地理和地质条件复杂，加上几千年人文活动的影响，目前是世界上泥石流灾害最严重的国家之一。主要分布在西南、西北及华北地区，在东北西部和南部山区、华北部分山区及华南、台湾、海南岛等地山区也有零星分布。

通过大量调查观测，对统计资料分析发现，泥石流的发生具有一定的时空分布规律。时间上多发生在降雨集中的雨季或高山冰雪消融的季节。空间上多分布在新构造活动强烈的陡峻山区。我国泥石流在时空分布上构成了“南强北弱、西多东少、南早北晚、东先西后”的独特格局。

(一)泥石流的主要危害方式

泥石流是一种水、泥、石的混合物,泥石流中所含固体体积一般超过15%,最高可达80%,其容重可达$18kN/m^3$。泥石流在一个地段上往往突然爆发,能量巨大,来势凶猛,历时短暂,复发频繁。泥石流的前锋是一股浓浊的洪流,固体含量很高,形成高达几米至十几米的“龙头”顺沟倾泻而下,冲刷、搬运、堆积十分迅速,可在很短的时间内运出几十万至数百万立方米固体物质和成百上千吨巨石,摧毁前进途中的一切,掩埋村镇、农田,堵塞江河,造成巨大生命财产损失,见图3-49、图3-50。

因此,“冲”和“淤”是泥石流的主要活动特征和主要危害方式。“冲”以巨大的冲击力作用于建筑物而造成直接的破坏;“淤”是构造物被泥石流搬运停积下来的泥、沙、石淤埋。

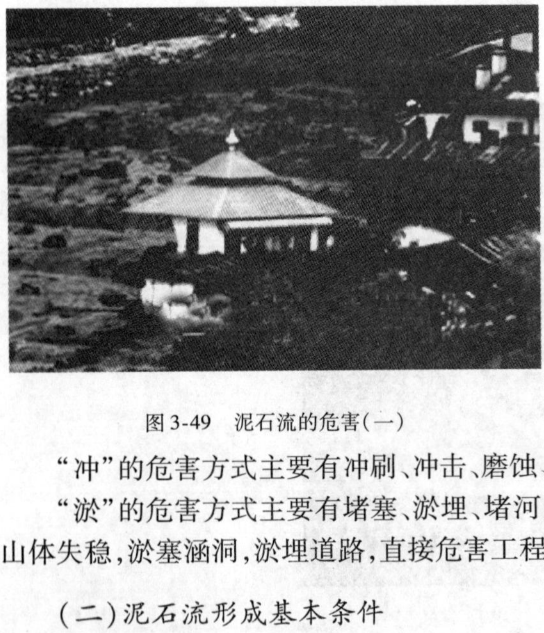

图3-49 泥石流的危害(一)

图3-50 泥石流的危害(二)

“冲”的危害方式主要有冲刷、冲击、磨蚀、直进性爬高等多种危害形式。

“淤”的危害方式主要有堵塞、淤埋、堵河阻水、挤压河道,使河床剧烈淤高、冲刷对岸,使山体失稳,淤塞涵洞,淤埋道路,直接危害工程效益和使用寿命。

(二)泥石流形成基本条件

泥石流的形成必须同时具备以下条件:陡峻的便于集水、集物的地形地貌;丰富的松散物质;短时间内有大量的水源。

1. 地形地貌条件

在地形上具备山高沟深、地势陡峻、沟床纵坡降大、流域形态有利于汇集周围山坡上的水流和固体物质。在地貌上,泥石流的地貌一般可分为形成区、流通区和堆积区三部分(见图3-51)。上游形成区的地形多为三面环山、一面出口的瓢状或漏斗状,山体破碎、植被生长不良,这样的地形有利于水和碎屑物质的集中;中游流通区的地形多为狭窄陡深的峡谷,谷床纵坡降大,使上游汇集到此的泥石流形成迅猛直泻之势;下游堆积区为地势开阔平坦的山前平原成河谷阶地,使倾泻下来的泥石流到此堆积起来。

2. 松散物质条件

泥石流常发生于地质构造复杂、断裂褶皱发育、新构造活动强烈、地震烈度较高的地区。

地表岩层破碎,滑坡、崩塌、错落等不良地质现象发育,为泥石流的形成提供了丰富的固体物质来源；另外，岩层结构疏松软弱、易于风化、节理发育，或软硬相间成层地区（见图3-52），因易受破坏，也能为泥石流提供丰富的碎屑物来源。

图3-51　典型泥石流的地貌形态

图3-52　丰富的固体物质

3. 水文气象条件

水既是泥石流的重要组成部分，又是泥石流的重要激发条件和搬运介质（动力来源）。泥石流的水源有强度较大的暴雨、冰川积雪的强烈消融和水库突然溃决等。

4. 人为因素

滥伐乱垦会使植被消失、山坡失去保护、土体疏松、冲沟发育，大大加重水土流失，进而山坡稳定性破坏，滑坡、崩塌等不良地质现象发育，结果就很容易产生泥石流，甚至那些已退缩的泥石流又有重新发展的可能。修建铁路、公路、水渠以及其他建筑的不合理开挖，不合理的弃土、弃渣、采石等也可能形成泥石流。

（三）泥石流的类型

根据不同的分类方法，泥石流可以分为不同的类型，见表3-18。

泥石流的分类表　　表3-18

分类依据	类　　型	特　　点	典　型　照　片
物质成分	泥石流	由大量黏性土和粒径不等的沙粒、石块组成，西藏波密、四川西昌、云南东川和甘肃武都等地区的泥石流，均属于此类	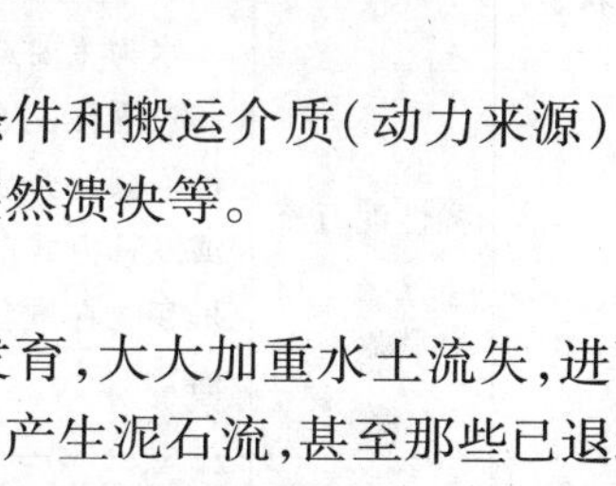

续上表

分类依据	类　　型	特　　点	典　型　照　片
物质成分	泥流	以黏性土为主，含少量沙粒、石块，黏度大，呈稠泥状，这种泥流主要分布在我国西北黄土高原地区	
	水石流	由水和大小不等的沙粒、石块组成，是石灰岩、大理岩、白云岩和玄武岩分布地区常见的类型，如华山、太行山、北京西山等地区分布	
物质状态	黏性泥石流	含大量黏性土，黏性大，密度高，有阵流现象。固体物质占40% ~60%，最高达80%。水不是搬运介质而是组成物质。稠度大，石块呈悬浮状态，爆发突然持续时间短，破坏力大	
	稀性泥石流	水为主要成分，黏土、粉土含量一般小于5%，固体物质占10% ~40%，有很大分散性。搬运介质为稀泥浆，沙粒、石块以滚动或跃移方式前进，具有强烈的下切作用。其堆积物在堆积区呈扇状散流，停积后似“石海”	
泥石流沟的状态	山坡型	沟小流短，沟坡与山坡基本一致，没有明显的流通区，形成区直接与堆积区相连。沉积物棱角尖锐、明显。冲击力大，淤积速度较快，规模较小	
	河谷型	流域呈狭长形，形成区分散在河谷的中、上游。沿河谷既有堆积，也有冲刷。沉积物棱角不明显。破坏力较强，周期较长，规模较大	

（四）勘察调查要点

在勘测时，应通过调查和访问，查明泥石流的类型、规模、活动规律、危害程度、形成条件和发展趋势等，作为路线布局和选择通过方案的依据，并收集工程设计所需要的流速与流量等方面的资料，见表3-19。

泥石流勘察调查要点 表3-19

方 法	目 的	要 点
测绘	查明泥石流流域的地貌特征、气象水文情况等	— 泥石流形成区的滑坡、错落、崩塌、岩堆及流域面积内可能形成泥石流的固体物质储备量，溯源侵蚀状况； — 流通区沟谷特征，如沟谷曲折、横断面类型岸坡形状、纵坡角度、通过长度、冲淤规律、泥石流痕迹残留厚度等； — 堆积区洪积扇的形状、大小、各部位地面坡度、较新泥石流沉积体互相叠覆状况、冲沟在洪积扇上发育状况（如位置变迁、切割深度、横断面形状等）； — 收集区域地质、大地构造、地壳应力场和新构造活动等资料及泥石流发育规律； — 除收集一般气象资料外，还应调查最大降雨延续时间降雨强度、出现年份以及对发生泥石流的影响程度
勘探	了解泥石流堆积区洪积扇的地层结构、岩性、含水层的性质、地下水位以及取样试验	— 一般应查明堆积区洪积扇的地层结构、岩性及流通区残留厚度。形成区需设人工构造物进行防治时，应查明固体物质储备的地层结构和岩性； — 代表性勘探可呈十字形布置，纵向勘探线沿洪积扇脊部布置，并伸入到流通区沟谷内部，达到能表示流通区平均纵坡为止。而横向勘探线沿总体地形等高线延伸方向布置，达到洪积扇的边缘。纵、横勘探线交点宜在洪积扇重心部位； — 一次淤积范围的勘探线比照上述方法布置，各勘探线上的挖探或钻探的勘探点不得少于3个； — 泥石流的勘探点需要加密时，也可采用物探；勘探点间距不大于50m
工程地质试验	为泥石流防治工程的设计提供依据和计算参数	— 试验项目：相对密度、密度、含水量、颗粒分析，还应做泥石流的特殊项目。颗粒分析侧重做粉砂和黏土粒组含量百分数、小于1mm颗粒含量百分数、中值粒径（d50）。黏性泥石流做湿陷试验及可溶盐试验，疏松地层做固结试验。稀性泥石流还应取固体物质补给区的样品作颗粒分析； — 危害严重、流域面积大或有代表性的需特殊研究的泥石流，要建立观测站，进行长期观测

（五）防治原则

选线是泥石流地区公路设计的首要环节。选线恰当，可避免或减少泥石流危害；选线不当，可导致或增加泥石流危害。路线平面及纵面的布置，基本上决定了泥石流防治可能采取的措施，所以，防治泥石流首先要从选线考虑。

（1）高等级公路最好避开泥石流地区。在无法避开时，也应按避重就轻的原则，尽量避开规模大、危害严重、治理困难的泥石流沟，而走危害较轻的一岸或在两岸迂回穿插，见图3-53

方案4。如过河绕避困难或不适合时，也可在沟底以隧道或明洞穿过，见图3-53方案1。

(2)当大河的河谷很开阔，洪积扇未达到河边时，可将公路线路选在洪积扇淤积范围之外通过。这时路线线型一般比较舒顺，纵坡也比较平缓，但可能存在以下问题：洪积扇逐年向下延伸淤埋路基；大河摆动，使路基遭受水毁，见图3-53方案3。

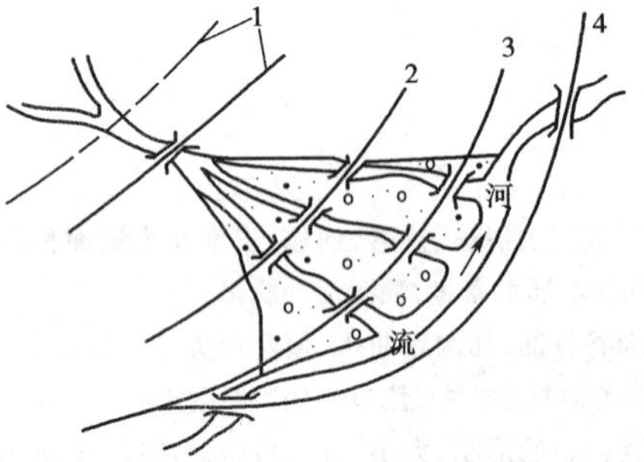

图中：方案1-靠山做隧道方案或以桥通过沟口；
方案2-通过堆积区；
方案3-沿堆积区外缘通过；
方案4-跨河绕避

图3-53 公路跨越泥石流沟位置方案选择

(3)路线跨越泥石流沟时，首先应考虑从流通区或沟床比较稳定、冲淤变化不大的堆积扇顶部用桥跨越。但应注意这里的泥石流搬运力及冲击力最强，还应注意这里有无转化为堆积区的趋势。因此，要预留足够的桥下排洪净空。

(4)如泥石流的流量不大，在全面考虑的基础上，路线也可以在堆积扇中部以桥隧或过水路面通过。采用桥隧时，应充分考虑两端路基的安全措施。这种方案往往很难克服排导沟的逐年淤积问题，见图3-53方案2。

(5)通过散流发育并有相当固定沟槽的宽大堆积扇时，宜按天然沟床分散设桥，不宜改沟归并。如堆积扇比较窄小，散流不明显，则可集中设桥，一桥跨过，见图3-53方案4。

(六)防治措施

对泥石流病害，应进行调查，通过访问、测绘、观测等获得第一手资料，掌握其活动规律，有针对性地采取“预防为主、以避为宜、以治为辅，防、避、治相结合”的方针。泥石流的治理要因势利导，顺其自然，就地论治，因害设防和就地取材，充分发挥排、挡、固防治技术特殊作用的有效联合。

1.水土保持工程

在形成区内，封山育林、植树造林、平整山坡、修筑梯田；修筑排水系统及山坡防护工程。水土保持虽是根治泥石流的一种方法，但需要一定的自然条件，收益时间也较长，一般应与其他措施配合进行。

2.拦挡工程

在中游流通段，用以控制泥石流的固体物质和地表径流，用于改变沟床坡降，降低泥石流速度，以减少泥石流对下游工程的冲刷、撞击和淤埋等危害的工程设施。拦挡措施有：拦挡坝、格栅坝、停淤场等，见图3-54。拦挡坝适用于沟谷的中上游或下游没有排沙或停淤的地形条件且必须控制上游产沙的河道，以及流域来沙量大，沟内崩塌、滑坡较多的河段。格栅坝适用于拦截流量较小、大石块含量少的小型泥石流。

图3-54 拦挡坝

3.排导工程

在泥石流下游设置排导措施，使泥石流顺利排除。其作用是改善泥石流流势、增大桥梁等建筑物的泄洪能力，使泥石流按设计意图顺利排泄。排导工程包括渡槽、排导沟、导流堤等，见图3-55，其中排导沟适用于有排沙地形条件的路段，其出口应与主河道衔接，出口高程应高出主河道20年一遇的洪水水位。渡槽适用于排泄量小于30m^3/s的泥石流，且地形条件应能满足渡槽设计纵坡及行车净空要求。

图3-55 排导沟

4. 跨越工程

桥梁适用于跨越流通区的泥石流沟或洪积扇区的稳定自然沟槽；隧道适用于路线穿过规模大、危害严重的大型或多条泥石流沟，隧道方案应与其他方案作技术、经济比较后确定；泥石流地区不宜采用涵洞，在活跃的泥石流洪积扇上禁止使用涵洞。对于三、四级公路，当泥石流规模不大、固体物质含量低、不含有较大石块，并有顺直的沟槽时，方可采用涵洞；过水路面适用于穿过小型坡面泥石流沟的三、四级公路。

5. 防护工程

指对泥石流地区的桥梁、隧道、路基及其他重要工程设施，修建一定的防护建筑物，用以抵御或消除泥石流对主体建筑物的冲刷、冲击、侧蚀和淤埋等危害。防护工程主要有护坡、挡墙、顺坝和丁坝等。

对于防治泥石流，常采取多种措施相结合，这比用单一措施更为有效。

五、岩溶

岩溶是水对可溶性岩石进行以溶蚀作用为主所形成的地表和地下形态的总称，又称岩溶地貌。它以溶蚀作用为主，还包括流水的冲蚀、潜蚀，以及坍陷等机械侵蚀过程，这种作用及其产生的现象统称为喀斯特。喀斯特原是南斯拉夫西北部沿海一带（现属克罗地亚）石灰岩高原的地名，当地称为Karst，因那里发育各种石灰岩地貌，故借用此名。

岩溶与人类的生产和生活息息相关。人类的祖先——猿人，曾经栖居在岩溶洞穴中。许多岩溶地区，因地表缺水或积水成灾，对农业生产影响很大。许多矿产资源、矿泉和温泉与岩溶有关。

在岩溶地区，由于地上地下的岩溶形态复杂多变，给公路测设定位带来相当大的困难。对于现有的公路，会因地下水的涌出、地面水的消水洞被阻塞而导致路基水毁；或因溶洞的坍顶，引起地面路基坍陷、下沉或开裂。但有时可利用某些形态，如利用“天生桥”跨越河道、沟谷、洼地；利用暗河、溶洞以扩建隧道。因此，在岩溶区修建公路，应认真勘察岩溶发育的程度和岩溶形态的空间分布规律，以便充分利用某些可利用的岩溶形态，避免或防止岩溶病害对路线布局和路基稳定造成不良影响。

（一）岩溶形成的基本条件及影响因素

1. 可溶性岩体的存在

可溶性岩体是岩溶形成的物质基础。可溶性岩石有3类：碳酸盐类岩石（石灰岩、白云岩、泥灰岩等);硫酸盐类岩石(石膏、硬石膏和芒硝);卤盐类岩石(钾、钠、镁盐岩石等)。

2. 岩体的透水性

岩层透水性愈好,岩溶发育也愈强烈。岩层透水性主要取决于裂隙和孔洞数量和连通情况。

3. 有溶解能力的水活动

水的溶解能力随着水中侵蚀性 CO_2 含量的增加而加强。

4. 影响岩溶发育的因素,见表 3-20。

影响岩溶发育的因素　　表 3-20

影响因素	发育情况
气候	— 温暖、潮湿时岩溶发育; — 寒冷干燥时岩溶不发育
岩性及产状	— 岩性越纯,岩溶越发育; — 不同岩层接触时,隔水层上方岩溶发育; — 陡倾、直立岩层,顺岩层面岩溶发育
地质构造	— 背斜轴部拉张节理发育,岩溶发育; — 背斜轴部节理发育并汇水,岩溶发育; — 正断层破碎带及影响带岩溶发育; — 逆断层主动盘破碎带岩溶发育
地壳运动	— 稳定时期,水平溶洞发育; — 抬升时期,垂直落水洞发育

(二)岩溶地貌类型

喀斯特地貌在碳酸盐岩地层分布区最为发育,常见的地表喀斯特地貌(见图 3-56)有石芽、石林、峰林等喀斯特正地形,还有溶沟、落水洞、盲谷、干谷、喀斯特洼地(包括漏斗、喀斯特盆地)等喀斯特负地形;地下喀斯特地貌有溶洞、地下河、地下湖等;以及与地表和地下密切关联的喀斯特地貌有竖井、天生桥等,见表 3-21。

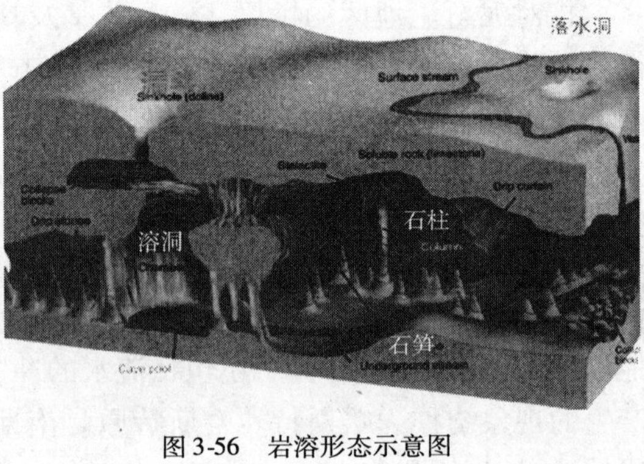

图 3-56　岩溶形态示意图

(三)岩溶地区的工程地质问题

岩溶对建(构)筑物稳定性和安全性有很大影响。

1. 被溶蚀的岩石强度大为降低

岩溶水在可溶岩层中溶蚀,使岩层产生孔洞。最常见的是岩层中有溶孔或小洞。所谓溶孔,是指在可溶岩层内部溶蚀有孔径不超过 20 ~ 30cm 的,一般小于 1 ~ 3cm 的微溶蚀的空隙。遭受溶蚀后,岩石产生孔洞,结构松散,从而降低了岩石强度。

2. 造成基岩面不均匀起伏

因石芽、溶沟溶槽的存在,使地表基岩参差不齐、起伏不均匀。如利用石芽或溶沟发育的场地作为地基,则必须进行处理。

3. 降低地基承载力

建筑物地基中若有岩溶洞穴,将大大降低地基岩体的承载力,容易引起洞穴顶板塌陷,使建筑物遭到破坏,见图 3-57。

岩溶地貌类型 表3-21

岩溶地貌类型	形成过程	示例照片
石芽和溶沟	水沿可溶性岩石的裂隙,进行溶蚀和冲蚀所形成的沟槽间突起与沟槽形态,浅者为溶沟,深者为溶槽;沟槽间的突起称石芽。其底部往往被土及碎石所充填。在质纯层厚的石灰岩地区,可形成巨大的貌似林立的石芽,称为石林,如云南路南石林,最高可达50m	
溶蚀漏斗	是地面凹地汇集雨水,沿节理垂直下渗,并溶蚀扩展成漏斗状的洼地。其直径一般几米至几十米,底部常有落水洞与地下溶洞相通	
溶蚀洼地	岩溶作用形成的小型封闭洼地。它的周围常分布陡峭的峰林,面积一般只有几平方公里到几十平方公里底部有残积一坡积物,且高低不平,常附生着漏斗	
落水洞	流水沿裂隙进行溶蚀、机械侵蚀以及塌陷形成的近于垂直的洞穴。它是地表水流入喀斯特含水层和地下河的主要通道,其形态不一,深度可达十几米到几十米,甚至达百余米。落水洞进一步向下发育,形成井壁很陡、近于垂直的井状管道,称为竖井,又称天然井	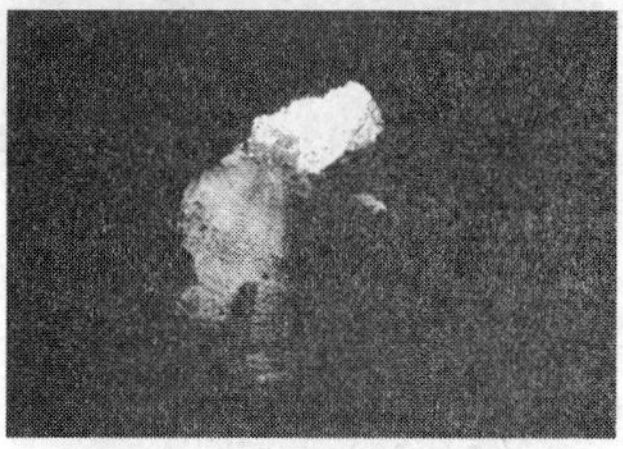
干谷和盲谷	喀斯特区地表水因渗漏或地壳抬升,使原河谷干涸无水而变为干谷。干谷底部较平坦,常覆盖有松散堆积物,漏斗、落水洞成群地作串球状分布。盲谷是一端封闭的河谷,河流前端常遇石灰岩陡壁阻挡,石灰岩陡壁下常发育落水洞,遂使地表水流转为地下暗河。这种向前没有通路的河谷称为盲谷,又称断尾河	
溶洞	溶洞的形成是石灰岩地区地下水长期溶蚀的结果。在洞内常发育有石笋、石钟乳和石柱等洞穴堆积。洞中这些碳酸钙沉积琳琅满目,形态万千,一些著名的溶洞,如北京房山区云水洞、桂林七星岩和芦笛岩等,均为游览胜地	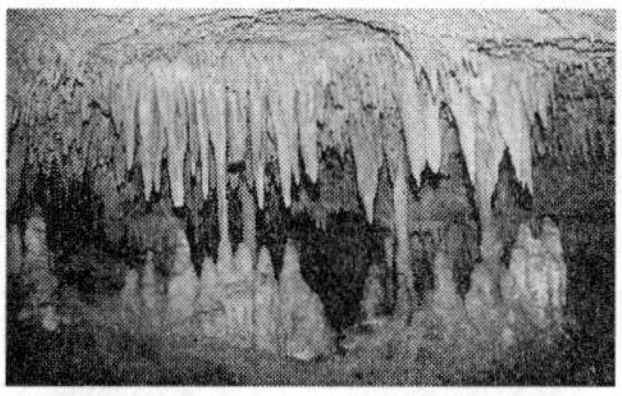

续上表

岩溶地貌类型	形成过程	示例照片
暗河	暗河是岩溶地区地下水汇集、排泄的主要通道，其中一部分暗河常与干谷伴随存在，通过干谷底部一系列的漏斗、落水洞，使两者相连通，可大致判明地下暗河的流向	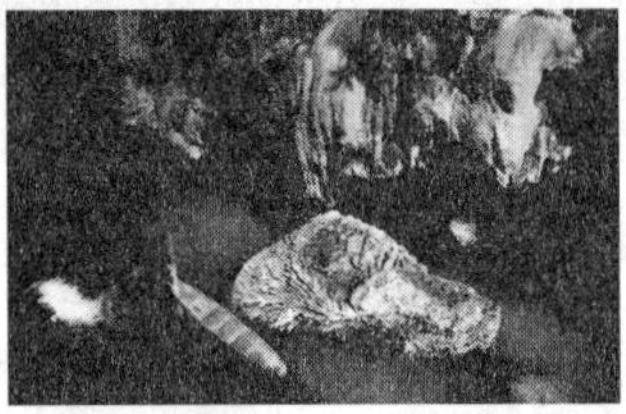
天生桥	近地表的溶洞或暗河顶板塌陷，有时残留一段为塌陷洞顶，形成横跨水流，呈桥状形态，故称为天生桥	

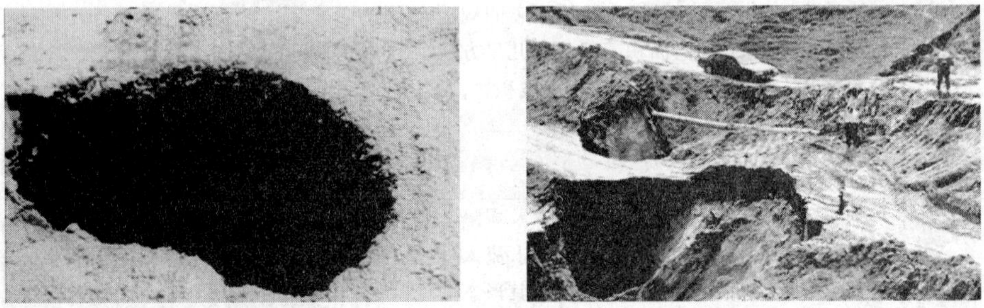

图 3-57 岩溶塌陷

4. 造成施工困难

在基坑开挖和隧道施工中，岩溶水可能突然大量涌出，给施工带来困难等。

(四)勘察调查要点

岩溶发育区的勘察调查一般包括公路路基、桥基和隧道的工程地质勘察调查三个方面，见表3-22。

岩溶勘察调查要点 表3-22

方法	目的	要点
测绘	查明场地岩溶发育程度，能满足路线方案选择	— 可溶岩分布地段的地形地貌特征、地表岩溶的主要形态、规模大小、分布特点； — 可溶岩的岩性、分布范围、第四系地层岩性、成因类型、沉积厚度、结构特征； — 土洞的分布位置、规模； — 岩层产状、地质构造类型、新构造活动的特征、断裂和褶皱轴的位置、构造破碎带的宽度、可溶岩与非可溶岩的接触界线、岩体的节理裂隙发育程度； — 地下水类型、埋藏条件、补给、径流和排泄条件，地下水露头位置和高程、涌水量大小，地下水与地表水的水力联系，地表水的消水位置名不良地质现象的成因类型、规模、稳定情况和发展趋势

续上表

方法	目的	要点
勘探	了解岩溶区地层结构、岩性、含水层的性质、地下水位以及取样试验	— 岩溶地区公路路基的工程地质勘探，查明沿线不同路段的岩溶发育程度和分布规律。在判定的岩溶发育带和物性指标异常带应布置钻孔验证物探成果，同时查明岩溶的基本形态和规模、洞穴充填物的性状和地下水位高程等。利用人力钻和轻型机钻，查明第四系地层岩性、沉积厚度、结构特征、土洞的分布位置和规模； — 岩溶地区桥基的勘探首先应采用物探，查明桥位区岩溶的发育规律、不同地段的岩溶发育强度和发育特点，第四系的地层岩性、层序、沉积厚度、结构特点； — 隧道的工程地质勘探应以物探方法为主，并在充分分析遥感和测绘资料的基础上布置勘探工作。首先沿隧道中线和断裂破碎带、褶皱轴部、可溶岩与非可溶岩接触带布置物探勘探线，查明洞身不同地段的岩溶发育程度和分布规律、岩溶洞穴的含水特性等。在隧道的洞口和已判定的岩溶发育带，物性指标异常时，应布置钻孔，查明洞体围岩的工程特性，主要内容为岩溶发育程度、基本形态和规模、洞穴充填物性状、岩溶的富水性、补给、径流和排泄条件。钻孔深度应在隧道底板设计高程以下完整基岩钻进 5 ~ 8m；在该深度遇有溶洞时，钻孔应穿过洞穴，在溶洞底板完整基岩内钻进 3 ~ 5m
工程地质试验	为岩溶防治工程的设计提供依据和计算参数	— 对地基中的洞穴顶板岩石进行下列试验：饱和单轴抗压强度，岩石的黏聚力、内摩擦角、弹性模量、泊松比、剪切弹模等； — 对隧道洞体上部 2.5 倍洞径高度范围内的围岩进行下列试验天然状态和饱和状态单轴抗压强度，弹性抗力系数、内摩擦角、弹性模量、泊松比、剪切弹模，有条件时测定围岩的弹性波的波速； — 对深路堑和隧道洞身附近的岩溶含水带进行抽水试验，查明含水带的水文地质特征； — 为查明地下洞穴连通情况和地下水之间的水力联系，应作连通试验； — 对地下水和地表水作水质分析，确定其对混凝土的侵蚀情况

(五)岩溶地区选线原则

在岩溶去选线，要想完全绕避是不可能的，尤其是在我国中南和西南岩溶分布十分普遍的地区，更不可能，因此，宜按“认真勘测、综合分析、全面比较、避重就轻、兴利防害”的原则选线。根据岩溶发育和分布规律，注意以下几点：

(1)在可溶性岩石分布区，路线应选择在难溶岩石分布区通过。

(2)路线方向不宜与岩层构造线方向平行，而应与之斜交或垂直通过。

(3)路线应尽量避开河流附近或较大断层破碎带，不可能时，宜垂直或斜交通过。

(4)路线应尽量避开可溶性与非可溶性岩或金属矿产的接触带，因这些地带往往岩溶发育强烈，甚至岩溶泉成群出露。

(5)岩溶发育地区选线，应尽量在土层覆盖较厚的地段通过，因一般覆盖层起到防止岩溶继续发展，增加溶洞顶板厚度和使上部荷载扩散的作用。但应注意覆盖土层内有无土洞的存在。

(6)桥位宜选在难溶岩层分布区或无深、大、密的溶洞地段。

(7)隧道位置应避开漏斗、落水洞和大溶洞，并避免与暗河平行。

(六)整治措施

对岩溶和岩溶水的处理措施可以归纳为疏导、跨越、加固、堵塞等几个方面。

1. 堵塞

对基本停止发展的干涸的溶洞，一般以堵塞为宜。如用片石堵塞路堑边坡上的溶洞表面以浆砌片石封闭。对路基或桥基下埋藏较深的溶洞,一般可通过钻孔向洞内灌浆注水泥砂浆、混凝土、沥青等加以堵塞,提高其强度,见图 3-58。

2. 疏导

对经常有水或季节性有水的空洞,一般宜疏不宜堵。应采取因地制宜,因势利导的方法。路基上方的岩溶泉和冒水洞,宜采用排水沟将水截流至路基外。对于路基基底的岩溶泉和冒水洞,设置集水明沟或渗沟,将水排出路基,见图 3-59。

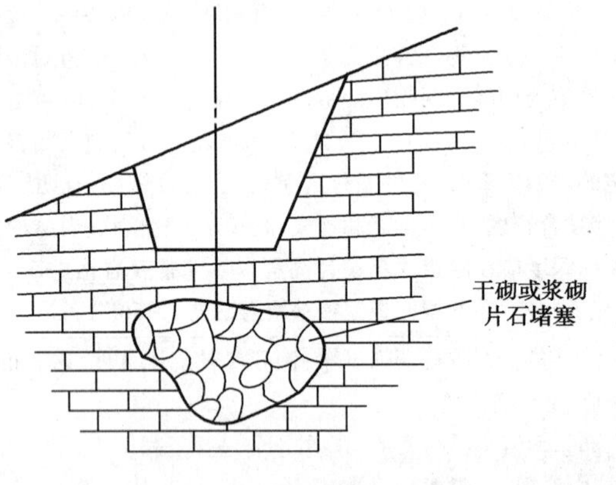

图 3-58　堵塞路基下的溶洞

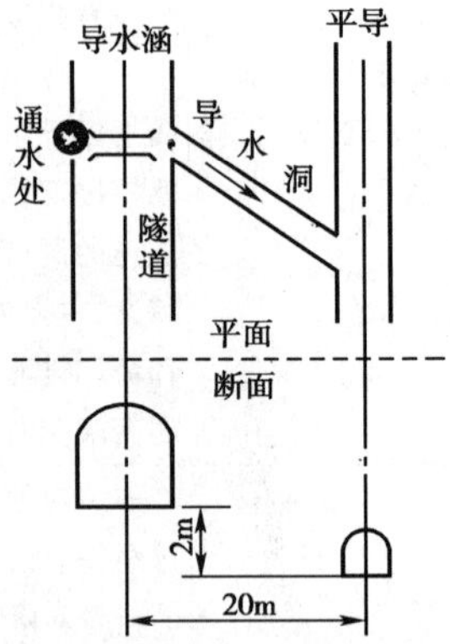

图 3-59　利用水平导坑排水

3. 跨越

对位于路基基底的开口干溶洞,当洞的体积较大或深度较深时,可采用构造物跨越。对于有顶板但顶板强度不足的干溶洞,可炸除顶板后进行回填,或设构造物跨越,见图 3-60。

4. 清基加固

为防止基底溶洞的坍塌及岩溶水的渗漏,经常采用以下加固方法。

(1)洞径大,洞内施工条件好时,可采用浆砌片石支墙、支柱等加固。如需保持洞内水流畅通,可在支撑工程间设置涵管排水。

(2)深而小的溶洞不能使用洞内加固办法时,可采用石盖板或钢筋混凝土盖板跨越可能的破坏区。

(3)对洞径小、顶板薄或岩层破碎的溶洞,可采用爆破顶板用片石回填的办法。如溶洞较深或须保持排水者,可采用拱跨或板跨的办法。

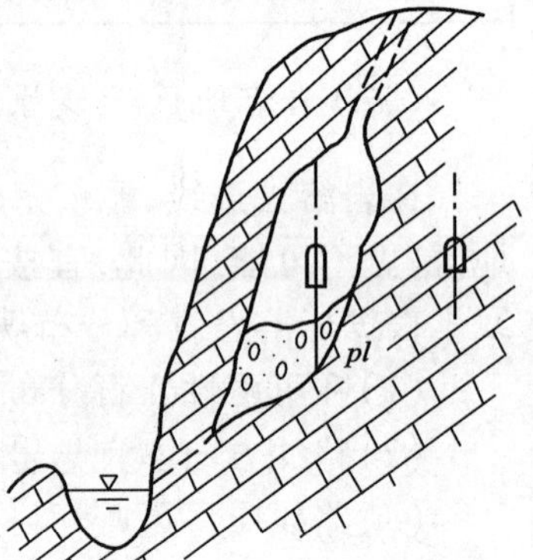

图 3-60　天生桥隧道绕行

(4)对于有充填物的溶洞,宜优先采用注浆法、旋喷法进行加固,不能满足设计要求时宜采用构造物跨越。

(5)如需保持洞内流水畅通时,应设置排水通道。

隧道工程中的岩溶处理较为复杂。隧道内常有岩溶水的活动,若水量很小,可在衬砌后压浆以阻塞渗透;对成股水流,宜设置管道引入隧道侧沟排除;若水量大时,可另开横洞(泄水洞);长隧道可利用平行导坑(在进水一侧),以截除涌水。

六、地震

地震是一种地球内部应力突然释放的表现形式,它是现今正在进行的地壳运动激发的表现。同台风、暴雨、洪水、雷电一样是一种自然现象，但地震是自然灾害之首恶。地球上每天都在发生地震，全世界每年大约发生500万次地震，绝大多数地震因震级小，人感觉不到。其中有感地震约5万多次，但是造成严重灾害损失的仅有10次左右。

一次强烈地震会造成种种灾害，一般我们将其分为直接的灾害和次生的灾害。直接灾害是指地震发生时直接造成的灾害损失，强烈地震产生的巨大震波，造成房屋、桥梁、水坝等各种建筑物崩塌，人畜伤亡、财产损失、生产中断，这种损失在大城市、大工矿等人口集中、建筑物密集的地区尤为突出。

（一）我国的地震分布

我国是世界上地震活动较多且强烈的地区，我国地震主要分布在：

（1）东南部的台湾和福建广东沿海，台湾省的强震密度和平均震级都占全国首位；

（2）华北地震带；

（3）西藏滇西地震带；

（4）横贯中国的南北向地震带等，见图3-61。

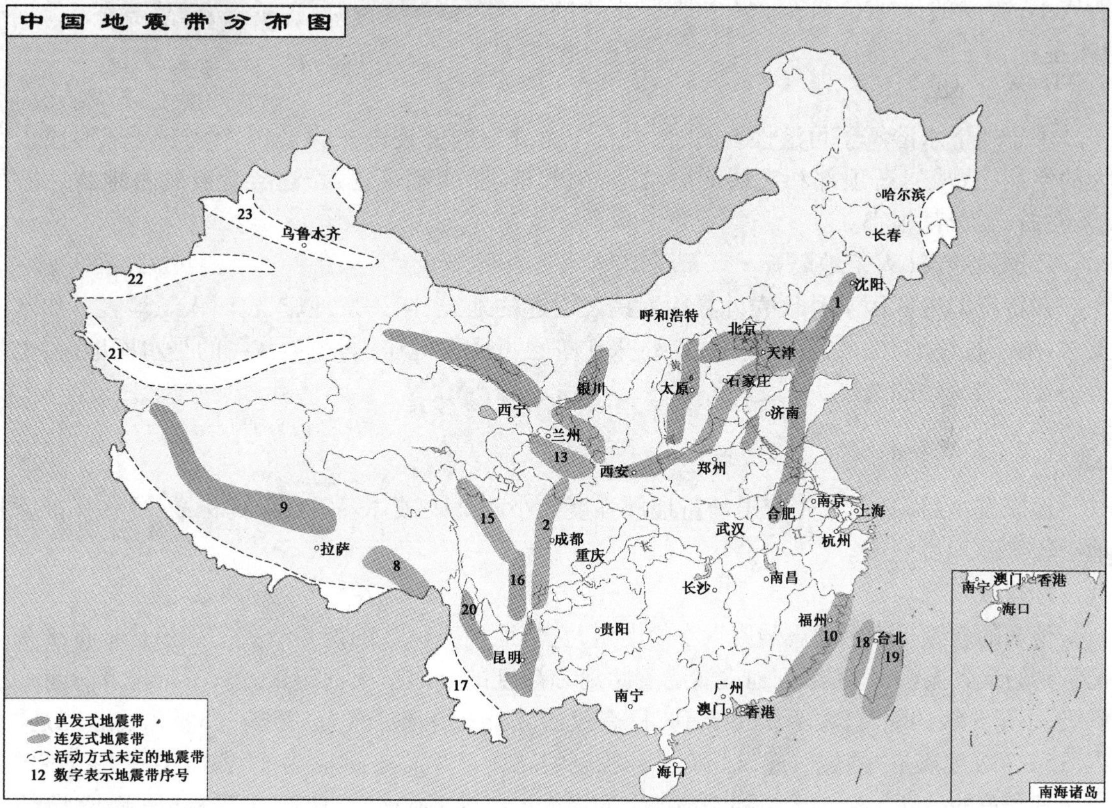

图3-61　中国地震带分布图

（二）地震的成因类型

地震成因是地震学科中的一个重大课题。目前有如大陆漂移学说、海底扩张学说等。现在比较流行的是大家普遍认同的板块构造学说。1965年加拿大著名地球物理学家威尔逊首先提出“板块”概念，1968年法国人把全球岩石圈划分成六大板块，即欧亚、太平洋、美洲、印度洋、非洲和南极洲板块。板块与板块的交界处，是地壳活动比较活跃的地带，也是火山、地震较为集中的地带。板块学说是大陆漂移、海底扩张等学说的综合与延伸，它虽不能解决地壳运动的所有问题，却为地震成因的理论研究指出了一个方向，打开了新的思路。

地震按成因不同，一般可分为人工地震和天然地震两大类。由人类活动（如开山、开矿、爆破等）引起的叫人工地震，除此之外统称为天然地震。

1. 构造地震

地球在不停地运动变化，内部产生巨大的作用力称为地应力。在地应力长期缓慢的积累和作用下，地壳的岩层发生弯曲变形，当地应力超过岩石本身能承受的弧度时岩层产生断裂错动，其巨大的能量突然释放，迅速传到地面，这就是构造地震。世界上90%以上的地震，都属于构造地震。强烈的构造地震破坏力很大是人类预防地震灾害的主要对象，见图3-62。

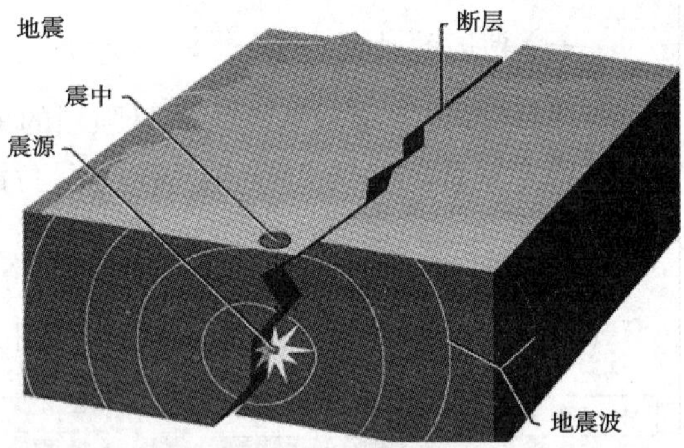

图3-62　构造地震

2. 火山地震

由于火山活动时岩浆喷发冲击或热力作用而引起的地震叫火山地震。这种地震的震级一般较小，造成的破坏也极少，只占地震总数的7%左右。

3. 陷落地震

由于地下水溶解了可溶性岩石，使岩石中出现空洞并逐渐扩大或由于地下开采形成了巨大的空洞，造成岩石顶部和土层崩塌陷落，引起地震，叫陷落地震，这类地震约占地震总数的3%左右，震级都很小。

4. 诱发地震（人工地震）

在特定的地区因某种地壳外界因素诱发引起的地震，叫诱发地震，也叫人工地震。如水库蓄水、地下核爆炸、油井灌水、深井注液、采矿等也可诱发地震，其中最常见的是水库地震，也是当前要严加关注的地震灾害之一。

（三）震级和烈度

地震发生后，必须首先定出衡量地震强度大小和地表破坏轻重程度的标准，这些标准就是地震震级和地震烈度。

1. 震级

地震的震级是表示地震强度大小的度量，它与地震所释放的能量有关。震级是根据地震仪记录到的最大振幅，并考虑到地震波随着距离和深度的衰减情况而得来的。一次地震只有一个震级，小于3级的地震，人不易感觉到，只有仪器才能记录到，称为“微震”，3～5级地震是“小震”；5～7级地震是“强震”，建筑物有不同程度的破坏；7级以上地震为“大震”，会在大范围内造成极其严重的破坏。迄今记录到的地球上的最大地震为1960年5月22日智利8.9级特大地震。震级每相差一级，其能量相差约为30多倍。可见，地震越大，震级越高，释放的能量越多。

2. 烈度

通常把地震对某一地区的地面和各种建筑物遭受地震影响的强烈程度叫地震烈度。烈度根据受震物体的反应、房屋建筑物破坏程度和地形地貌改观等宏观现象来判定。地震烈度的大小，与地震大小、震源深浅、离震中远近、当地工程地质条件等因素有关。因此一次地震，震级只有一个，但烈度却是根据各地遭受破坏的程度和人为感觉的不同而不同。一般说来，烈度大小与距震中的远近成反比,震中距越小,烈度越大,反之烈度愈小。我国地震烈度采用12度划分法,见表3-23。

地震烈度划分标准表　　表3-23

烈度	名　称	加速度 a (cm/s^2)	地震系数 k_c	地　震　情　况
Ⅰ	无感震	<0.25	<1/4000	人不能感觉,只有仪器可以记录到
Ⅱ	微震	0.26~0.5	1/4000~1/2000	少数在休息中极宁静的人能感觉到,住在楼上者更容易
Ⅲ	轻震	0.6~1.0	1/2000~1/1000	少数人在室外感觉地动,不能即刻断定是地震,振动来自方向或持续时间有时约略可定
Ⅳ	弱震	1.1~2.5	1/1000~1/400	少数人在室外的人和极大多数在室内的人都感觉,家具等有些摇动,盘碗及窗户玻璃振动有声;屋梁天花板等格格作响,缸里的水或敞口皿中液体有些荡漾,个别情形惊醒睡觉的人
Ⅴ	次强震	2.6~5.0	1/400~1/200	差不多人人感觉,树本摇晃,如有风吹动。房屋及室内物件全部振动,并格格作响。悬吊物如帘子、灯笼,电灯等来回摆动,挂钟停摆或乱打,盛满器皿中的水溅出。窗户玻璃出现裂纹、睡觉的人惊逃户外
Ⅵ	强震	5.1~10.0	1/200~1/100	人人感觉,大部分惊逃户外,缸里的水剧烈荡漾,墙上挂图、架上书籍掉落,碗碟器皿打碎,家具移动位置或翻到,墙上灰泥发生裂缝,坚固的庙堂房屋亦不免有些地方掉落一些灰泥,不好的房屋受相当损伤,但还是轻的
Ⅶ	损害震	10.1~25.0	1/100~1/40	室内陈设物品及家具损伤甚大。庙里的风铃叮当作响,池塘里腾起波浪并翻起浊泥,河岸砂碴处有崩滑,井泉水位有改变,房屋有裂缝,灰泥及雕塑装饰大量脱落,烟囱破裂,骨架建筑的隔墙亦有损伤,不好的房屋严重损伤
Ⅷ	破坏震	25.1~50.0	1/40~1/20	树木发生摇摆,有时断折。重的家具物件移动很远或抛翻,纪念碑从座上扭转或倒下,建筑较坚固的房屋也被损害,墙壁裂缝或部分裂坏,骨架建筑隔墙倾脱,塔或工厂烟囱倒塌,建筑特别好的烟囱顶部亦遭损坏。陡坡或潮湿的地方发生小裂缝,有些地方涌出泥水
Ⅸ	毁坏震	50.1~100.0	1/20~1/10	坚固建筑物等损坏颇重,一般砖砌房屋严重破坏,有相当数量的倒塌,而且不能再住。骨架建筑根基移动,骨架歪斜,地上裂缝颇多
Ⅹ	大毁坏震	100.1~250.0	1/10~1/4	大的庙宇、大的砖墙及骨架建筑连基础遭受破坏,坚固的砖墙发生危险裂缝,河堤、坝、桥梁、城垣均严重损伤,个别的被破坏,钢轨挠曲,地下输送管道破坏,马路及铺油街道起了裂缝与皱纹,松散软湿之地开裂,有相当宽而深长沟,且有局部崩滑。崖顶岩石有部分剥落,水边惊涛拍岸
Ⅺ	灾震	250.1~500.0	1/4~1/2	砖砌建筑全部倒塌,大的庙宇与骨架建筑只部分保存。坚固的大桥破坏,桥柱崩裂,钢梁弯曲(弹性大的大桥损坏较轻)。城墙开裂破坏,路基、堤坝断开,错离很远,钢轨弯曲且突起,地下输送管道完全破坏,不能使用。地面开裂甚大,沟道纵横错乱,到处地滑山崩,地下水夹泥从地下涌出
Ⅻ	大灾震	500.0~1000.0	>1/2	一切人工建筑物无不毁坏,物体抛掷空中,山川风景变异,河流堵塞,造成瀑布,湖底升高,地崩山摧,水道改变等

注:本表摘自《工程地质》(同济大学等三院校编写)。

地震烈度又可分为基本烈度、场地烈度和设计烈度。

(1)基本烈度是指一个地区在今后一定时期内可能普遍遇到的最大地震烈度。

(2)场地烈度是指建筑场地内因地质、地貌和水文地质条件等的差异而引起基本烈度的降低或提高的烈度。场地烈度可根据建筑场地的具体条件,一般可比基本烈度提高或降低0.5~1.0度。

(3)设计烈度又称设防烈度,是指抗震设计所采用的烈度。它是根据建筑物的重要性、永久性、抗震性以及工程的经济性等条件对基本烈度进行适当调整后的烈度。

(四)道路震害

1.平原地区路基震害

平原地区路基多以路堤为主。易于发生震害的路堤是软土地基上的路堤、桥头路堤、高路堤与砂、土路堤等,其中尤以软土路堤为最常见。一些常见的震害类型有:

(1)纵向开裂。它是最常见的路堤震害。多发生在路肩与行车道之间、新老路基之间。在软弱地基上的路堤,纵向开裂可达很大规模。

(2)边坡滑动。一般是路堤主体与边坡部分的碾压质量差别较大,震荷坡脚又受水浸,地震时土的抗剪强度急剧降低,而形成边坡滑动。

(3)路堤坍塌。这种震害多见于用低塑性粉土、砂土填筑的路堤。由于压实不够,又受水浸,在地震的振动作用下,土的抗剪强度急剧降低或消失而形成路堤坍塌,使之完全失去原来形状。

(4)路堤下沉。在宽阔的软弱地基上,地震时,由于软弱黏性土地基的触变或饱和粉细砂地基的液化,路堤下沉,两侧田野地面发生隆起。

(5)纵向波浪变形。路线走向与地震波传播方向一致时,由于面波造成地面波浪起伏,使路基随之起伏;并在鼓起地段的路面上,产生众多的横向裂缝。

(6)桥头路堤的震害。连接桥梁等坚固构造物的路堤震害最普遍,一般为较邻近路段严重,形式有下沉、开裂、坍塌等。

(7)地裂缝造成的震害。由地裂缝造成的路基错断、沉陷、开裂,往往贯穿路堤的全高全宽。其分布完全受地裂缝的控制,与路堤结构没有联系。在低湿平原与河流两岸,沿地裂缝带常有大量的喷水冒砂出现。

2.山岭地区路基震害

山岭地区地形复杂,路基断面形式很多,防护和支挡工程也多,受地震影响的程度更高。2008年5·12汶川地震中,震区路基、边坡40%遭到破坏。

1)路堑边坡的滑坡与崩塌

在7度烈度区一般比较轻微,在≥8烈度区比较严重。对岩质边坡主要震害类型是崩塌,对松散堆积层边坡则多为崩塌性滑坡。崩塌常常发生在裂隙发育、岩体破碎的高边坡路段,崩塌性滑坡则多与软质岩石、地下水活动、构造软弱面等的存在有关。

2)半填半挖的上坍与下陷

上坍是指挖方边坡的滑坡与崩塌,其情况与路堑边坡类似。下陷是指填方部分的开裂与沉陷,此种震害比较普遍而且严重。由于填方与挖方路基的密实度不一致,基底软硬不一致,故地震时易沿填挖交界面出现裂缝和坍滑。

3)挡土墙的震害

挡土墙等抵抗土压力的建筑物,地震时由于地基承载力降低,土压力增大,所遭受的震害比较多。尤其是软土地基上的挡土墙、特别是高的挡土墙、干砌片石挡土墙等遭受震害的实例更多。对于目前公路上大量使用的各种石砌挡土墙的主要震害类型有砌缝开裂、墙体变形与墙体倾倒。前两者主要见于 7 ~ 8 度烈度区,后者主要见于≥9 度烈度区。砌缝开裂是最常见的震害,主要与地震时地基的不均匀沉陷和砂、浆强度不够有关。墙体的膨胀变形主要与地震时墙背的土压力增大有关。墙体倒塌可能与地基软弱、地震力强、土压力增大等因素有关。

3. 桥梁震害

强烈地震时,桥梁震害较多。1976 年唐山地震,震区桥梁十之三、四遭到破坏。2008 年 5·12汶川地震,震区桥梁十之八九遭到破坏。桥梁遭受震害的原因,主要是由于墩台的位移和倒塌,下部构造发生变形引起上部构造的变形或坠落。下部构造完整,上部构造滑出、脱落的也有,但比较少见,而且多与桥梁构造上的缺点有关。所以,地基的好坏,对桥梁在地震时的安全度影响最大。

在软弱地基上,桥梁的震害不仅严重,而且分布范围广。在一般地基上,也可能产生某些桥梁震害,如墩台裂缝、因土压力增大水平方向抵抗力降低而引起墩台的水平位移和倾斜等。但这些震害只出现在更高的烈度区内。

汶川地震中的桥梁震害丰富多样,分析其因,往往是多种因素综合作用的结果,主要有以下几种原因:

1)断层力作用

断层力巨大,断层经过处地貌改观,致使地面隆起或下陷,即便 6 ~ 7 级的地震也能瞬间错断地表上部结构。这种破坏现象在其他地震中也出现过。

2)砂土液化、地基失效造成破坏

由于土液化、基础的不均匀沉降引起地基失效,地基承载力稳定性不够,进而导致桥梁基础位移、倾斜、下沉,墩身开裂、失稳甚至折断,上部桥垮塌。如 G213 兰磨线李子桥,两桥台基础上下强度不均,下沉量不一致,致使桥台产生纵向裂缝。这种震害现象在郫县、峨眉山、绵竹及什邡等县市也较为常见。低烈度区也常见路基、桥台沉陷情况,但未造成桥梁严重破坏。

3)桥台、桥墩失稳造成破坏

桥台、桥墩的破坏除了上述地基失效引起的下沉、倾斜及桥身开裂等现象外,还有部分是由于地震力反复作用及护坡土的推力引起的破坏,严重的致使受压缘混凝土崩溃、钢筋裸露屈曲,桥墩与基础连接处开裂、折断等,轻微破坏则多为开裂。

4)桥梁结构问题造成破坏

从结构选型桥面、桥墩配筋,桥梁的结构性问题多种多样如结构选择不合理、桥梁单跨跨度较大、配筋足、桥面连接不充分等。以拱桥的破坏例,拱桥本身是一种抗震性能很好的结构,其力分布合理,但由照片可以看出该桥完全由砖而成,不见任何拉结钢筋,震后几乎酥碎垮塌。

地震对道路设施的影响是巨大的,综合起来,主要震害见图 3-63 ~ 图 3-67。

a)　　　　b)　　　　c)

图 3-63　地震导致路基路面破坏

a)断裂;b)错台;c)隆起

a) b) c)

图 3-64　地震导致路基路面破坏

a)沉陷;b)砸坏;c)坍塌

a) b) c)

图 3-65　地震导致边坡破坏

a)崩塌;b)滑坡;c)泥石流

a) b) c)

图 3-66　防护工程破坏

a) b) c)

图 3-67　桥梁震害

a)倾覆倒塌;b)错断;c)墩身破坏

注明:以上道路震害图片均来自四川省交通厅公路规划勘察设计研究院蒋劲松《5·12 汶川大地震四川公路震害及启示》

(五)山岭地区路基防震原则

(1)沿河路线应尽量避开地震时可能发生大规模崩塌、滑坡的地段。在可能因发生崩塌、滑坡而堵河成湖时,应估计其可能淹没的范围和溃决的影响范围,合理确常路线的方案和高程。

(2)尽量减少对山体自然平衡条件的破坏和自然植被的破坏,严格控制挖方边坡高度,并根据地震烈度适当放缓边坡坡度。在岩体严重松散地段和易崩塌、易滑坡的地段,应采取防护加固措施。在高烈度区岩体严重风化的地段,不宜采用大爆破施工。

(3)在山坡上宜尽可能避免或减少半填半挖路基，如不可能，则应采取适当加固措施。在横坡陡于1∶3的山坡上填筑路堤时，应采取措施保证填方部分与山坡的结合，同时应注意加强上侧山坡的排水和坡脚的支挡措施。在更陡的山坡上，应用挡土墙加固，或以栈桥代替路基。

(4)在≥7度烈度区内，挡土墙应根据设计烈度进行抗震强度和稳定性的验算。干砌挡土墙应根据地震烈度限制墙的高度。浆砌挡土墙的砂浆标号，较一般地区适当提高。在软弱地基上修建挡土墙时，可视具体情况采取换土、加大基础面积、采用桩基等措施。同时要保证墙身砌筑、墙背填土夯实与排水设施的施工质量。

(六)桥梁防震原则

(1)勘测时查明对桥梁抗震有利、不利和危险的地段，按照避重就轻的原则，充分利用有利地段选定桥位。

(2)在可能发生河岸液化滑坡的软弱地基上建桥时，可适当增加桥长、合理布置桥孔，避免将墩台布设在可能滑动的岸坡上和地形突变处。并适当增加基础的刚度和埋置深度，提高基础抵抗水平推力的能力。

(3)当桥梁基础置于软弱黏性土层或严重不均匀土层上时，应注意减轻荷载、加大基底面积、减少基底偏心、采用桩基础。当桥梁基础置于可液化土层时，基桩应穿过可液化土层，并在稳定土层中有足够的嵌入长度。

(4)尽量减轻桥梁的总重量，尽量采用比较轻型的上部构造，避免头重脚轻。对振动周期较长的高桥，应按动力理论进行设计。

(5)加强上部构造的纵横向联结，加强上部构造的整体性。选用抗震性能较好的支座，加强上、下部的连接，采取限制上部构造纵、横向位移或上抛的措施，防止落梁。

(6)多孔长桥宜分节建造，化长桥为短桥，使各分节能互不依存地变形。

(7)用砖、石圬工和水泥混凝土等脆性材料修建的建筑物，抗拉、拉冲击能力弱，接缝处是弱点，易发生裂纹、位移、坍塌等病害，应尽量少用，并尽可能选用抗震性能好的钢材或钢筋混凝土。

(七)道路防震抗震指导意见

1. 提高抗震意识，增强防范能力建设

各级交通运输主管部门要坚持以人为本的科学发展观，充分认识全面加强和提高公路基础设施防震抗震能力建设的重要意义，增强忧患意识，始终将公路基础设施防震减灾工作放在突出重要的位置；把公路基础设施防震抗震能力建设作为工程建设的重要内容抓紧抓好；公路基础设施建设、设计、施工等单位，要把提高公路基础设施防震抗震能力，作为确定工程建设方案、确保工程质量的重要内容。

2. 科学评估，合理确定设防标准

公路基础设施防震抗震工作要坚持以防为主、防抗结合原则，各地交通运输主管部门要通过对当地地质情况的全面调查和分析，科学评估地震灾害对公路基础设施可能造成的损坏和影响。研究制定切实可行的修复重建工程措施，使公路基础设施在地震灾害发生后，能够迅速恢复原有的技术标准和使用功能。做到“小震不坏、中震可修、大震不倒”。

3. 加强基础工作，科学选择建设方案

(1)深入调查工程区域或沿线地质构造、水文、地形地貌、地震区划、地震历史等情况，重点路段要进行专门勘探，认真分析地震对公路基础设施可能造成的损害，通过合理选线或采用隧道、棚洞、优化工程结构等避让方案和措施，以提高工程自身的抗震能力。

(2)路线布设应选择在无地震影响或地震影响小的地段，尽量绕避可能发生特大地震灾害的地段。当路线必须通过地震断裂带时，尽可能布设在断裂带较窄的部位；当路线必须平行于地震断裂带时，应布设在断裂的下盘上。

(3)路基断面型式应尽量与地形相适应，控制边坡坡率，最大限度减少路基工程对山体及自然植被的破坏。对于工程水文地质条件不良路段，其支挡设施要具有足够的抗滑能力，并加强排水措施的设置，以降低地震次生灾害对公路基础设施造成损坏。对于软土、液化土路基，应采取有效措施，加强路基的稳定性和构造物的整体性，以减少地震造成的地基不均匀沉陷。

(4)桥涵构造物要选用受力明确、自重轻、重心低、刚度和质量分布均匀的结构型式。多优先选用抗震性能好的装配式混凝土结构或钢结构以及连续式混凝土梁桥，并采取措施提高结构的整体性。对于桥梁上部结构的设计、设置，要有切实可行的防止梁体掉落的措施。要积极采用技术先进、经济合理、便于修复加固的抗震元件、材料的措施。

(5)隧道位置应选择在山坡稳定、地质条件较好地段。洞口应避免设在易发生滑坡、岩堆、泥石流等处，并控制路堑边坡和仰坡的开挖高度以防止坍塌等震害造成洞口损坏。对于悬崖陡壁下的洞口，要设置防落石设施，如采取明洞与洞口相接等措施；对于地震断裂带的隧道，要尽量采用柔性或容许变形的结构，以增强其抗震能力。

单元学习2　主要特殊性土的处治

学习目标

1. 知道常见特殊性土的类型及形成条件或影响因素；
2. 分析常见特殊性土的工程性质或其对道路的影响；
3. 分析常见特殊性土的治理措施；
4. 根据特殊性土的特征提出有效的治理措施；
5. 正确完成课后作业。

任务描述

利用大量的图片、相关的多媒体资源和教师的讲解，使学生能够认识常见的特殊性土；知道其形成条件及对道路的危害；掌握常见特殊性土的防治原则和措施，并能根据特殊性土的特征提出有效的防护或治理。

学习引导

特殊土是指在特定地域内，由于生成条件的特殊，使之不同于一般土而具有某些特殊性质的土。由于特殊土对公路建设具有重要影响，所以对分布较广。下面介绍影响较大的几种特殊土的工程处治。

本工作任务沿着以下脉络进行学习：

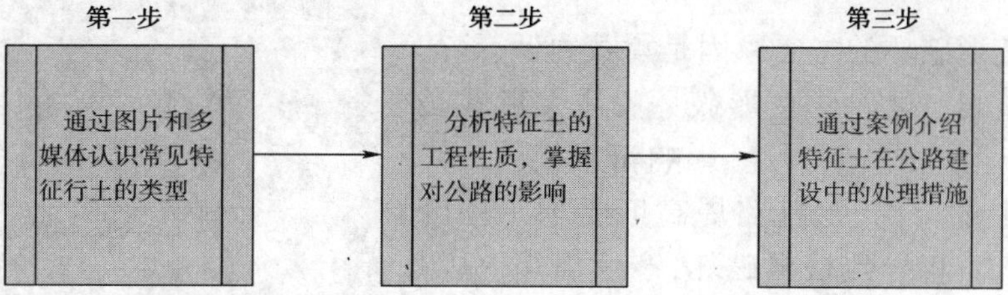

一、软土

（一）软土及其特征

软土是天然含水率大、压缩性高、承载力和抗剪强度很低的呈软塑—流塑状态的黏性土。软土是一类土的总称，还可以将它细分为软黏性土、淤泥质土、淤泥、泥炭质土和泥炭等。我国软土分布广泛，主要位于沿海平原地带，内陆湖盆、洼地及河流两岸地区。软土成因类型主要有：①沿海沉积型（滨海相、泻湖相、溺谷相、三角洲相）；②内陆湖盆沉积型；③河滩沉积型；④沼泽沉积型。详见学习单位1.4。

（二）软土的工程性质

1. 软土的孔隙比和含水率

软土的颗粒分散性高，联结弱，孔隙比大，含水率高，孔隙比一般大于1，可高达5.8，如云南滇池淤泥，含水率大于液限达50%～70%，最大可达300%。沉积年代久，埋深大的软土，孔隙比和含水率降低。

2. 软土的透水性和压缩性

软土孔隙比大，孔隙细小，黏粒亲水性强，土中有机质多，分解出的气体封闭在孔隙中，使土的透水性很差，渗透系数 $k<10\sim6$cm/s；荷载作用下排水不畅，固结慢，压缩性高，压缩系数 $a=0.7\sim20\ \text{MPa}^{-1}$，压缩模量 为1～6MPa。软土在建筑物荷载作用下，容易发生不均匀下沉和大量沉降，而且下沉缓慢，完成下沉的时间很长。

3. 软土的强度

软土强度低，无侧限抗压强度在10～40 kPa之间。不排水直剪试验的 $\varphi=2°\sim5°$，$c=10\sim15$kPa；排水条件下 $\varphi=10°\sim15°$，$c=20$kPa。所以在确定软土抗剪强度时，应据建筑物加载情况选择不同的试验方法。

4. 软土的触变性

软土受到振动，颗粒联结破坏，土体强度降低，呈流动状态，称为触变，也称振动液化。触变可以使地基土大面积失效，导致建筑物破坏。触变的机理是吸附在土颗粒周围的水分子的定向排列被破坏，土粒悬浮在水中，呈流动状态。当振动停止，土粒与水分子相互作用的定向排列恢复，土强度可慢慢恢复。

5. 软土的流变性

在长期荷载作用下，变形可延续很长时间，最终引起破坏，这种性质称为流变性。破坏时土强度低于常规试验测得的标准强度。软土的长期强度只有平时强度的40%～80%。

（三）软土地基的加固与处理方法

软土地基变形破坏的主要原因是承载力低，地基变形大或发生挤出。建筑物变形破坏的主要形式是不均匀沉降，使建筑物产生裂缝，影响正常使用。修建在软土地基上的公路、铁路路堤高度受软土强度的控制，路堤过高，将导致挤出破坏，产生坍塌，见图3-68。

图3-68　软土塌陷

软土地基的加固与处理措施见表3-24：

软土地基加固与处理方法　　表3-24

方　法	施　工　要　点	适　用　范　围
强夯	强夯法采用10～20 t重锤，从10～40 m高处自由落下，夯实土层，强夯法产生很大的冲击能，使软土迅速排水固结，加固深度可达11～12m	适用于小于12m的软土层
换土	将软土挖除，换填强度较高的黏性土、砂、砾石、卵石等渗水土，从根本上改善了地基土的性质	适用于软土深度不超过2m
砂垫层	在建筑物（如路堤）底部铺设一层砂垫层，其作用是在软土顶面增加一个排水面。在路堤填筑过程中，由于荷载逐渐增加，软土地基排水固结，渗出的水可以从砂垫层排走（图3-69）	适用于软土深度不超过2m，砂料较丰富地区
抛石挤淤	在路基底部从中间向两边抛投一定数量的片石，将淤泥挤出基底范围，以提高地基强度	适用于石料丰富区，软土厚3～4m
反压护道	在路堤两侧填筑一定宽度低于路堤的护道，以平衡路堤下的软土的隆起之势，从而保证路堤的稳定性	适用于非耕作区和取土不困难的地区
砂井排水	在软土地基中按一定规律设计排水砂井，井孔直径多在0.4～2.0 m，井孔中灌入中、粗砂，砂井起排水通道作用，加快软土排水固结过程，使地基土强度提高（图3-70）	适用于软土层厚度大于5m、路堤高度大于极限高度的2倍的情况，或地处农田和填料来源较困难的地区
深层挤密	在软弱土中成孔，在孔内填以水泥、砂、碎石、素土、石灰或其他材料（煤矸石、粉煤灰等），形成桩土复合地基（水泥砂桩或石灰桩），从而使较大深度范围内的松软地基得以挤密和加固	适用于软土层较厚地区
化学加固	通过气压、液压等将水泥浆、黏土浆或其他化学浆液压入、注入、拌入土中，使其与土粒胶结成一体，形成强度高、化学稳定性良好的"结石体"，以增强土体强度。按施工方式分为灌浆法、高压旋喷法、深层搅拌法等	适用于软土层较厚地区
土工织物加固	将具有较大抗拉强度的土工织物、塑料隔栅或筋条等材料铺设在路堤的底部，以增加路堤的强度，扩散基底压力，阻止土体侧向挤出，从而提高地基承载力和减小路基不均匀沉降（图3-71）	

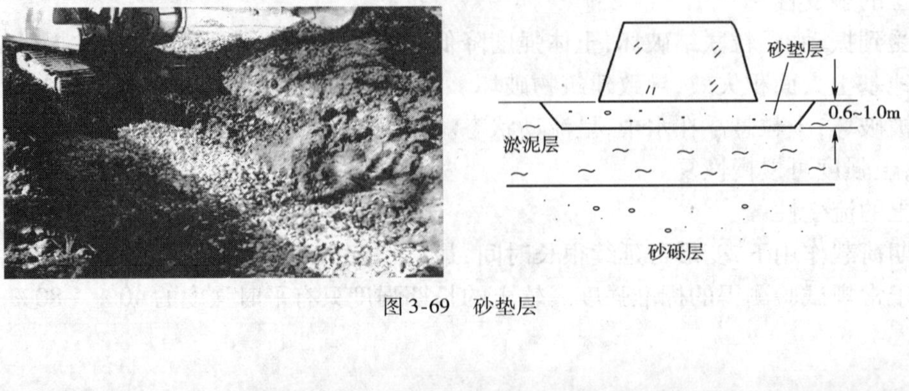

图3-69　砂垫层

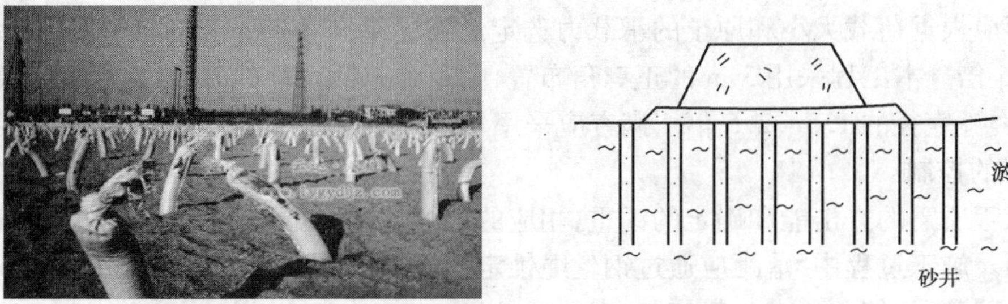

图 3-70　砂井排水

图 3-71　土工织物加固

(四)软土病害处治案例

1. 工程概况

大窑湾港二期工程是国家重点工程,泊位采用重力式沉箱结构,其中 15、16 号泊位是两个超重型泊位,2006 年开始建设,能停靠目前最大的集装箱轮船。其中 16 号泊位后方陆域的黄土区,在原来碎石吹填土的基础上又回填了大厚度的黄土,回填时间约 1 年,厚度在 10 m 以上,成分以软塑—可塑状粉质黏土、黏性土为主。

2. 软基处理方案

设计单位和业主在权衡了各种地基处理方法的优劣,采用强夯置换法处理深厚软土地基。施工过程关键技术表现为:

1)夯锤

夯锤的选用是强夯置换的关键。为提高强夯置换的处理深度和成坑速度,本工程夯锤选用以山西省机械施工公司获国家专利的异型夯锤为基础,改进自制的异形锥台形组合式夯锤,上小中间大下小(普通夯锤为圆柱形)。夯锤重 35 t,锤高 3 m 以上,底面积为 1.1m^2 左右,锤底静接地压力值不小于 300 kPa。为了提高夯击效果,沿锤体边均匀设置三个上下贯通的排气槽,孔径 30 ~ 40 cm。具体形状见图 3-72。

图 3-72　夯锤

2)夯间地表变形观测

通过地表夯沉量的监测和夯间地表变形观测,掌握地表的沉降、隆起的土方量及夯坑的填料量,确定夯击数和最佳夯击能,为大面积施工提供依据。本工程经试夯确定的夯坑填料量为 3.4m^3/m^2,隆起的土方外运量约为填料量的 1/3,置换效果显著。

3)间距及布点形式

强夯置换布点形式应根据基础形状和宽度采用等边三角形、等腰三角形或正方形布置。

置换墩间距应根据荷载大小和原土的承载力选定。当满堂布置时,夯击点间距可取夯锤直径的2.5~3.5倍。本工程采用3 m的正三角布置,间距为夯锤直径的3倍。对独立基础或条形基础,可取夯锤直径的1.5~2.5倍。满夯应采用轻锤或低落距锤进行夯击,锤印搭接1/3。

4)落距的控制

根据工程所需的夯击能和确定的锤重,相应的锤的落距即可确定。开工前,应检查夯锤的质量和落距。施工过程中,落距应通过钢丝绳锁定控制,并在龙门架上做出落距标志。施工过程中,对夯锤落距的偏差要求一般控制在30 cm以内。

5)填料质量控制和填料控制

夯坑回填料为级配良好的块石、碎石、砾石土、矿渣和建筑垃圾等坚硬粗颗粒材料,最大粒径不超过300 mm为宜,且含量不宜超过全重的30%。当夯坑过深而发生起锤困难时停夯,测量上坑口直径,计算夯坑体积,然后用装载机将卸于坑口附近的填料填入坑内至与坑顶平,记录填料数量,并用推土机整平后,继续落锤夯击。如此重复,直到满足规定的夯击次数及控制标准即完成一个墩体的夯击。当夯点周围软土挤出影响施工时,可随时清理并在夯点周围铺垫垫层,以利于继续施工。垫层材料可与回填料相同,粒径不宜大于100 mm。为了提高施工速度,一般填料视地质条件控制在2~4次为宜。如遇不良地质条件可适当增加填料次数,但不宜超过6次。

6)坑深及夯沉量控制

为了提高置换效果,应控制和掌握夯坑的深度。一般在填料时,夯坑深度不小于2 m,并最终以拔锤困难停夯。但当场地土吸锤严重,夯坑深度达不到2 m时,应适当填料,解决吸锤问题后再夯,以确保夯坑深度。

7)施工顺序

夯点施打顺序应根据场地和地质条件合理安排,一般按由内向外、隔行跳打的原则进行施工。但对于本工程软弱土质或淤泥质土地基进行强夯置换处理时,则是一遍逐点逐行完成。

3.处理效果

由检测报告各区各点的地表静载荷检验结果可以看出,施工中采用的强夯置换施工方法,达到了预期的目的。各夯点、夯间处及地表复合地基承载力特征值均大于180kPa,满足设计要求。

二、黄土

黄土是以粉粒为主,含碳酸盐,具大孔隙,质地均一,无明显层理而有显著垂直节理的黄色陆相沉积物,在干旱气候条件下形成,一般分布在沙漠下风处。黄土分布广泛,在欧洲、北美、中亚等地均有分布,在全球分布面积达13×10^6km^2,占地球表面的2.5%以上。我国是黄土分布面积最大的国家。在我国,黄土分布的面积约有64万km^2,主要分布在秦岭以北的黄河中游地区,称之为黄土高原,如甘肃中部和东部、宁夏南部、陕西北部、山西北部,共41.2万km^2,厚100~200m。黄土地貌从大的形态来看,多是为倾斜的单调高原或平原。黄土地区沟壑纵横,常发育有黄土塬、黄土梁、黄土峁、黄土陷穴等地貌。

(一)黄土的特征及分布

典型黄土具备以下特征:

(1)颜色为淡黄、褐黄和灰黄色。

(2)以粉土颗粒(0.075~0.005mm)为主,约占60%~70%。

(3)含各种可溶盐,主要富含碳酸钙,含量达10% ~30%,对黄土颗粒有一定的胶结作用,常以钙质结核的形式存在,又称姜石。

(4)结构疏松,孔隙多且大,孔隙度达33% ~64%,肉眼可见虫孔、植物根孔等。

(5)无层理,具柱状节理和垂直节理,天然条件下稳定边坡近直立。

(6)具有湿陷性。

只具备其中部分特征的黄土称为黄土状土,二者的特征列于下表3-25。

黄土和黄土状土的特征 表3-25

名称特征		黄　土	黄土状土
外部特征	颜色	淡黄色为主,还有灰黄、褐黄色	黄色、浅棕黄色或暗灰褐黄色
	结构构造	无层理,有肉眼可见之大孔隙及由生物根茎遗迹形成之管状孔隙,常被钙质或泥填充,质地均一,松散易碎	有层理构造、粗粒(砂粒或细砾)形成的夹层成透镜体,黏土组成微薄层理,可见大孔隙较少,质地不均一
	产状	垂直节理发育,常呈现大于70°的边坡	有垂直节理但延伸较小,垂直陡壁不稳定,常成缓坡
物质成分	粒度成分	粉土粒为主(0.0075 ~0.005mm),含量一般大于60%;大于0.25mm的颗粒几乎没有。粉粒中0.075 ~0.01mm的粗粉粒占50%以上,颗粒较粗	粉土粒含量一般大于60%,但其中粗粉粒小于50%;含少量大于0.25mm或小0.005mm的颗粒有时可达20%以上;颗粒较细
	矿物成分	粗粒矿物以石英、长石、云母为主,含量大于60%;黏土矿物有蒙脱石、伊利石、高岭石等;矿物成分复杂	粗粒矿物以石英、长石、云母为主,含量小于50%;黏土矿物含量较高,仍以蒙脱石、伊利石、高岭石为主
	化学成分	以SiO_2为主,其次为从Al_2O_3、Fe_2O_3,富含$CaCO_3$,并有少量$MgCO_3$及少量易溶盐类如NaCl等,常见钙质结核	以SiO_2为主,从Al_2O_3、Fe_2O_3次之,含$CaCO_3$、$MgCO_3$及少量易溶盐NaCl等,时代老的含碳酸盐多,时代新的含碳酸盐少
物理性质	孔隙度	高,一般大于50%	较低,一般不于40%
	干密度	较低,一般为1.4g/cm^{3}或更低	较高,一般为1.4g/cm^{3}以上,可达1.8g/cm^3
	渗透系数	一般为0.6 ~0.8m/d,有时可达1 m/d	透水性小,有时可视为不透水层
	塑性指数	10 ~12	一般大于12
	湿陷性	显著	不显著,或无湿陷性
	含水率	较小,一般小于25%	较大,一般大于25%
成岩作用程度		一般固结较差,时代老的黄土较坚固,称为石质黄土	松散沉积物,或有局部固结
成因		多为风成,少量水成	多为水成

根据黄土形成的地质年代和成因上的不同,可以将黄土分成以下类型,见表3-26。

黄　土　类　型 表3-26

年代分类	地层时代		成因分类	描　述
砂黄土	全新世	Q_4	风积黄土	分布在黄土高原平坦的顶部和山坡上,厚度大,质地均匀,无层理
新黄土	晚更新期	Q_3	坡积黄土	多分布在山坡坡脚及斜坡上,厚度不均,基岩出露区常夹有岩碎屑
老黄土	中更新期	Q_2	残积黄土	多分布在基岩山地上部,由表层黄土及基岩风化而成
			洪积黄土	主要分布在山前沟口地带,一般有不规则的层理,厚度不大
红色黄土	早更新期	Q_1	冲积黄土	主要分布在大河的阶地上,如黄河及其支流的阶地上。阶地越高,黄土厚度越大有明显层理,常夹有粉砂、黏土、砂卵石等,大河阶地下部常有厚数米及数十米的砂卵石层

（二）黄土的工程性质

1. 黄土的压缩性

土的压缩性用压缩系数 a 表示：$a<0.1\text{MPa}^{-1}$ 低压缩性土；$a=0.1\sim0.5\ \text{MPa}^{-1}$ 中压缩性土；$a>0.5\ \text{MPa}^{-1}$ 高压缩性土。黄土多为中压缩性土；近代黄土为高压缩性土；老黄土压缩性较低。

2. 黄土的抗剪强度

一般黄土的内摩擦角 $\varphi=15°\sim25°$，黏聚力 $c=30\sim40\text{kPa}$，抗剪强度中等。

3. 黄土的湿陷性和黄土陷穴

天然黄土在一定的压力作用下，浸水后产生突然的下沉现象，称为湿陷。这个一定的压力称为湿陷起始压力。在饱和自重压力作用下的湿陷称为自重湿陷；在自重压力和附加压力共同作用下的湿陷，称为非自重湿陷。

黄土湿陷性评价多采用浸水压缩试验的方法，将原状黄土放入团结仪内，在无侧限膨胀条件下进行天然黄土压缩试验。当变形稳定后，测出试样高，再测当浸水饱和、变形稳定后的试样高度，计算相对湿陷性系数。根据相对湿陷性系数分为：非湿陷性黄土、轻微湿陷性黄土、中等湿陷性黄土、强湿陷性黄土见图 3-73。

图 3-73　黄土的湿陷性引起边坡塌陷

此外，黄土地区常常有天然或人工洞穴，由于这些洞穴的存在和不断发展扩大，往往引起上覆建筑物突然塌陷，称为陷穴。黄土陷穴的发展主要是由于黄土湿陷和地下水的潜蚀作用造成的。为了及时整治黄土洞穴，必须查清黄土洞穴的位置、形状及大小，然后针对性地采取有效整治措施。

（三）黄土地质病害的防治措施

由于黄土结构疏松，具有大孔隙、抗水性能差、易崩解、潜蚀、冲刷和湿陷性等特征，使之在黄土地区的工程出现多种病害，如路堑边坡的剥落、冲刷、崩塌、滑坡，路堤和房屋建筑不均匀沉陷、变形开裂等。因此，在工程中必须采取相应的措施，以保证安全。

1. 防水措施

水的渗入是黄土地质病害的根本原因，只要能做到严格防水，各种事故是可以避免或减少的。防水措施包括：场地平整，以保证地面排水畅通；做好室内地面防水措施，室外散水，排水沟，特别是施工开挖基坑时要注意防止水的渗入；切实做到上下水道和暖气管道等用水设施不漏水。

2. 边坡防护

捶面护坡。在西北黄土地区，为防治坡面剥落和冲刷，可用石灰炉渣灰浆、石灰炉渣三合土、四合土等复合材料在黄土路堑边坡上捶面防护见图 3-74。这种方法适用于年降雨量稍大地区和坡率不陡于 1∶0.5 的边坡。防护厚度为 10～15cm，一般采用等厚截面；只有当边坡较高时，才采用上薄下厚截面，基础设有浆砌片石墙脚。

砌石防护。因黄土路堑边坡普遍在坡脚 1～3m 高范围内发生严重冲刷和应力集中现象，可采用砌石防护见图 3-75。砌石防护分为干砌和浆砌两种。砌石防护的效果较好，常被广泛采用，可用于路堑的任何较陡的边坡。因黄土地区缺乏片石，故采用此法又有一定的困难。

此外，在黄土地区公路边坡还可以采用植物防护、喷浆防护等边坡防护方式。

图 3-74　捶面护坡

图 3-75　砌石防护

3. 地基处理

地基处理是对基础或建筑物下一定范围内的湿陷性黄土层进行加固处理或换填非湿陷性土，达到消除湿陷性，减小压缩性和提高承载力的目的。在湿陷性黄土地区，国内外采用的地基处理方法有重锤表层夯实、强夯、换填土垫层、土桩挤密、化学加固等方法，详见表 3-27。

黄土地基处理方法　表 3-27

方　法	施 工 要 点	适 用 范 围
重锤表层夯实	一般采用 2.5 ~ 3.0t 的重锤，落距 4.0 ~ 4.5m	适用于 2m 以内厚度的黄土地基
强夯	一般采用 8 ~ 40t 的重锤（最重达 200t），落距 10 ~ 20m 的高度自由下落，击实土层，见图 3-76	适用于大于 2m 的黄土地基
换填土垫层	先将处理范围内的黄土挖出，然后用素土或灰土在最佳含水率下回填夯实，见图 3-77	适用于地表下 1 ~ 3m 的黄土层的湿陷性
土桩挤密	先在土内成孔，然后在孔中分层填入素土或灰土并夯实。在成孔和填土夯实过程中，桩周的土被挤压密实，从而消除湿陷性	适用于 5 ~ 15m 厚的黄土地基
化学灌浆加固	通过注浆管，将化学浆液注入土层中，使溶液本身起化学反应，或溶液与土体起化学反应，生成凝胶物质或结晶物质，将土胶结成整体，从而消除湿陷性	适用于较厚、但范围较小的黄土地基

图 3-76　夯实土层

图 3-77　换填土垫层

（四）黄土病害处治案例

1. 工程概况

晋侯高速公路一期工程线路总长66.792km，其中属湿陷性黄土路段总长39.101km，占线路总长59%，总面积约127万m^2，湿陷厚度在6.5～13.0 m。设计规定，填土大于4 m的湿陷黄土路堤及Ⅲ级自重湿陷地段，大中桥桥头50 m、小桥桥头30 m范围内的路堤，原地基采用强夯处理；对于零填及填高小于4 m的湿陷黄土地基采用重夯处理；夯实宽度为路基坡角外2m范围。汾河桥头段属冲积平原区，地表以下30～40 m范围为浅灰黄、黄褐、红黄黄土，硬塑—坚硬，具有Ⅱ级自重湿陷性，湿陷厚度7.4～13 m，局部地层呈流塑状态，桥头200 m范围段采用振冲碎石桩处理。部分结构物基底存在软弱下卧层，重锤夯实后无法满足承载力要求，采用高压旋喷桩或粉喷桩处理。

2. 主要治理方法

1）灰土换填法

靠近民房，或是有地下埋设管线且湿陷厚度较小的段落，重锤夯实过程中对建筑物影响较大。经与设计协商后，改用灰土换填法处治湿陷黄土，换填厚度一般为2 m左右，宽度超过路基坡角外2 m。

2）重锤夯实法

重锤夯实法又称动力固结法，即用起重设备反复将50～400 kN的锤（最重的达2 000 kN）起吊到5～25 m高处（最高的达40 m），而后自动脱钩释放载荷或带锤自由落下，其动能在土中形成强大的冲击波和高应力，从而提高地基的强度、降低压缩性、消除湿陷性等。本项目湿陷黄土处治主要采用此方法，施工中按夯击能量分重夯与强夯。

3）高压旋喷桩施工

本项目旋喷桩桩径0.6 m，桩间距1.2～1.5 m，单根桩长5～7 m（含保护桩头0.5 m），梅花形布置。桩体28d立方体设计抗压强度≥5 MPa，每延米水泥用量不小于200 kg；设计抗压强度≥3 MPa，每延米水泥用量不小于120 kg。复合地基承载力要求达到350 kPa。

4）振冲碎石桩施工

汾河大桥桥头段黄土覆盖层下存在可液化粉沙层，设计采用振冲碎石桩进行综合处治。要求复合地基承载力特征值达到250kPa以上，桩长分6 m、9 m、10 m、12 m四种，桩距2.5 m、3.0 m、3.5 m，梅花形布置。其中，桩长9 m分两层：原地面以下3.6 m桩径为0.9 m，碎石填量为0.8 m^3/m，地面以下3.6～9 m桩径为1.1m，碎石填量为1.2 m^3/m。其余段落桩径均为1.1 m，碎石填量为1.2 m^3/m。填料粒径2～15 cm，含泥量不大于5%。

三、膨胀土

膨胀土是一种富含亲水性黏土矿物，并且随含水率增减，体积发生显著胀缩变形的高塑性黏土。其黏土矿物主要是蒙脱石和伊利石，二者吸水后强烈膨胀，失水后收缩，长期反复多次胀缩，强度衰减，可能导致工程建筑物开裂、下沉、失稳破坏。膨胀土全世界分布广泛，我国是世界上膨胀土分布广、面积大的国家之一，20多个省市自治区都有分布。我国亚热带气候区的广西、云南等地的膨胀土，与其他地区相比，胀缩性强烈。形成时代自第三纪的上新世（N_2）开始到上更新世（Q_3），多为上更新统地层。成因有洪积、冲积、湖积、坡积、残积等。

（一）膨胀土的工程性质

膨胀土的工程性质详见学习单元1.4。

（二）膨胀土对公路工程的危害

1. 膨胀土用作路基填料

由于膨胀土具有很高的黏聚性，当含水率较大时，一经施工机械搅动，将黏结成塑性很高的巨大团块，很难晾干。随着水分的逐渐散失，土块的可塑性降低。由于黏聚性继续作用，土块的力学强度逐步增大，从而使土块坚硬，难于击碎、压实。如果含水率高的膨胀土直接被用作路基填料，将会增加施工难度，延长工期，并且质量难以保证。

膨胀土路基遇雨水浸泡后，土体膨胀，轻者表面出现厚10cm左右的蓬松层，重则在50～80cm深度范围内形成“橡皮泥”。在干燥季节，随着水分的散失，土体将严重干缩龟裂，其裂缝宽度约1～2cm，缝深可达30～50cm。雨水可通过裂缝直接灌入土体深处，使土体深度膨胀湿软，从而丧失承载能力。由于膨胀土具有极强的亲水性，土体愈干燥密实，其亲水性愈强，膨胀量愈大。当膨胀受到约束时，土体中会产生膨胀力。当这种膨胀力超过上部荷载或临界荷载时，路基出现严重的崩解，从而造成路基局部坍塌、隆起或裂缝。

2. 膨胀土用作各种稳定土材料

膨胀土用作稳定土基层材料时，随着时间的推移，稳定土将会严重干缩、龟裂成20～25cm左右的碎块。经过车辆荷载的重复作用，这些龟裂碎块逐渐松动，并进一步将基层裂缝反射到面层，使面层产生相应的龟裂。若遇阴雨或积雪，路面积水通过这些裂缝灌入土基，土基表面将迅速膨胀、崩解，形成松软层，丧失承载能力，再经过行车碾压，路面就会出现翻浆沉陷，最终导致路面崩溃。

还有一种情况是，由于膨胀土的高黏聚性决定膨胀土在通常情况下以坚硬的块状存在，现有的稳定土搅拌设备几乎无法将其彻底粉碎。在稳定土基层施工过程中，人为掺入的石灰等改性材料，如果不采取有效措施，就无法进入土块内部发生充分反应，达不到改性效果。碾压成型后，这些膨胀土小碎块，遇水后会迅速膨胀崩解，从而使基层表面出现大量的泥浆小坑窝，经过车轮荷载的反复作用，路面将出现车辙、网裂或龟裂，最终导致路面破坏。

（三）膨胀土病害的防治措施

1. 膨胀土路基处理

在道路工程设计中，针对膨胀土的物理性质及力学性质，根据地质勘测的详实报告及有关处理膨胀土的经验，设计中采用了综合处理的思想，并进行了针对性的研究，提出如下措施：

（1）填高不足1m的路堤，必须换填非膨胀土，并按规定压实。

（2）使用膨胀土作填料时，为增加其稳定性，采用石灰处治，石灰剂量范围10%～12%，要求掺灰处理后的膨胀土，其胀缩总率接近零为佳。

（3）路堤两边边坡部分及路堤顶面要用非膨胀土作封层，必要时须铺一层土工布，从而形成包心填方，见图3-78。

（4）路堑边坡不要一次挖到设计线，沿边坡预留厚度30～50cm一层，待路堑挖完后，再削去预留部分，并以浆砌花格网护坡封闭。

（5）路堤与路堑分界处，即填挖交界处，两者土内的含水率不一定相同，原有的密实度也不禁相同,压实时应使其压实的均匀,紧密,避免发生不均匀沉陷。因此,填挖交界处 2m 范围内的挖方地基表面上的土应挖成台阶,翻松,并检查其含水率是否与填土含水率相近,同时采用适宜的压实机具,将其压实到规定的压实度。

图 3-78　采用土工织物处理路基

(6)施工时应避开雨季作业,加强现场排水。路基开挖后,各道工序要紧密衔接,连续施工,时间不宜间隔太久。路堤、路堑边坡按设计修整后,应立即浆砌护墙,护坡,防止雨水直接侵蚀。

(7)膨胀土地区路床的强度及压实标准应严格遵守国家有关规定、规范。

2. 膨胀土边坡处理

1)地表水防护

防止水渗入土体,冲蚀坡面,设置截排水天沟、平台纵向排水沟、侧沟等排水系统。

2)植物防护

植被防护,植草皮、小乔木、灌木,形成植物覆盖层防止地表水冲刷(见图 3-79)。

3)骨架护坡

采用浆砌片石方形及拱形骨架护坡,骨架内植草效更好(见图 3-80)。

4)支挡措施

采用抗滑挡墙、抗滑桩、片石垛等。

图 3-79　植物防护

图 3-80　骨架护坡

参考文献

[1] 何培玲,张婷. 工程地质. 北京:北京大学出版社,2006.

[2] 中华人民共和国行业标准. 公路工程地质勘察规范(JTJ 064—98). 北京:人民交通出版社,1999.

[3] 中华人民共和国国家标准. 岩土工程勘察规范(GB 50021—2001). 北京:中国建筑工业出版社,2001.

[4] 中华人民共和国行业标准. 公路隧道勘测规程(JTJ 063—85);北京:人民交通出版社,1985.

[5] 徐维钧. 桩基施工手册. 北京:人民交通出版社,2007.

[6] 黄凤才. 地质及路基. 北京:中国铁道出版社,2000.

[7] 窦明健. 公路工程地质[M]. 北京:人民交通出版社,2009.

[8] 齐丽云. 工程地质. 北京:人民交通出版社,2005.

[9] 交通部第二勘察设计院. 公路设计手册——路基. 第2版. 北京:人民交通出版社,1996.

[10] 工程地质手册编委会. 工程地质手册. 第3版. 北京:中国建筑工业出版社,1992.

[11] 李瑾亮. 地质与土质. 北京:人民交通出版社,1998.

[12] 李斌. 公路工程地质. 北京:人民交通出版社,1998.

[13] 中华人民共和国行业标准. 公路土工试验规程(JTG E40—2007). 北京:人民交通出版社. 2007.

[14] 交通部第二公路勘察设计院. 路基. 北京:人民交通出版社,1997.

[15] 中华人民共和国国家标准. 锚杆喷射混凝土支护技术规范(GB 50086—2001). 北京:中国建筑工业出版社,2001.

[16] 李海瑞. 桥梁水毁的预防与治理. 公路,2007(07).